JN153742

詩的行為論

吉田裕

詩的行為論／吉田裕

書肆山田

はじめに

私たちの生はある時どこかに集約され、否応なしにその意味を問われることがある、そしてその場所は、きわめて個人的な場所でありながら、同時に時代とも深くつながっている、という考えが、いつの頃からか私のうちで否み難いものになっていった。またこの地点は、私たちに生の力を与えると同様に、詩人や作家に、発語する力・書く力を与える地点でもあるらしい。私は自分のこんな思い込みを検証するために、何人かの作家を、それも洋の東西、時代の距たり等、できるだけ異質とされている作家を読んでみたいと思った。このヴァリエーションは、私自身の力不足のために微々たるものにとどまっているが、それでも、目次を見られる方々をとまどわせることはできるだろう。しかし、読み通された方々はきっと、私の問いがいつも同じであることを理解して下さるに違いない。そんな願いをまずはお伝えしておきたい。

目次——詩的行為論

III 集約と横溢と

詩的行為論

I　近代の曙光の中で

詩人の行方──北村透谷[1]

1　無絃の大琴

石川啄木は、明治四三年五月に発覚した大逆事件の三ヶ月後に書かれ、生前には発表することのできなかった「時代閉塞の現状」で、社会主義者たちを抹殺しようと国家が前面に出てきた情況を背景に、樗牛の個人主義、梁川の宗教的実験、それに自然主義を批判して、〈我々日本の青年は未だ嘗て彼の強権に對して何等の確執を醸した事が無い[2]〉ことを認め、〈其處には日本人特有の或論理が常に働いてゐる〉と切り込んだ。そして〈斯くて今や我々青年は、此自滅の狀態から脱出する爲に、遂に其「敵」の存在を意識しなければならぬ時期に到達してゐる〉と書きつけた。日本人に特有のある論理とは、敵を前にして回避するという怯懦のことであり、「敵」とは、国家のことである。

小林秀雄は昭和一〇年の「私小説論」で、フロベールやモーパッサンの名を挙げて、〈彼等の「私」は作品になるまへに一つぺん死んだ事のある「私」である。彼等は斬新な技法を發明したが、これは社會生活も私生活も信じられなかつた末、發明せざるを得なかつたもので、フロオベルの「マダム・ボヴァリイは私だ」、といふ有名な言葉も、彼の「私」は作品の上で生きてゐるが現實では死んでゐる事を厭でも知つた人の言葉だ〉[*3]と言った。彼らの拒否は、あらゆるものを科学によって計量し利用しようとする実証主義思想《ポジティヴィスム》に対する拒否だが、とりわけ近代において作家と社会は強く対立し、この対立によって作家の「私」はいわば粉砕されて〈社會化した「私」〉になるのであって、翻って日本の私小説の「私」にはこの対立の過程が脱落し、近代的な「私」とはなり得ていないと批判された。

啄木の「青年」を、彼がそうであろうとした詩人だと見なすとしたら、二つの評言に見られるのは、近代の作家——彼は時代の代表である——は、社会あるいは国家と対立し、その結果自分を消滅させるほかないことを経験するが、この消滅した自己を作品の上に投げかけたとき、彼の自己は作品中の「私」として甦り、真正の作家となる、という考えであり、その上で、日本においてはそのような作家はまだ存在していない、という批判を共通させている。そこには日本近代の社会と文学への強い批判を窺うことができる。私は彼らの著作を繰り返して読むが、これらの評言に打ち当たるとき、批判を正しいと思いつつも、彼等に先行するもう一人の作家のことをいつも考える。それは北村透谷（明治元年―二七年、一八六八―九四年）である。透谷の例は、啄木や小林の批判に対する完全な反証になるというのではないとしても、少なくとも検討に値する意義を持っているように思われる。

あとでもう少し詳しく検討するが、「人生と相渉るとは何の謂ぞ」（二六年二月）は、文学事業論というかたちを取って現れた近代日本の実証主義思想《ポジティヴィスム》への批判だった。〈肉の剣はいかほどに鋭くもあれ、肉を以て肉を撃たんは文士が最後の戦場にあらず、眼を擧げて大、大、大の虚界を視よ〉というのは、現実から排除され虚界に入ることを断固として引き受ける宣言だったのではないか？　また彼の最後の思想的エッセイであるあの激烈な「漫罵」（二六年一〇月）では、彼が一時期あれほど期待を掛けた国民に対するいかんともしがたい乖離と対決が語られている。〈彼等の中に一國としての共通の感情あらず。彼等の中に一民としての共有の花園あらず。彼等の中に一人種としての共同の意思あらず。晏逸は彼等の宝なり、遊惰は彼等の糧なり。思想の如き、彼等は今日に於いて渇望する所にあらざるなり〉。彼は社会および国民との対立と闘争を経て「死」にまで至った。自己を作品の中で甦らせることはできなかったかもしれないとしても、である。だが彼が書き残したものは、読む者を刺激し続ける。であるなら、それは彼の「私」が生き始めたということではないのか？

透谷は明治二七年五月に二五歳五ヶ月で死んでいて、著作活動は晩年のほぼ五年、評論についてなら二年に限られるが、残された著作を順に読んでいくと、その中から全体的な照応関係への志向とでも言えるような傾きが明瞭になってくる。彼には常に、全体というものがあってそれを捉えなければならない、という焦慮のようなものが働いている。その中で詩人の位置が求められる。彼の著作のうちでこの思考方法がもっとも明らかに見えるのは、自然あるいは宇宙を対象とした場合だろう。それをまず取り出してみたい。「萬物の聲と詩人」(二六年一〇月)で、彼は次のように言う。

無絃の大琴懸けて宇宙の中央にあり。萬物の情、萬物の心、悉くこの大琴に觸れざるはなく、悉くこの大琴の音とならざるはなし。情及び心、一々其軌を異にするが如しと雖、要するに琴の音色の異なるが如くに異なるのみにして、宇宙の中心に懸れる大琴の音たるに於ては、均しきなり。

この汎神論的な世界において、詩人の役割は、大琴の傍らに位置して、その調べを聞き取り、書き留めることにある。

宇宙の中心に無絃の大琴あり、すべての詩人はその傍に來りて、己が代表する國民の爲に、己が育成せられたる社會の爲に、百種千態の音を成すものなり。……渠は神聖なる蓄音器なり、萬物自然の聲、渠に蓄へられて、而して渠が爲に世に啓示せらる。

人間と彼が生きる世界との関係は、後者が「宇宙」あるいは「自然」である場合に最大限に達し、おそらくはそのことのおかげで、幸福な合致を想定しかつ見出すことができる。詩人とはこの照応を明らかにする役割を担う。けれども、私たちが現実に生きているのは、宇宙や自然よりも、いっそう人間的な、すなわち矛盾の多い世界である。透谷はそれを後者の引用で、「国民」および「社会」という言葉で捉えている。「萬物の聲と詩人」は、死の前年の著作で、彼が自分の志向を原理的に確認しようとしたものだと思われるが、原理的な探求と並行して、彼には、人間的な現実に向かってこの汎神論的な照応を凝縮していく過程がある。実践的な問題として私たちの関心をより強く引くのは、この後者の過程である。このような傾向の上にある時、世界との、また時代との関係は、透谷においてどのような姿を取ったのだろうか？　それは理想に適うものだったろうか？

透谷の中で、この全体性への関心は、当時の自由民権運動の中の国民という観念への関心というかたちを取って作用し始める。彼は十代の半ばでこの運動に関わる。自由民権が唱えられた最初の熱狂的な時期で、年少の世代まで拡がるのは全国的な現象であったらしい。木下尚江は〈今から見れば嘘の様な話だが、その頃は十二、三の子供が政談演説を聞きに行った。女も聞きに行つた〉[*4]と言っている。その後運動は弾圧を受け、かつそれに対抗して過激化し、明治一七年には、加波山事件、秩父事件が起きている。透谷の周辺にもこの動きは波及してくる。よく知られているように、崩壊に向かっていたこの運動を再建するため、朝鮮に革命を起こしそれと関連させて日本でも変革を起こすことが考えられ、その活動資金を得るために強盗の計画が持ち上がる。透谷も誘われるものの、そのような行動には自分は参加できないことを自覚し、絶望して運動を離れる。強奪計画は神奈川県で実行され、それを発端として計画の全体が露見し、透谷の親しい友人であった大矢正夫らが逮捕される。大阪事件と呼ばれる事件であって、明治一八年のことである。この経緯を受けて彼は、政治への野心を文学へと転換させる。〈爰に小説家たらんとの望みを起こしけり〉と後に彼の妻となる石坂ミナに告げている(二〇年八月一八日の書簡)。ただし、この小説家とは〈希くは佛のヒュ―ゴ其人の如く政治上の運動を織々たる筆の力を以て支配せん〉という種類の小説家である。彼の政治的なものへの関心も、全体への関心も失われていない。

2　恋愛、実世界から社界へ

他方、この政治活動への参加をつうじて、彼は民権運動の神奈川県の指導者であった石坂昌孝の娘で三歳年上の右のミナと出会う。当時彼女には婚約者があったが、恋愛に陥り、クリスチャンであった彼女を通じてキリスト教に入信し、二一年に結婚する。二二年には、運動への参加と離脱の経緯から素材を取り、国事犯囚人の内面を語る『楚囚之詩』を、そして二四年には、ミナとの恋愛の経緯を背景に、世俗的な倫理に内面的な自意識を対立させ、最後には主人公柳田素雄を狂死させる『蓬萊曲』という、二つの長編詩を刊行する。二つの詩集は、現実世界から情念の世界への高揚を歌って、確かに日本の近代のロマン主義文学の結実のひとつとなった。後者における主人公の死は、小林の言う〈一つぺん死んだ事のある〉死であろう。これらの執筆を経た後、透谷は主に文学を対象にして評論を書き始め、キリスト教にもとづく平和運動にも参加し、関心の対象を社会的なものにまで広げていく。透谷の持った思想的な問題は、以後こうした批評のかたちを取って現れる。だが、変化は主題の変化に止まらないだろう。

自由民権運動への参加にはそもそも全体としての国民を捉えるという志向があったのだろう。政治運動から文学への転向も、基本的には社会的理想を実現するという点を持続させたうえでの領域の変更という様相が強い。キリスト教への回心やそれにもとづく平和運動も、信仰の力を借りて社会的理想を実現しようとするものであった。マルクス主義等の社会思想が紹介される以前、宗教はこの理想を背負う役割を担った。だから重視すべきなのは、彼の中に働き続けていた社会の意識の方であろう。この意識は以後もなお持続され、一見そうとは見えないところにも浸透している。

透谷の名前を最初に知らしめ、また現在も透谷を読もうとする時、最初の著作となることが多いのは、「厭世詩家と女性」（二五年二月）を発端とする恋愛論であろう。この時期に恋愛を主張することは、封建的な家族制度の中に位置づけられていた男女――とりわけ女――を個人として遇する意義、また、春心の勃発すると同時に恋愛を生ずるというような俗説を越えて人間的な感情の高揚を説く意義をもった、とされるが、実際の記述はもう少し複雑で、推論は必ずしも分かりやすくはない。それを読み解くことを試みよう。冒頭はよく知られているが、次の通りである。

戀愛は人生の秘鑰なり、戀愛ありて後人世あり、戀愛を抽き去りたらむには人生何の色味かあらむ、然るに尤も多く人生を觀じ、尤も多く人世の秘奥を究むるといふ詩人なる怪物の尤も多く戀愛に罪業を作るは、抑も如何なる理ぞ。

「秘鑰」という表現は、深く隠されていたもののことで、肯定的な意味だけに用いられるのではないが、ここでは「色あじ」がもたらされるものとして、肯定的に使われている。けれどもこの肯定には保留が付けられる。この保留は、まず、恋愛はこれほど魅力があるのに、人生をより良く知る詩人たちがそこから罪を造ってしまうのは何故か、と反論して問いかけ、実例をいくつか挙げる。この保留は、論の最後の〈嗚呼不幸なるは女性かな、厭世詩家の前に優美高妙を代表すると同時に、醜穢なる俗界の通辯となりて其嘲罵する所とな〉る、という嘆きにまで通じる。この論旨は屈折しているが、どのように屈折し、そしてどんな理由によるのだろう?

飛躍や脱落を避けるために、煩雑さを厭わず、透谷の思考を取り出してみたい。右の引用中で恋愛の「色あじ」は、恋愛のどんな要素から来るのか？　これもよく知られているように、この論考は人間の生きる世界を、想世界と実世界の対立に見ていて、恋愛はこの後者で挫折を味わった者に慰撫を与える力を持っているとされ、その力によって、人間は敗北から立ち直る、と透谷は考える。彼はそれを広く一般的に人間の成長の過程だと見なす。子供はまず、社会の荒波から守られて想世界の中に成長し、実世界を知らない。けれども、成長につれ、後者の世界に踏み入ることになり、他者たちとの競合の中で弓折れ矢尽くる経験をし、敗将となる。それは誰にでも起こることだが、それをより大きな振幅で経験するのが感情の細やかな者すなわち詩人であり、その故に彼は厭世詩家となる。この詩人を受け入れ癒す力を持つのが恋愛である。透谷は次のように述べる。

此時、想世界の敗將氣沮み心疲れて、何物をか得て滿足を求めんとす、勞力義務等は實世界の遊軍にして常に想世界を覘《ねら》ふ者、其他百般の事物彼に迫つて劍鎗相接爾《けんそうあいせつぢ》す、彼を援くる者、彼を滿足せしむる者、果して何物とかなす、曰く戀愛なり、……戀愛豈《あに》單純なる思慕《しも》ならんや、想世界と實世界との爭戰より想世界の敗將をして立籠らしむる牙城となるは、即ち戀愛なり。

実世界での戦いの敗者は、想世界へと後退せざるを得ない。この敗将を受け容れ癒すのは、労働や義務ではなく女性である。であるからには、恋愛は詩人にとって欠くべからざる価値を持つ。だから「秘鑰」はここにある、とされるらしい。しかし、透谷において、恋愛にはもう一つ段階があり、秘鑰である意味は、そこに見出されているようだ。右の引用に続く節の冒頭で、透谷は簡潔に次のように言う。

此戀愛あればこそ、理性ある人間は悉く惱死せざるなれ、此戀愛あればこそ、實世界に乗入る慾望を惹起するなれ。

実世界から退いた者は、恋愛の中で、女性を介してもう一度、実世界に相渉ろうとする。ただそのことによってのみ、人間は悩みの果てに窮死するという事態を免れる。彼は〈實世界に乗り入る欲望〉を持つのである。この転回こそが透谷の「秘鑰」であろう。「秘鑰」には「人世の」という修飾語がついているし、恋愛を経て人世が始まる、と言われている。恋愛は他者との関係という人世の根本的な性格に関わるということだ。ではこの転回は、具体的にはどのようなかたちをとるのだろうか？　透谷が引き出すのは、「婚姻」である。そしておそらく、そのあたりから問題が露呈する。彼は次のように書く。

……風流家の語を以て之を一言すれば婚姻は人を俗化し了する者なり。然れども俗化するは人をして正常の位地に立たしむる所以にして、上帝に對する義務も、人間に對する義務も、古へ人が爛熳たる花に譬へたる德義も、人の正當なる地位に立つよりして始めて生ずる者なる可けれ、故に婚姻の人を俗化するは人を眞面目ならしむる所以にして、妄想減じ、實想殖ゆるは、人生の正午期に入るの用意を怠しめざる基ゐなる可けむ。

婚姻とは何か？　それは俗化だが、倫理の始まりでもある。恋愛が婚姻という形を取る時、それは卑俗な現実をただ受け入れるのではなく、現実を変化させつつ人生を「正常」に生きようとすることだ。「俗化」という表現を、透谷は否定的には使っていない。

しかし、そこである齟齬が生じる。結婚は恋愛の墓場だという俗説とは異なるとしても、ある種の食い違いが起こる。実世界の敗者は、やはり実世界になじむことができないのかもしれないし、いったん想世界に退いた者は、その切断を乗り越えることができないということであるのかもしれない。失望が起きるのだが、それは次のように言われている。

> 怪しきかな、戀愛の厭世家を眩《げん》せしむるの容易なるが如くに、婚姻は厭世家を失望せしむる事甚だ容易なり。そも〳〵厭世家なるものは社界の規律に遵ふこと能はざる者なり。

このとき、責任のすべては、女性に転嫁される。女性は、厭世詩家を恋愛によって絡め取り、実世界へと送り返す役割を果たす者とみなされる。嫉妬、恨み、苦しみを通して〈忌はしき愛縛〉となって、詩人に制約を加える存在となる。これが論の最後の一節中の〈醜穢なる俗界の通辯〉の意味であろう。

この成り行きは、ほとんど不可避なもののように語られている。であれば、「厭世詩家と女性」は、厭世そのものの感情を露呈させて終わるのだろうか？　そうではあるまい。これらの過程を記述しながら、透谷がそれに到底満足していないことは、記述の端々から感じ取れる。けれども彼の不満と批判は、十分に明瞭に現れてきているわけではない。だが、次のような箇所が目にとまる。

戀愛は一たび我を犠牲にすると同時に我れなる「己れ」を寫し出す明鏡なり。男女相愛して後始めて社界の眞相を知る、細小なる昆蟲も全く孤立して己が自由に働かず、人間の相集つて社界を爲すや相倚托し、相抱擁するによりて始めて社界なる者を建成し、維持する事を得るの理も、相愛なる第一階を登つて始めて之を知るを得るなれ。独り棲む中は社界の一分子なる要素全く成立せず、雙個相合して始めて社界の一分子となり、社界に對する己れをば明らかに見る事を得るなり。

これは恋愛の中で実世界への転位が遂行されるその最初の場面を語った部分である。最初の部分であるだけに、記述は原理的であり、婚姻や俗界は導入されていない。その分、読者は、透谷のもっとも基本的な思考を見ることができるだろう。彼はこの段階で転回のうちに何を見るのか？　恋愛から何かが始まる。始まるのは「社界」である。恋愛とは他人との出会いであり、他人とは社界を作る最初の要素であるからだ。他人との関係は、反面で確かに実世界との接触であり、それは婚姻という形態をとって詩人を実世界に取り込んでしまう可能性を持つ。透谷は転回をいったんは肯定的に捉えたが、それが実世界に絡め取られることになることも認めざるを得なかった。

だから、この転回を、どこかで違ったものにしなければならない。透谷の問いは、この微妙な点をめぐって揺れ動く。この問いかけがどのような様態を取るのか、「厭世詩家と女性」では明瞭ではない。しかし、この問いが浮上しているように感じられる右の引用から、なお一歩進んで推測するなら、それを、右の引用に見られる「社界」という言い方の中に見ることができるのではあるまいか。

透谷はこの論文で「社界」という言い方を何度もしている。それはおそらくsocietyの訳語だった――この時期訳語は「社界」と「社会」の間で定着していなかったようだが、後に後者に統一されていく――が、この部分で「実世界」という言い方ではなく、「社界」という言い方をした時、それは「実世界」とよく似てはいるが、違った関係のあり方として、つまり人間の関係として世界を見ようとしたことだったろう。

彼は恋愛を実世界に導く――そうすれば罠としての「婚姻」となってしまう――のではなく、社界の中に導こうとする。現実に渉ることが不可避であるとき、透谷は行く先を、実世界ではなく、人間の関係としての社界と見なして実行しようとした。以後彼の著作には、社界・社会という言い方は多く現れるが、実世界という言い方はほぼ消えてしまう。[*5] 同様に、想世界という言い方も消えてしまい、それに変わるのは、後に見るが、心宮、秘宮、内部などの言い方である。

これらの変化のうち、恋愛に関わるのは「粋」という問題である。「厭世詩家と女性」で恋愛は「婚姻」との対比に置かれたが、以後は「粋」との対比に置かれる。粋を批判するのは、男女の関係が「社界」の中に位置づけられることによってである。そしてその批判に促されるようにして、別の主題も呼び起こされる。あらかじめ言っておけば、それは「侠」と「滑稽」である。そのような視野の下に、彼の以後の著作を辿ることができる。

この論考は、まだ封建的な家族制度が強固であった時代に反抗する恋愛のマニフェストであるように受け取られ、現在もそのような傾向が残っているけれども、称揚だけではない恋愛観を見せていて、全体を目指す透谷の思考が強く働いていることを窺わせる。今はこの思考の痕跡の行く先を追跡することを試みる。

3 粋と侠

運動から離脱した透谷を捉えた喫緊の問題はたしかに恋愛であって、その最初の表出が「厭世詩家と女性」だった。そこに想世界と実世界の対立というかたちでの彼の認識が示され、多くの場合、後者が勝利を占め、前者は抑圧の下に置かれるとされる。しかし、透谷はこの分析に不備があることを感じ取る。少なくとも、彼の最重要の与件であった恋愛を生き延びさせる方途が見えないからである。その焦慮の中で、彼は恋愛が現実の中に置かれた時、現実のもうひとつのあり方、「社界」というあり方を示唆することに気がつく。この新しい問題意識によって、恋愛は別のより大きな視野の中へと開かれていく。視野は、男女の結びつきである恋愛が、「粋」との比較に置かれる時、明らかになってくる。「粋を論じて『伽羅枕』に及ぶ」(二五年三月頃)、「『伽羅枕』及び『新葉末集』」(二五年三月)、「『油地獄』を讀む」(二五年四月)、「『歌念佛』を讀みて」(二五年六月)、さらに「德川氏時代の平民的理想」(二五年七月)など、明治二五年の前半に書かれた評論がこの展開を担っている。

透谷が「粹を論じて『伽羅枕』に及ぶ」で「粋」という問題を論じるきっかけとなったのは、前年に刊行された尾崎紅葉の『伽羅枕』である。京島原の遊女と江戸から京に詰めていた侍の間に生まれた女がその地で遊女になり、身請けされて江戸に移り、腹違いの兄姉と対面し、その後吉原に身売りし太夫となる、という波瀾万丈の物語だが、透谷はこの佐太夫という芸妓に、当時の欧化主義を肯んじない小説家の理想が「粋」というかたちを取って現されていることを見て取る。その上で、男女の関係のあり方として、粋が恋愛といかに異なるかを二つの点で解き明かす。第一に恋愛は〈人を盲目にし、人を癡愚にし、人を燥狂にし、人を迷亂さ〉せるが、粋は〈總じて迷わざるを以て粋の本旨となす〉。第二に〈粋道と戀愛の相撞着すべき點は、粋の雙愛的ならざる事なり〉という点であって、粋においては片方は常に覚醒していなくてはならない。これらの差異は、恋愛が男女の相互の思いによって心身を高揚させるものであるのに対し、粋は男女の醒めた駆け引きを離れ得ないことの指摘である。

このような違いは、どこで生じたか？　恋愛が男女ともに経験する高揚によって〈人生の秘鑰〉となるのに対し、「粋」の駆け引きは、「侠」と共に――「侠」についても既に言及されている――遊蕩の場としての遊郭から生じたからである。〈粋と侠は遊蕩の敗風より生じ、遊郭をもつてテンプルとなした〉。この論考で透谷は、恋愛が「粋」と関係しているのを認め、さらに後者が遊廓という人為的に設定された場所で形づくられたことを確認する。

つづく『伽羅枕』及び『新葉末集』」は、右の確認の上に展開され、紅葉の『伽羅枕』に加えて、同年刊行の幸田露伴の『新葉末集』が俎上に載せられることで、「侠」が考察の中に引き入れられる。後者は、京都の名高い釜職人の家に生まれた西村道也が、放蕩を通して経験した色恋と人情の世界を描く。前者は当時〈細微なる人情の観察者〉、後者は〈逸調の奇想を吐く者〉として対照をなす秀作とみなされていた。両者の間には、それぞれ女性と男性を主人公にしているという違いがある。前者において〈廓内にての女豪傑〉である佐太夫は「粋」を、後者において〈心機靈活の妖物〉である道也は「侠」を具現する。しかし、透谷はそれらの間に〈理想の同致〉があるのを見出す。〈兩書共に元祿文學の心髓を穿ち、之に思ひ思ひの裝束を着けて出たる〉ものだと認める。ではそのような同致はどんな理由によるのか？

　透谷は、二者に対する不満を表明する。彼の関心はまずは男女の関係のあり方の上にあったから、「粋」に関わる批判を追跡しよう。〈……元祿文學が大に我邦《わがくに》文學に罪を造りたる者あり、其を如何にと言ふに戀愛を其自然なる地位より退けたること、卽ち是なり〉。例は、近松門左衛門の『五十年忌歌念佛』――お夏と清十郎の悲恋物語を題材にした――を論じた「『歌念佛』を讀みて」であろう。透谷は自分がこれを愛読したことを述べて、お夏のことを〈巣林子の想中より生み出せる女主人公中にて尤も自然に近き者〉と評価する。主人の娘でありながら下僕に情を寄せ、肉情から始まったものの、〈果は極て神聖なる戀愛《ラブ》にまで進〉んだからだ。しかし、この評価は仮のものであって、その生成の仕方に透谷は不満を持つ。彼は日本文学史を省みて、〈兎に角事實として、肉情より愛情に入り愛情より戀愛に移ることを記する著作の多きこと、疑ふ可からず。生命あり希望あり永遠あるの戀愛は到底万（ママ）有教國に求むることを得ざるか〉あるいは〈其初めは肉情に起し、其終りを愛情の埋没に切りて、「よし是も夢の戯れ」と清十郎に悟らせしめたるを見ては佛教を恨む外なきなり〉と慨嘆する。

その上で批判は、『伽羅枕』及び『新葉末集』」に戻るが、明治期の文学にまで拡大される。〈唯だ余は明治の大家なる紅葉が不自然なる女豪を寫し出して戀愛道以外に好色道を教へたるを恨む事限りなし〉。近代に入っても、日本での男女の行動は好色を脱することができず、恋愛にはならなかったということだ。恋愛が俗界への通弁となるとされるのも、社界の総体の中に好色道が存続し、そこに由来する頽廃が及んでくるためと考えられた故だったろう。

他方で「侠」を具現する道也も、〈一奇男児なる道也、其粉飾を脱し去れば凡々たる遊冶郎〉である。佐太夫も道也も、共に遊郭内の人間でしかない。遊郭とは何か？　男女の出会いの場として、人工的に設定された世界であって、そこには既に暗黙の制約が前提されている。それが粋と侠の共通性を保証する。透谷が捉えようとするのは、この前提の限界である。

批判はさらに進められて、粋と侠そのものの起源にまで遡ろうとする。前兆は「粋を論じて」にすでに現れていた。冒頭で彼は、〈粋様の系統を討《たず》ぬれば、平安朝の風雅之れが遠祖なり〉と言う。その風雅は、徳川氏三百年の治世下で変容する。〈太平と安逸とは人心を驅って遊蕩に導く〉。同様の変化が武士道についても起こっている。〈粹は愛情の公然ならぬより其障子外に發生せしもの、俠は武士道の軟弱になりしより其屏風外に發達せしもの〉。すなわち元禄期の〈遊蕩の敗風〉において、風雅は粋に、武士道は俠に変質した。

4　虚無思想をいかにして越えるか

もし粋が風雅の、俠が武士道の衰退した形態だとしたら、それぞれのケースにおいて最初にあったものを復活させるべきであり、透谷はそのように考えた、とみなす解釈もあり得るかもしれない。だが透谷はけっしてその方向には進んでいない。桶谷秀昭は『北村透谷』（一九八一年）で、〈元禄文学の理想である「粋」が封建制度下の生んだ廓の恋愛美学であるという理由で、透谷がそれを否定したのではない〉と述べ、〈粋が日本固有の美意識を源流に持っていることを（透谷が）確かめ〉、その上で〈伝統の確認と、伝統を新時代に生命を吹き込んでよみがえらそうとする意図を、透谷の紅葉、露伴論および元禄文学批判に読みとることができる〉としているが、この読み方はまったく的を外している。*6

過ぎ去ったはずの時代が批判抜きでノスタルジックに呼び戻されることへの疑問は、続く論考「徳川氏時代の平民的理想」で、もっと広範に明らかにされる。彼はまず〈貴族平民の両階級は、徳川氏の時代に入りし時大に亂れたり〉という変化を取り上げる。従来の特権階級は衰微して平民の中に転落し、他方で平民がさまざまの抵抗を越えつつも、階級全体として上昇を遂げる。そして没落する貴族・武士階級と上昇してくる平民階級とが交叉し混淆するところが遊郭であった。その時、後者は、前者が持っていた理念を変質させつつ受け継ぐ。そこに風雅の変質した粋と武士道の変質した俠が現れ、〈平民の中にありし紳士の理想〉となった。二者の形成について、透谷は次のように語っている。

遊廓は一個の別天地にして、其特有の粹美をもつて其境内《きょうない》に特種の理想を發達し來れり、而して凡惱の衆生が歸依するに躊躇せざるは、この別天地内の理想にして、一度《ひとたび》脚を此境に投じたるものは、必らずこの特種の忌はしき理想の奴隷となるなり。斯の理想は世上に滿布したり、この理想は平民社界に廣がれり、むしろ高等民種の過半をも呑みたり、或時は通と言ひ、或時は粹といふもの此理想に外ならざるなり。

透谷が見た粋とは、衰退したというよりも、勃興する平民のエネルギーが制約され抑圧されることで変質して現れてきた男女の関係である。俠に関する推論も興味深い。冒頭で透谷は、ほとんどいきなり、自由という問題を導入して次のように言う。〈自由は人間天賦の靈性の一なり。極めて自然なる願欲の一なり〉。しかし、わが国のこれまでの歴史を省みれば、この天賦の霊性を求めようとして人々はいかほどの苦痛を蒙り、いかほどまでに煩悶に陥らねばならなかったか。その時平民の希求は転換を余儀なくされる。

徳川氏末世の平民、實にこの煩悶を有《たも》つこと少なからざりしなり、この煩悶の苦痛に堪へがたかりしなり、こゝに於てか權勢家の剛愎にして暴慢なる制抑を離れて別に一種の思想境を造り以て自ら縱にするところなきを得ず。この思想境は余が所謂一種の平民的虛無思想の聚成したるところなり。而して十返舍一流の戲墨は實に、この種の思想境より外に鳴り出でたる平民者流の自然の聲にあらずして何ぞや。

〈一種の思想境〉つまりユートピアは、粋にとっては遊郭であり、俠にとっては、遊郭に加えていわゆる任俠——あるいは遊俠——の世界である。「徳川氏時代の平民的理想」は、同様の動きの例がほかにもう一つあることを示す。それは右の引用中にある「戯墨」である。

実はこの論考の冒頭では、焉馬《えんば》、三馬、源内、一九らの戯作家たちの名が挙げられていて、むしろ彼らに関する批判的読解が先行する主題である。一九の『膝栗毛』は、読んで誰もが笑いを漏らすことだろう。だがその滑稽さは、透谷によれば、自由たり得なかった、つまり権威を撃とうとして撃ち得なかった平民の自嘲の笑いなのだ。透谷の念頭にあるのは、イギリス文学におけるスウィフト――『ガリバー旅行記』の作者――の風刺の苛烈さである。透谷は一九について次のように言う。〈彼の如き豪逸なる資情《しせい》を以て、彼の如きゼヌインのウイットを以て而して彼の如くに無無無の陋巷に迷ひ、無無無の奇語を吐き、無無無の文字を弄して遂に無無無の代表者となつて終わらしめたるもの、抑も時代の罪にあらずして何ぞや〉。一九の風刺は不発に終わる。この不発は透谷の時代にいたっても続いている。後者は「『油地獄』を讀む」（二五年四月）で当時毒舌家として聞こえていた斎藤緑雨を捉えて、冷罵は有るけれども、それは風刺のための風刺でしかないと指摘し、〈對手ありて冷罵すとせば、いかなる對手にてやあらむ〉と反問する。緑雨は、社界を捉えたとしても、一部分を捉えているにとどまる。〈惜しむ惜しむ、この寫實の妙腕を以て徒らに書生の墮落といへる狹まき觀察に偏したることを〉というのが透谷の共感である。

簡潔に言うなら、この論考は、粋、侠、戯墨の三つを、徳川期の平民の願望の押し歪められた姿であると指摘することを出発点にしている。だがこのように例証が複数揃えられることで、背後に、それらを包み込むより広範に作用する動きのあることが見えてくる。それは「虚無思想」である。冒頭には、〈焉馬、三馬、源内、一九等の著書を讀む時にわれは必らず彼等の中に潛める一種の平民的虚無思想の絃に觸るゝ思あり。就中一九の著書「膝栗毛」に對してしかく感ずるなり〉の一節があるが、この虚無思想は、戯墨のみにではなく、粋にも俠にも働いていたものなのだ。

こうして、透谷は、粋、俠、戯墨の背後に、平民階級の虚無の意識のあることを確認する。虚無の意識とは何か？　それは自己の実現を求めても妨げられ、希望を放棄するときの、絶望と厭世の心理である。〈われは日本の文學史に對してこの一種の虚無思想の領地の廣きを見て、痛惻たへざるなり〉。この認識によって、先行する時代への――そして過去から来るこの宿痾に押しひしがれてしまっている同時代への――透谷の批判が明らかな姿を取る。この理解と批判には、星野天知らの著作[*7]の助けがあったとしても、維新後わずか四半世紀の時点で二五歳の青年が持った視座の適確さには、感嘆せざるを得ない。

だが、認識は同時に、闘争の開始でもある。見落としてはならない第一のことは、この虚無思想批判をつうじて彼が「平民」を発見したことにある。平民は虚無思想に塗れているが、にもかかわらず、それが姿を現したことは、一つの発端でもある。透谷はそこから開けてくるはずの視野を次のように遠望する。

わが徳川時代平民の理想を査察せんとするは、我邦の生命を知らんとの切望あればなり。山澤を漫渉《まんせう》して、溪澗《けいかん》の炎夏の候にも涸れざるを見る時に我は地底の水脈の苟且《ゆるかせ》にすべからざるを思ふ、社界の外面に顯はれたる思想上の現象に注ぐ眼光は須らく地下に鑿下して幾多の土層以下に流るゝ大江を徹視せん事を要す。

この「大江」こそを、虚無思想を覆しつつ明らかにしなければならない。透谷は元禄文学をただ否定するのではない。彼は元禄期に、和歌に代わって俳句が、能・謡曲に代わって浄瑠璃・俗曲が現れたことを取り上げ、そこに〈彼をもつて始めて我邦に擧げられたる平民の聲〉があるのを認める。それは〈平民社會の初聲《はつこえ》〉、すなわち自由を享受しようとする者たちの最初の声だった。それをどうにかして正当な方向へと成長させねばならない。

　私たちの読解の導きの糸である粋と恋愛を、まず例に取ろう。前者を後者によって乗り越えることは、部分的であるとしても、虚無思想の克服の一つの経路であり得るはずだ。同じ試みが侠や戯墨に対しても実行されるなら、それらによって虚無思想の克服が望み見られるだろう。その時三者は、それぞれに変容するだろう。変化する先は、「粋」については「恋愛」であろうが、他の二つについては明確な表現が与えられているわけではない。ただ推測するなら、「侠」については、「徳川氏時代の平民的理想」で取り上げられている「自由」を対置することができるであろう。「戯墨」については、この論文からは離れるが、透谷が政治活動から文学へと転身しようとした時、ミナ宛の手紙で〈爰に小説家たらんとの望み起こしけり〉と書いているので、「小説」という言葉を充ててみる。これら個別の変化に支えられて、「平民」――煩悶を有つことの少なくなかった平民――も、特権階級を乗り越えて変容するはずである。そしてその先に現れるのが、透谷が「国民」と呼ぶところのものであるだろう。

恋愛を契機とし、それが置かれている状況を解明することは、地下の「大江」の水脈を探し当て、湧水を導き出し、国民にまで届かせるための試みの最初のかたちであって、それはなお始まりにすぎなかった。その試みは、どのような道を辿っただろう? 簡略に言えば、詩人を追い詰めた「実世界」は、恋愛を介して「社界」に読み変えられ、いわば人間化されて「平民」となり、さらに「国民」として現れてくる。であれば、この変容は同時に、対応する「想世界」についても変容を促すことだろう。後者の変容はどんな姿を取るのだろう? これが私たちの前に現れるもう一つの問題である。

5 内部世界

上記の三つの論文のあと、彼は息せき切ったように多くの評論文を発表し始めるが、それらを読んでいくと、ぎりぎりと音立てるようにして、彼の世界が拡大されかつ凝縮されるのが見えてくる。国民という問題意識は、頻繁にではないにしても、あれこれの論文に現れる。また最初、国家という用語が使われるが、次第に国民へと変わっていく。それは明治一〇年代後半に、先述のように、加波山事件、秩父困民党事件、大阪事件等が続いて民権運動が衰退し、さらに大日本帝国憲法の発布（二二年）、第一回総選挙（二三年）があり、透谷がおそらく、現状の国家と彼の考える国民が同じものではないことを認め、前者への異和を自覚していったためだろう。[*8] だが後者はなおも彼の願望の担い手であり続けるだろうか？

　詩人は、現れてくるこの国民に対して、その存在を証し立てる者とならねばならない。彼の批評活動は文学を対象として始まったから、問題は国民と詩人との関係において現れる。最初期の論文「當世文學の潮模様」（二三年一月）には、逍遙や美妙、またすでに紅葉および露伴を批判して、〈誰か時代を慮《おもんぱか》るの小説家詩人は無《なき》や、滔々たる文學家中何ぞ一滴の涙……を眞に國家のために流す者なきや〉と問いかけている。ここではまだ国家という言葉が使われているが、「明治文學管見」（二六年四月）では、それは国民となる。〈之を以て一國民の文學は其時代を出ること能はざるなり、時代の精神は文學を蔽ふものなり、人は周圍によりて生活す、其聲も其目も、周圍を離るゝことは斷じて之なしと云ふも不可なかるべし〉と言っている。文学と時代は不可分の関係にあり、それらを包括するのが国民である。だがこの詩人思想家にとってこの問題がもっともまとまったかたちで提出されるのは、後者の論文と同じ年の著作だが、「國民と思想」（二六年七月）だろう。

この論文で彼は、〈凡そ一國民として缺く可からざるものは、其の一致的活動なり〉と言う。その一致の上に国民の精神と言うべきものが成立する。〈一國民は必らず國民を成すべき丈の精神を有すべきなり〉。そしてこの精神は、生命を持って固有の動きを形成するに至る。〈國民のヂニアスは、退守と共に退かず、進歩と共に進まず、その根本の生命と共に、深く且つ牢き基礎を有せり〉。ただ群衆でしかなかった、少なくともそうとしか見えなかった平民は、合致を経て共同的な精神を持つことで、国民となろうとする。

透谷の短い批評活動の中には、このように国民の形成を願い追跡する執拗な探求がある。しかし、それに気づくなら、もう一つ別の、しかし呼応しつつ対比的であるような動きのあることも見えてくる。国民の出現が詩人にとって外に拡がる遠心的な世界の形成であったとしたら、今回見えてくるのは、言ってみれば求心的な世界の形成である。それは透谷の出発点であった「厭世詩家と女性」で「想世界」と言われていたものから始まる。現実世界では敗将となった詩人はこの世界に、さらに奥深くは恋愛の中に立て籠もる。この動きはその後、どのように展開されるのだろうか？

「萬物の聲と詩人」は前述のように実践的と言うよりは理念的なエッセイだが、そこで透谷は、自然を相手にする詩人とは、万物の声を蓄える蓄音器であり、こうして蓄えた声を世に向かって放つ役割を持つ、と宣言した。しかし、彼を囲む世界が「国民」へと人間化され、そして凝縮されていく時、詩人のあり方もまた姿を変える。かつて詩人の住み処だと想定された「想世界」は、それと対比的に設定された「実世界」が社界へと読み変えられるのに応じて、やはり読み変えられる。

透谷の著作の中には、この過程の里程標となっていると思われるいくつかの表現がある。それらは今見た「想世界」に連なるように書かれた二つの論考の標題中に含まれる。「各人心宮内の秘宮」（二五年九月）での「心宮」と「秘宮」であり、さらに「内部生命論」（二六年五月）での「内部」と「生命」である。加えるにこれら二つの論考の間に書かれた「人生に相渉るとは何の謂ぞ」（二六年二月）をも考慮すべきだろう。私たちはそれらを「内部」という言い方で代表させよう。想世界と実世界がもっぱら対立的に捉えられていたのに対し、すでに「社界」には、詩人を恋愛を通じて他者との関係へ導く回路が見出されていたが、この回路の開削は「内部」の側からも作用するのであって、それは内部と言われながら「社界」と不可分の関係を模索する。

「各人心宮内の秘宮」で透谷が批判の対象にしているのは、直接にはキリスト教会である。今日の教会で行われているような、威厳を装い、崇敬をこれ見よがしにし、小悪小非行を慎むことは俗信仰に過ぎず、かつてのパリサイ派の如くであることを指摘した上で、彼は次のように言う。

心に宮あり、宮の奥に他の秘宮あり、その第一の宮には人の来り観る事を許せども、その秘宮には各人之に鑰《かぎ》して容易に人を近かしめず、その第一の宮に於て人は其處世の道を講じ、其希望其生命の表白をなせど第二の秘宮は常に沈冥にして無言、盖世《がいせい》の大詩人をも之に突入するを得せしめず。

人間の心は、重なり合う二つの領域を持っている。第一の領域に於いては、人は処世の道を講じ、希望を抱き、善行を積み、多くはそれで満足する。しかし、ある者はその奥にもう一つの領域があることを感じ取る。彼はそれまで得たあらゆる知識、道徳、善行を捨て去ることによってしかそこにはいることはできない。この評論は、先に見たようにキリスト教の文脈で論が進められているが、この第二の宮は、より一般的に語ることができるだろう。それは合理的で実用的な世界の奥に隠された、沈黙の支配する晦冥な領域である。だからそれは秘宮と呼ばれる。

この第二の領域の記述は、「人生に相渉るとは何の謂ぞ」の記述と緊張関係にある。透谷の重要論文の一つに数え入れられるこの論考で、彼は、人生を戦うための活路を、山路愛山の「実」に対して「空」の世界に求めることがあり得るのを述べる。源頼朝の為したのは大事業であるのは確かだが、これに対し、西行、シェクスピア、ワーズワース、馬琴らの名を挙げて、次のように言う。〈是等の諸輩も大戰士なり、而して前者と相異なる所以は前者の如く直接の敵を目掛けて限ある戰場に戰はず、換言すれば天地の限なきミステリーを目掛けて撃ちたるが故に、愛山生には空の空を撃ちたりと言はれんも、空の空の空を撃ちて星にまで達せんとせしにあるのみ〉。まず頼朝的な実業の世界に対して、西行らの世界は空の世界である。だがこの空の世界は、空であるためには、いっそう空である世界を求めなければならない。倒錯にも似たこの希求によってのみ空の世界は存在し続ける。これは「厭世詩家と女性」の「想世界」のもっとも極端な場合だろう。透谷はこの例証を確認した上で、「内部」と呼ぶものを取り上げ直さなければならなかったように見える。

「内部生命論」でもっとも注意すべきは、そこに「生命」と呼ばれるものが見出されていることである。〈空の空の空〉は字義通りではなく、そこには生命の営みがあるということだ。彼は〈吾人は人間に生命あることを信ずる者なり〉と言い、彼の同時代の思想的問題は、仏教とキリスト教の対立などではなく、〈寧ろ生命思想と不生命思想との戰争〉だと続け、生命思想の側に立ちつつ、彼の言う「内部」こそがこの生命の見出される地点だとする。

詩人哲學者は到底人間の内部の生命を解釋《ソルブ》するものたるに外ならざるなり。而して人間の内部の生命なるものは、吾人之を如何に考ふるとも、人間の自造的のものならざることを信ぜずんばあらざるなり。人間のヒューマニチー即ち人性人情なるものが、他の動物の固有性と異なる所以の源は即ち爰に存するものなるを信ぜずんばあらざるなり。生命！此語の中にいかばかり深奥なる意味を含むよ。宗教の泉源は爰にあり。

人間の精神の最深部は晦冥な領域だが、静止した世界ではない。そこには内部の生命と言うべきものがある。そしてそれは自分だけで充足しているものではない。だから何かが外に向かって働きかけてくる。それはまず声となって現れてくるだろう。この内部の声を聴き取る役割を請け負うのが詩人である。だが、この生命の存する内部――それは第二の心宮すなわち秘宮でもある――を聴き取ることは難しいのだ。理由を彼は次のように言う。

造化《ネーチユア》は人間を支配す、然れども人間も亦た造化を支配す。人間の中に存する自由の精神は造化に默從するを肯ぜざるなり。造化の權《ちから》は大なり、然れども人間の自由も亦大なり。人間豈造化に歸合するのみを以て滿足することを得べけんや。

nature に造化という訳語が充当されていることに注意しよう。造化＝自然は人間を生み動かす。その動きを人間は奥底で感受する。透谷が人間は自造的ではないと言った時、それは人間は、自己充足的ではなく、何かに動かされているものだが、その動かしているのは造化《ネーチユア》であることを指していた。

自分だけで存在し存続するものでないという主張は、人間の生命には、自然の持つ力が介入しているということだろう。だから、人間の側からすれば、彼は何かが介入し、彼を突き動かすのを感じる。それをここではまず「造化《ネーチユア》」だと言い、次いで「宗教」だと言っている。だが宗教という表現にはこだわる必要はないだろう。重要なのは、逆に「生命」が常に何らかの介入を受けているという主張の方だ。生命は常に、自分以外の何かによって突き動かされている。しかしそれは一方的な動きではない。人間は自然のままになることを肯んじない。この拒否によって、人間は自然を突き返し、変える。それが生命の持つ矛盾を抱え込んだ働きなのだ。

この原理的な働きは、造化＝自然を対象として作用することが語られている。しかし作用は、対象が国民となった時にも現れてくるだろう。というより、もっと切迫の度を高めてくる。生命というのは、何か動くもの、どんな抑圧をも突破して現れようとする有機的な動きのことだ。透谷は、それを生命と名づけ、宗教の泉源であるとみなしたが、私たちはただ、彼個人を超える不可解な動きをする何かを透谷がそこに見出してしまったことを取り出そう。それはいっそう実践的動きとなって現れてくる。

明らかになってきた、透谷の全体像——透谷の持ったさまざまの志向を、すべてとは言わないにしても多様なままに取り入れた場合の像——を簡単に言えば、次のようだろう。詩人の想世界は変容し、「心宮」から「秘宮」へと、さらに「内部」から「生命」へと凝縮されていくが、その時実世界も変容し、「宇宙」と「自然」は凝縮され、かつ人間化されて「国民」という姿を取る。だがこの国民もいっそう凝縮される。では何が現れるのか？　先に「萬物の聲と詩人」では「国民」と「社会」という言葉が現れていて、「国民」に重みが掛けられているのを見て来たが、今回、構図がいっそう凝縮されて「社会」が前面に出てくる。社会のこの浮上は、「徳川氏時代の平民的理想」に現れていたが、以後「鬼心非鬼心」（二五年一一月）、「罪と罰」（二五年一二月）、および『「罪と罰」の殺人罪』（二六年一月）等の論考でより明瞭になる。これらの論考は、凝縮を受けて、この主題の持つ引き裂かれたありさまをいっそう際立たせる。

6　宮と部屋と書斎

この論考を、日本における「私」の意識が社会や時代とどのように関わるか――関わらない場合も含めて――という問題から始めた。その際参照した一人は小林秀雄で、批判の基準となったのはフランス一九世紀の作家たちだったが、彼が批判したのとは多少とも違う様相の「私」が日本で見出されたとすれば、それをこれらの作家たちの場合と比較することもできるし、意味もあるに違いない。引き合わせたいのはボードレールで、散文詩集『パリの憂鬱』（一八六九年）の中の「二重の部屋」である。理由は、一方ではこの詩人は小林の文学観の重要な参照先のひとつだったからであり、他方ではこの二重の部屋は、今見た透谷の〈心に宮あり、宮の奥に他の秘宮あり〉によく似ているからである。

「二重の部屋」は、前後の二部に分かれていて、前半は現実の中で傷ついた詩人の想像力によって夢見られた〈淀む空気が淡く薔薇と青に染まり、夢想にも似た本当に精神的な部屋〉であって、詩人はまずそこに閉じこもるが、合理性の基準である「時間」のノックによって、この部屋はたちまち〈なにやらむかつく黴臭さの混じる煙草の悪臭〉に充ちた現実の部屋へと変わってしまう。詩人は〈そうだ！「時間」が君臨する〉と書いて、実証主義《ポジティヴィスム》思想の原理である「時間」が夢想を追放し、独裁を再開するのを、冷静に捉える。彼は二つを等分に捉え、対照を際立たせることで詩を成立させる。想像の中から現実が現れる。同じ構図が『悪

郵　便　は　が　き

〒171-0022
東京都豊島区南池袋2-8-5-301

書　肆　山　田　行

常々小社刊行書籍を御購読御注文いただき有難う存じます。御面倒でも下記に御記入の上、御投函下さい。御連絡等使わせていただきます。

書名

御感想・御希望

御名前

御住所

御職業・御年齢

御買上書店名

の華』の「パリの夢」など複数の作品に見られることから、彼の基本的な認識の一つだと見ることができる。

透谷の場合はどうか？　宮と秘宮は第一と第二というふうに重ねられ、前者は人が来ることを許すが、後者は鍵で閉ざされた晦冥な空間である。そのような空間は、大詩人も入ることが困難であるとされ、内部生命にまで凝縮されると、後で見るように、社会との緊張関係の果てに惑乱に陥らざるを得ず、「漫罵」を参照するなら、ついには移動の運動——立ち止まることのできない運動——に攫われてしまうのである。

この違いは何だろうか？　ボードレールの「私」は、いったん死んだことのある、つまり社会から排除されたことのある「私」だったに違いないが、それでも彼はその「私」を冷徹に観察することができた。彼は時間の侵入を正確に受け入れる。これに対して透谷の場合にはそのような余裕はなかった。彼は秘宮から排除され、もみくちゃにされ、第一の宮すら確実には保持できなかった。この違いは単に個性の違いではない。違いはたぶん社会の成熟の度合いから来ている。フランスにおいては、革命の混乱があったにせよ近代社会はそれなりに成熟し、詩人は社会と自分を対象的に見つめることができたが、日本においてはそのような余裕は許されなかった、というふうに。

もう一度小林を参照しておこう。昭和一〇年の「私小説論」は小林が三三歳の時の著作で、彼の原理となっているのは、第一にはフロベールである。だが、同じ年に彼は『ドストエフスキイの生活』を連載し始め、昭和一四年に刊行する。作品論は、昭和八年の「『永遠の良人』」から始まっている。この時期から彼は明らかに、後者への関心を強めている。フロベール、ボードレール、ドストエフスキーは、奇しくも同じ一八二一年の生まれであるのだが、彼らの間での小林の関心の方向転換は、どんな理由に拠ったのだろう？　彼は『生活』で、フロベールとドストエフスキーを比較して、〈フロオベルに孤獨なクロワッセが信じられたのも、己の抱懷した廣い意味での教養に、衆愚を睥睨する象徴的價値が信じられたが爲だ。併しドストエフスキイには、信ずるにたるクロワッセの書齊がなかつた。ロシヤの混亂を首を出して眺める窓が彼にはなかつた〉[*9]と書いている。前者には社会を観察するために閉じこもる部屋＝書斎があったが、後者にはそのようなものはなかったのだ。小林がドストエフスキーに関心を移していくのは、日本の状況が、孤独を許さぬ混乱の度合いにおいて、フランスよりはロシアに近かったからであろう。

その小林は「『罪と罰』Ⅱ」で、この作品中には、哲学精神によって追求される「観念」の運動があって、〈その運動は秩序ある知識や教養の限界を超えて、殆ど論理の絲を見失ふほど烈しいものとなり、名附けがたい感覺や感情や心理として經驗され、奇怪な行動となつて爆發する〉と述べている。批評を通じてであるけれども、彼のドストエフスキー論は、日本の近代において現れたもっとも強度な「観念」の運動の徴だったろう。透谷から小林にかけて見出されるのは、日本の近代化は、西欧におけるようなありようを取ることはできなかったという認識、あるいは別の姿を取らざるを得ないという認識である。

7　無形の社会

現在の地点を確認しておこう。外部に拡がる世界といっそう深まる内部の世界は連動していて、二つは対立しながら互いを必要とし、生成と凝縮を促し合っている。前者が国民というあり方を取った時にも、内部的な矛盾はすでに明らかだった。「徳川氏時代の平民的理想」では、時代は遊郭という場所を産み出さざるを得ず、男女の関係が自然な生育を見ることができなかったことが解き明かされている。同じ論考で透谷は、今度は社界という用語を使いつつ、次のように述べる。〈然《しか》れども社界の裡面には常に啾々《しゅうしゅう》の聲あり、不遇の不平となり、薄命の歎聲となり、憤懣心の慨辭《がいぢ》となりて、噴火口端の地底より異様の響の聞こゆる如くに吾人の耳朶《じだ》を襲ふを聽く〉。遊郭は社界の焦点の一つにすぎない。それ以外に社界のいたるところから悲嘆の声が湧き上がってきて、聞こうとする者の耳朶に達するのだ。

この遠くからの呼びかけは、透谷に切迫してくる。「鬼心非鬼心」（二五年一一月）という短い評論は、あまり重視されない文章であるようだが、書かれた時期を背景に置いて注目したい。これは高輪で起きた、母親による子殺しの事件について書かれたものである（彼の自死の場所が比較的近い芝公園となることを考えると興味深い）。ある母が六歳の息子を連れて、買い物に出かける。その時「もしこの小児なかりせば、日々に二銭を省くことを得べきに」と呟き、それを留守に残る姉娘が聞く。母は帰途、子供を殺し、行方をくらますが、戻ってきて子供を殺した場所で自分も死のうとする。しかし犯行場所に一人では行くことができず、隣人に連れて行ってくれるように頼む。そこを捕らえられ、精神病院に送られ、退院後、別のところで暮らす。事件を報告して透谷は次のように言う。

　狂女心底より狂ならず、醒め來りて一夜悲悼に堪へず、兒の血を濺《そゝ》ぎしところに行きて己れを殺さんとす、己れを殺す爲に、その悲しき場所に獨り行くことを得ず却つて路傍の人を連れ立てんことを請ふ、狂にして狂ならず、狂ならずして猶ほ狂なり、あわれ《（ママ）》や子を思ふ親の情の、狂亂の中に隱在すればなるらむ。その狂亂の原《もと》はいかに。渠《かれ》が出でがけに曰ひし一言、深く社會の罪を刻めり。

この事件は一見貧困に由来しているように見えるが、家族は野菜の担ぎ売りをして生活を立てていて、最貧困というわけではない、と透谷は注記している。そうではなくて、社会というものの重みが集約的にかかってくるその一点に現れた事件だと、彼は見る。この重みが凝縮された地点には、何か不可解な力が生起してくるのだ。〈狂にして狂ならず、狂ならずして猶ほ狂なり〉というのがそれを表している。社会の内部から、その調和を破る何か不吉な動きが現れてくることがある。彼はそれを「社会の罪」と呼ぶ。この言い方を知るとき、私たちは「徳川氏時代」で一九の戯墨が「時代の罪」と呼ばれていたことを思い出す。後者の表現は、透谷の最後期の評論「漫罵」にも現れる。〈今の時代に創造的思想の缺乏せるは、思想家の罪に非ず、時代の罪なり〉。この言い方は、罪を社会や時代に転嫁することではない。そうではなくて、それらとの密接な関係の内に問題を捉えようとすることだ。どの社会にもどの時代にも、何か禍々しい力の生じてくる地点がある。その力は、偶然にまかせて人を選び、突き動かして、外から見れば犯罪と言うほかない行為を犯さしめる。この指摘はすでに興味深いが、それが視界をより拡大するのは、ドストエフスキーの『罪と罰』の読書によってである。

『罪と罰』の原書の刊行は一八六六年であって、日本語への翻訳は、明治二五年（一八九二年）に内田魯庵（不知庵）による。ただし英語からの重訳であり、かつ全六篇のうち第三篇まででであって、後半は結局出ることがない。しかもこの前半部についても、『巻之一』（二五年一一月）と『巻之二』（二六年二月）の二回に分けて刊行されている。この翻訳紹介は、日本でも大きな反響を呼んだようだが、[10] 透谷もまた鋭く反応する。彼は「罪と罰（内田不知庵譯）」（二五年一二月）と「『罪と罰』の殺人罪」（二六年一月）という二つの論考を書く。だが刊行時期から見て、彼は『巻之一』のみを、つまり全体から見れば四分の一ほどを読み得たのみである。こうした不備にもかかわらず、透谷は恐るべき直観でラスコリニコフの犯罪を剔抉する。前述の「鬼心非鬼心」の論旨は、「『罪と罰』の殺人罪」のそれとよく似ていて、『罪と罰』の翻訳の刊行時期とほぼ同時で、「鬼心非鬼心」に現れたような関心が『罪と罰』を深く読ませたとも言えるだろうし、逆に『罪と罰』の読書が作用して「鬼心非鬼心」を書かせたのかもしれない。

いずれにせよ「『罪と罰』の殺人罪」は、社会の罪の一歩深くまで踏み込む。透谷は「國民之友」に掲載された依田学海の論の勧善懲悪的な読み方が、また黒岩涙香の作に似せた探偵小説的な読み方が、作品の本質を捉え損なっていることを指摘する。彼がまず注目するのは、殺人とは大罪であって、そうであるなら復讐や忠孝などの深い理由があるはずであるのに、ラスコリニコフの事件においては、それが見当たらないという点である。この作品に対しては、儒教的な倫理観による解釈も、また犯人追求という合理的な解釈も無効にされてしまう。それを確認した上で、彼は〈最暗黒の社會にいかにおそろしき魔力の潜むありて〉と言う。この魔力は、帝政ロシアの首都で一人の聡明な学生を捉えるが、明治の東京で一人の善良な母を捉えたものでもある。そして〈この書の眞價は實に右に述べたる魔力の所業を妙寫したるに於いて存するのみ〉と加えた上で、ドストエフスキーの叙述を次のように紹介する。

作者は何が故にラスコーリニコフが氣欝病に罹りたるやを語らず開巻第一に其下宿住居を點出せり、これらをも原因ある病氣と言て斥《しりぞ》けたらんには、この書の妙所は終にいづれにか存せんや。何が故に私宅教授の口がありても錢取道《ぜにとるみち》を考へず、下宿屋の婢に、何を爲《し》て居ると問はれて、考へる事を爲《し》て居ると驚かしたるや。何が故に、婬賣女に罪を行ふ資本と知りながら、香水料の慈恵を爲《な》せしや、何が故に少娘《むすめ》を困厄《こんやく》せしめし悪漢をうちひしぐなどの正義ありて、而して己れ自ら人を殺すほどの悪事を爲せしや、何が故に極めて正直なる心を以て、極めて愛情にひかさるべき性情を以て而して母と妹の愛情を冷笑するに至りしや、何が故に一人の益なきものを殺して多人數を益する事を得ば悪しき事なしといふ立派なる理論をもちながら、流用する事覺束なき装飾品數個を奪ひしのみにして立去るに至りしか、何が故にこの装飾品を奪ふは單に斬取《きりどり》強盗の所爲にして、苟《いやし》くも理論を構へたる大學生の爲すべからざるところなるを忘れしか、是等の凡ての撞着、是等の凡ての調子はづれ、是等の凡ての錯亂、は卽ち作者が精神を籠めて脚色したるもの、而して其殺人罪を犯すに至りたるも、實に是れ、この錯亂、この調子はづれ、この撞着より起りしにあらずんばあらず。而して斯くこの書の主人公を働かせしものは、卽ち無形の社會而已《のみ》なること云《いふ》を須《ま》たず。

これは透谷が書いた文章のうちで、私にはもっとも印象の強い節の一つである。同じことに帰着するが、ポイントは二つある。一つは、この主人公の周囲ですべての事物は相互の関係を失い、散乱し、撞着していて、それが彼を追い詰めるという点、もう一つはこの動きは社会そのものの動きだという点である。「鬼心非鬼心」にあった〈社会の罪〉という表現は、『罪と罰』論においていっそう特徴をはっきりとさせてくる。〈無形の〉という言葉は、社会がもはやかたちを持たず、あらゆる構成を放棄し、無方向に流動し始めているのを捉えたことを示している。[*11]透谷自身、今で言う躁鬱質だったようで、ラスコリニコフの気鬱病に自分の経験を読み取っていたのは確かだろう。気鬱病という表現は、前述の石坂ミナに当てた手紙の中にも、自分の病気の名としてあげられている。だが、彼がそこでドストエフスキーに見出したのは、そこに個人をはるかに越える社会的な質が介在しているという提示だった。引用中にはっきりとうかがわれる驚きに満ちた記述は、この提示のためである。

私たちは透谷のうちに、全体と共鳴することへの希求があるのを認め、それが宇宙あるいは自然から、国民というかたちを取り、そして社会へと集約されてくるのを辿ってきた。この集約の上で全体は、調和とまでは言わないにしてもある共鳴を見出し、この共鳴を通して国民と社会の力は集約されまた解放され、生成の運動が可能となるはずだった。そして彼はこの生成を唱う詩人になるはずだった。

だが彼が現実に見出したのは何だったろう？　それは混乱だった。この混乱は「厭世詩家と女性」に予感されていたものに似ている。彼は女性は実世界との戦いに敗れた詩人を立て籠もらせる砦の主であるが、同時に彼女はそのまま〈醜穢なる俗界の通辯〉となり、その結果詩人は〈實界に擒せられ〉る。これは右の光景、生成の運動が力を失い、それに動かされていた者たちを分断し、散乱させてしまうことと理由を共通させているように見える。

しかし、前者では、詩人はただその責を女性に帰しているにすぎない。だから今回の状況は質を違えているのであって、はるかに混乱の度合いは深い。[*12] この時期に透谷が取り出して見せたのは、あり得べき接点を求めて、それを凝縮していった結果、逆にこの接点を散乱させ、すべてを手から滑り落としてしまった状況である。人は世界に向かおうとして、それに対するどんな接点をも失うことがある。その時、人はその接点を取り戻そうとして絶体絶命の手を、傍らのもっとも親しい者に、あるいは見知らぬ他者に伸ばす。それが高輪の子殺しと、ラスコリニコフの金貸し老婆の殺人だった。

これらは何を意味するのだろう？　「萬物の聲と詩人」では〈自然は常變なり須臾も停滞することあるなし。自然は常動なり須臾も寂静あることなし、自然は常爲なり須臾も無爲あることなし〉と言われていた。自然の中でならば、このような動きを、無窮の自然として享受することもできたろう。しかし、社会の中に置かれた生身の人間にとっては、この解放はとうてい耐えることのできない不安な運動だった。

透谷は、現実的には理由を欠くこの殺人の由来を、もはやかたちを持たずどこまでも流動する社会の様相に見たが、それはまさにこの時期の青年たちにもっとも親しい情況だったからだ。彼がドストエフスキーの中にそれを読み取り得たのは、彼自身の中に同じものがあったからであって、散乱と固着の間で、詩人は方途を失ってしまう寸前のところにいる。彼はただそれを書き留めることで、辛うじてこの喪失に抵抗している。

8　国民と詩人

透谷の詩人あるいは文学者としての理想は、〈文學は純乎たる國民の聲ならざるべからず。文學は時代の元氣の注ぐところならざるべからず。文學は一國のプライドとして、國民獨特の礎の上に立たざるべからず〉（「文界時事（2）」、二六年四月）というようなものだったろう。しかし、文学はもはや、国民の声、あるいは時代の元気として結実することはできない。国民も、時代も、そして詩人も、散乱するだけだ。[*13]

このような不能はなぜなのか？　国民・時代と詩人のあり方とが決定的にずれようとしているからだ。しかし、私たちはただそれを認めるだけでなく、乖離はなぜなのか、と重ねて問うてみたい。それはこの問題が、特異な状況に理由を持っているようでもあるが、また以後の透谷になお、『罪と罰』の殺人罪」と並んで印象が強く、それと重なり合い、かつ私たちの状況に密接に反映してくるような論考があるからだ。それはすでに何度か触れた「漫罵」であって、その一節は次のようである。

今の時代は物質的の革命によりて、その精神を奪はれつゝあるなり。その革命は内部に於て相容れざる分子の撞突より來りしにあらず。外部の刺激に動かされて來りしものなり。革命にあらず、移動なり。人心自ら持重するところある能はず、知らず識らずこの移動の激浪に投じて、自から殺ろさゞるもの稀なり。その本來の道義は薄弱にして以て彼等を縛するに足らず、その新來の道義は根蔕を生ずるに至らず以て彼等を制するに堪へず。その事業その社交、その會話その言語悉く移動の時代を證せざるものなし。斯の如くにして國民の精神は能くその發露者なる詩人を通じて文字の上にあらはれ出でんや。

「漫罵」——三ページ足らずの短い論考——は二六年一〇月の発表で、その後には「一夕観」「慈善事業の進歩を望む」「エマルソン」などの文章があるだけで、一二月には自殺未遂があり、翌年五月の自死まで目に付く論考はほとんどないから、実質的には彼のほぼ最後の思想的著述と言うべきだが、一読して分かるように、その中では、明治の革命が近代を目指して始まりながら、途上でどこか変質してしまっていることが気づかれている。透谷は、英語文献を通じてヨーロッパの近代が何を獲得していたかを知っていたが、それと較べると維新後の日本が自分の進んできた道を未熟なまま放擲し、ただうわべを取り繕って一方向に進んでいることを感じていた。事態を今現在からのように分析できないとしても、変化が内部から生成したものではなく、外部からの刺激によるものでしかない、ということを見抜いていた。この批判は、漱石の「現代日本の開化」（四四年）を想起させるが、ほとんど二十年先立っていることを考えると、その感覚の鋭さに打たれる。〈革命にあらず、移動なり〉というのは、まことに彼の印象だったに違いない。この移動の速度は、それに運ばれる者のありようを不安定にする。彼はいっそう加速するこの進行に足を攫われ、その愛人を、そして国民と社会をもぎ取られようとしていた。

このエッセイ中でもう一つ見逃してはならないのは、国民という存在に対する彼の見方の変化がはっきりと打ち出されていることである。国家も名前とは裏腹に、国民を持つとは言い得ないようなものだったが、その国民も変貌する。右の引用のすぐあとで、彼は嘆きの声調で次のように呼びかける。

汝詩人となれるものよ、汝詩人とならんとするものよ、この國民が強ひて汝を探偵の作家とせんとするを怒る勿れ、この國民が汝によりて艶語を聞き、情話を聴かんとするを怪しむ勿れ、この國民が汝を雑誌店上の雑貨となさんとするを恨む勿れ、噫《ああ》詩人よ、詩人たらんとするものよ、汝等は不幸にして今の時代に生れたり、汝の雄大なる舌は、陋小なる箱庭の中にありて鳴らさゞるべからず。汝の運命はこの箱庭の中にありて能く講じ能く歌ひ能く罵り能く笑ふに過ぎざるのみ。

理想に溢れた「國民と思想」は、わずか三月前のことである。理想を語るという立場から現実を語るという立場へと移っているとしても、国民の姿は唖然とするほど変わっていると言わねばならない。詩人はもはや国民に夢を抱くことができない。国民が求めるのは、彼らの声を詩人が受託して歌うことではない。詩人に期待されているのは、好奇心をくすぐるだけの謎解きと下賎な艶笑譚であり、それらは店先に並べられて売買される雑貨のひとつにすぎない。詩人に許されているのは、この全体的去勢の状況の下で、矮小化された歌を歌うことだけである。それが現今の詩人の運命なのだ。このように述べたとき、ヂニアスの源であるはずの国民が変容し失われていること、あるいはそもそも存在しないことを、詩人は認めている。国民に賭けた願望は根底から失われようとしている。これは近代という嵐に吹きまくられた明治という時代のせいだったろうか？　それとも国民と詩人はそもそも合致することができないためだったろうか？　どちらでも有りうるし、また二つの理由は常に重なり合っている。

本論考の冒頭で透谷に汎神論的傾向があることを見た時、例証として引用したのは「萬物の聲と詩人」だったが、この評論が書かれたのは、実は「漫罵」と同じ年の同じ月のことである。前者による照応関係の構想の提示と、後者によるその壊滅的な現況の確認は、同じ時になされている。そのことは、彼がどうにかしてこの状況に抗しようとしていたことを意味する。それにしても彼は決して、国民に背を向けて自分の「私」を野放図に肯定することはなかった。彼は自己に耽溺することを良しとするロマン主義者ではなかった。どのようにして彼は抵抗するのか？　おそらくは、ただ書きとめることによって、であった。この事実こそが『蓬萊曲』以後の彼の活動のエッセンスである。明治文学全集の『北村透谷集』収録の年譜には、小説、評論、感想、記事などさまざまのジャンルを併せた、各年ごとの著作目録がついているが、その数は明治二四年までは、詩の大作があるためだろうが、年に数点にとどまるのに対し、二五年には六四点、そして年末に自殺未遂事件を起こす二六年においては、実に一〇一点に及んでいる。それは透谷が死にもの狂いの闘争を書くことで闘っていたことを証し立てる。

この年の一二月二八日、彼は喉を突いて自殺を図るが、失敗して入院、正月を病院で送る。だが、明くる年の五月一六日、療養中の床を脱け出して、自宅の庭で縊死を遂げる。死が深夜か翌日の払暁か分からないという。ただ自死を遂げたとすれば、死は衰弱の挙げ句に呼び寄せられたというのではなく、闘争の中でほんのわずか均衡が逸されることがあって、その瞬間に死が彼を捉えたのであったように見える。

9　蝶の行方

透谷は批評家であると同時に詩人でもあった。彼の詩作品と言えば『楚囚之詩』と『蓬萊曲』が挙げられる。これらはその長大さだけからでも無視し得ない作品だが、最初に述べたように、彼の思考はこれらの作品以後、新たな段階に踏み込み、その展開は主に批評という形式をとって実現された。しかし、彼は並行して断続的に詩も書き続けた。それらは長いものではなく、かつ数も少ない。だが、批評においてあれほど強烈な軌跡を描いた時期の詩作であるとすれば、興味をそそるし、またある点からは独自の軌跡を描いているようであって、触れないで済ませることはできない。

『蓬萊曲』は二四年五月刊行で、前述のように、消え去った愛人を求めて彷徨う詩人を描いて、ロマン派的な高揚に満ちた作品だが、その次の月である六月に、彼はこれら二つの詩篇の後、初めての詩作品を発表する。それは「みゝずのうた」と題され、五行十八連に及ぶ作品である。だが、目を引くのはこの標題である。標題が主題を示唆するとしたら、この題は、透谷の関心が地上に降り立っていることを示す。

作品は、夏の旅行中の作者が、ある朝草花の咲くところに出ると、足下に〈風流漢ならずして一蚯蚓〉を見出した、というところから始まる。蓬萊山から一挙に地上の卑俗な存在に視線は下降している。蚯蚓は、特に花に惹かれたわけではなく、地中から迷い出ただけであるが、朝日の暑さに閉口して、自分の住み処に帰ろうとする。だが〈知慧者〉たる蟻に襲われ、食い破られて作者の眼前で死んでしまう。作者は〈うらむなよ、凡そ生きとし生けるもの／いづれ塵にかへらざらん、／高きも卑きもこれを逃れじ〉と蚯蚓に言い聞かせるように呟くのだが、それだけなら、自分の運命を分かりやすい比喩で語ったにとどまるだろう。しかし、透谷の視線が地上の小生物に向けられていることに注意するなら、その関心が持続し強められるのが見出される。翌二五年の一二月の「平家蟹」も同様に、〈神々に、／みすてられつゝ海そこに、／深く沈みし〉生物への視線である。

続いて二六年の六月には「ほたる」が書かれる。ほたるは、水の中で生を享け、水から出ても、〈なほ身を恥づるけしき〉をもって草陰に暮らす。しかし、月の光を受けると、〈たちまち空に消え〉てしまう。そこには消失が捉えられている。

そして同年の九月から一〇月にかけて、つまり最後の時期に、よく知られているように、蝶を主題とする三つの詩が書かれる。みみずからほたるへ、そして蝶へというのは、まずは詩人が泥濘の中から再び飛翔しようとした証であるように思える。

最初の作「蝶のゆくへ」では、季節が変わり秋が訪れ、その野面を彷徨う蝶に〈ゆくへを問〉うさまが語られる。第二の作「眠れる蝶」では、疲れたのか、〈破れし花に眠れる〉蝶が提示される。そして第三の作「雙蝶のわかれ」では、二行と四行を交替させて八連からなり、今度は蝶は一羽ではなく二羽である。雌雄であるらしく、同じ枝に休んでいるが、〈秋の無情に身を責むる〉思いから飛び立ち、しばらくは戯れるように共に飛んでいる。続く最後の三連は次のようである。

雙《なら》び飛びてもひえわたる、
　秋のつるぎの怖ろしや。
雄《を》も雌《め》も共にたゆたひて、
　もと來し方へ悄《しを》れ行く。

もとの一枝《ひとえ》をまたの宿、
　暫しと憩ふ蝶ふたつ。

夕告《ゆうつ》げわたる鐘の音に、
　おどろきて立つ蝶ふたつ。
こたびは別れて西ひがし、
　振りかへりつゝ去りにけり。*14

飛び立った二つの蝶は、決心がつきかねたかのように、一度は元の枝に立ち戻る。しかし鐘の音が響くと今度は驚いて飛び立ち、互いを振り返りながらも、もはや共にいる理由を失ったかのように、東西に別れて去ってしまう。

これらの詩篇は、それだけで詠むと、夏の間横溢した生命が滅んでいくさまを哀惜した叙情的作品、あるいはその象徴である蝶に自分たちの恋の終焉を託した告白的作品として読まれるかも知れない。それが間違いだというわけではないけれども、これらを透谷という詩人批評家の全振幅の中に置くと、違った読み方を求めてくるように思われる。それは彼の思想が直接語られているような『楚囚之詩』や『蓬萊曲』よりも興味をそそる。というのは、これら最後の詩篇には、流動する力が、叙情的にではありながら、逆らいがたく強力なものとなって浮上し、詩人とその愛人を違った方向へと散乱させるありさまが捉えられているからである。「雙蝶のわかれ」は「漫罵」と同じ時期である。後者によって見られた透谷の生涯は、激情がとつぜん噴き上げてきたような印象を受けるが、詩篇の側から見られた場合、冷え冷えと進行する消滅のありさまが感得される。詩人の視野からは愛人の姿が失われる。彼の発する言葉も相互の関連を失い、霧消させられようとしているが、そのさまが消滅の直前の地点で歌われている。

＊1　本論考での透谷の著作からの引用は基本的に『北村透谷集』（明治文学全集、第二九巻、筑摩書房、一九七六年）による。

＊2 『啄木全集』（岩波書店、一九六一年）第一〇巻、二三ページ、二四ページ、三一ページ。

＊3 『小林秀雄全集』（新潮社、二〇〇一年）第三巻、三八三ページ、三八一ページ。

＊4 木下尚江「福澤諭吉と北村透谷」昭和九年、『北村透谷集』所収。木下は透谷の死を知って〈我々の代表者が犠牲になつて十字架にかゝつたのだといふ氣持に打たれた〉とも書いている。

＊5 WEB上の「青空文庫」に収録されている透谷の著作から、「厭世詩家と女性」とこれから主要な対象とする「徳川氏時代の平民の理想」での「実世界」「社界」「社会」の頻度を検索してみると、前者では、実世界15、社界16、社会2、後者では、実世界0、社界27、社会0となる。さらに後期になると、社界と社会の比較では、ほぼ後者のみが使用される。

＊6 桶谷秀昭『北村透谷』（一九八一年、筑摩書房）。引用はちくま学芸文庫（一九九四年）二〇四―二〇五ページ。

＊7 「俠」については、星野天知の「俠気」、山路愛山の「俠客論」の名が引かれている。

＊8 後に「詩の源泉を求めて」で見るが、啄木は「きれぎれに心に浮んだ感じと回想」（明治四二年）で、〈道徳の性質及び發達を國家といふ組織から分離して考へる事は、極めて明白な誤謬である〉と始めて、〈國家！ 國家！／國家といふ問題は、今の一部の人達の考へてゐるやうに、そんなに軽い問題であらうか?〉という問いを投げかけるに至る（『啄木全集』、第九巻、一三八ページおよび一四一ページ）。同じ推論が透谷にも働いているように思える。他方で江藤淳は「日本文学と『私』」（一九六九年）で、明治の日本人にとって価値の源泉は「国家」であったからには、〈「公」とは「国家」ではなくて「国民」だとするような歪曲にはくみ

しない〉と書いている（『崩壊からの創造』、勁草書房、一九六九年、三一ページ）が、透谷や啄木には、国家と国民が乖離すると見えている。

＊9　『ドストエフスキイの生活』（小林秀雄全集、第六巻、二〇〇一年、二七八ページ）。ほぼ同時期である一九三六年の「思想と実生活」では、〈クロワッセの書斎はフロオベルの「地下室」ではなかつたか。ドストエフスキイが、背負つてうろついた「地下室」を、フロオベルはクロワッセに固定したに過ぎぬ。又、別の比喩を使へば、ドストエフスキイは、人々が自分の「地下室」を自由に横行するにまかせたが、フロオベルは、客をみんな斷つただけなのである〉とも言っている（同第四巻、六九ページ）。もっとも自分の部屋を他人が通行するにまかせられたか、あるいはそうでなかったかは、小さからぬ問題であろう。次の『罪と罰』Ⅱ」の引用は、同第八巻、三一一ページ。

＊10　透谷自身「文界時事（1）」（二六年四月）で、〈不知庵の「罪と罰」第一巻世に出でゝ、あらゆる批評家は口を揃へて激賞したり〉と書いている。

＊11　この叙述を読むと、ほぼ同時代の一葉と啄木のテキストが思い出される。一葉では、「にごりえ」の、お力が心を高ぶらせて店からさまよい出る場面である。〈もう〳〵皈《かへ》りませうとて横町の闇をば出はなれて夜店の並ぶにぎやかなる小路を氣まぎらしにとぶら〳〵歩るけば、行かよふ人の顔小さく〳〵擦れ違ふ人の顔さへも遙とほくに見るやう思はれて、我が踏む土のみ一丈も上にあがり居る如く……〉（『樋口一葉集』明治文学全集、第三〇巻、筑摩書房、一九七二年、一〇四ページ）。啄木の場合は、「島田君の書簡」の一節を引こう。〈見るもの、聞くもの、今までは我々と何の縁もゆかりも無かつた様な事件や問題までが、何時か淺草の活動

寫眞で見た、手品師の手に隨つて何處からともなく降つて來る赤い箱や白い箱の樣に、僕の頭の中に飛び込んで來る（『啄木全集』、第六巻、一七四ページ）〉。これらについては、本書収録の一葉論・啄木論で触れる。

＊12　透谷は、二六年七月に当時住んでいた国府津在前川村から、妻子を置いて、島崎藤村ら「文學界」の同人と箱根に赴き、そのまま東北地方の伝道旅行に出る。その時、花巻でミナから叱責の手紙を受け取り、その返答を次のように始めている。〈拜啓、貴書を得て茫然たる事久し。何の意にて書かれしや、一切解らず。われ御身に對して敬禮を缺けりと云ひ、眞の愛を持たずと云ひ、いろいろの事、前代希聞の大叱言。さても夫たるは斯程に難きものとは今知れり〉。一女があったが、ミナとの家庭生活はほぼ崩壊している。

＊13　北川透は『北村透谷試論Ⅱ・内部生命の砦』（冬樹社、一九七六年）で「国民と思想」という章を立て、次のように言う。〈繰り返していえば、透谷において〈国民〉とは欠如であった。少くとも大なる《元気》とか《創造的勢力》というモティーフで〈国民〉像が定立されようとするかぎり、それは潜伏であり、隠されたものであり、深く地層の底に潜勢していて、いまだ姿をあらわさぬものであったということができるだろう〉、二五七ページ。北川は透谷の国民概念を、同時代のナショナリスムの文脈中に置いて考察し、それが欠如態としてあるという興味深い指摘をしているが、透谷の内部的な展開の中で、宇宙、自然、社会といった考えとの、また彼の自己意識との関連は問われていない。本論考は後者の視点を主題とする。

＊14　ルビは原典のママ。

出奔する狂女たち——樋口一葉[*1]

1　作家の本能について

ひとつの生にはそのすべての重みが集中してくる絶対的な場所がある、という思いが、いつの頃からか私のうち深く喰い入っている。どんな人間も、一生に一度はそのような場所に立つことになる。彼は盲滅法に生きてくるのだが、気づくとそのような場所に押し流されており、いったんその場所に立ってみると、今度は自分のやってきたことがすべて、そこに達するための準備でしかなかったことを理解する。彼はこの地点で、自分の生を最大限に集約して生き、同時に、自分が生きているというそのことを深く自覚する。そして不思議なことには、どうやらこの場所は、単に彼個人の生を集約しているのみならず、社会や時代の意味が集中して明らかになってくる地点でもあるらしい。彼はそこで、自分の生の中でのこの集約点の位置を確認するのと同じように、社会の中での自分の生の位置を確認する。この重ね合わせによって、彼は社会との間にひとつの通路を開き、さらに大きな全体を感受する。

作家もまず一人の個人である限り、事情を同じくしている。しかし彼が書くという作業に従う時、新しい側面が現れる。それはなにも、彼の人生経験が言葉になって書き表される、というようなことではない。もっと直接的に、書くという行為に即した特質が見えてくる。書く行為は、言ってみれば集約点に向かうための羅針盤になっているような印象を与える。集中の地点は集約のために質量をいくらか大きくし、その結果、ある種の惹引力を持つようになるのだが、書くという行為は、この惹引力を測定する探知装置のようなものだ。彼は書くことのうちで信号を受けとり、方向を修正してあの地点に接近してゆく。もっと簡単に言えば、言葉とは水準器である。この地点は、集約による質量の増加のためにわずかながら窪んでいるので、言葉はそこへのかすかな傾斜を感知し、滑落するようにして作家を導く。そして彼のもっとも内部のこの地点は、言葉によって捉えられるために、通常の個人の場合よりも明瞭に社会へと通じる。作家の個人的で内的な探究から生まれた作品が他人に対して意味を持ち、彼の外で存続する可能性を持つのはこのためである。

この探究は、作家においては、書くことの自由を求めて動いてゆく活動となって現れる。どんな作家でも、書こうとする限りは自由に書くことを望むだろう。この願望はさまざまの様態をとりうる。禁じられた主題を取り上げること、権力を批判すること、隠し続けてきた秘密を告白すること、等々の大きな問題から、人物造型に巧みになること、風景や心理の描写に熟達すること、あるいは語彙を豊富にして表現を豊かにすることなどの細部や技術の問題にまで至る。かたちはどのようであれ、これらは自由に書きたいという欲求のことであるが、これらの欲求は実はあの集約点からの誘いによって促され、そこを目ざしていると考えられる。なぜならこの地点は、「すべて」を集約するために、この「すべて」に拮抗する根拠を与える唯一の点であり、この能力によって「すべて」を批判し乗り越えること、つまり自由に物語ることを可能にする唯一の点であるからだ。

そしてこの書くことの自由をもっと集約して問うならば、それは発語することの自由である。それは、どんな場合にでも、何に向かってでも、何かを言いうること、虚空にむかってであれ、言葉を発しうる権能である。ただこのような発語からのみ出発して書くことは自由になる。したがって作家は、書き続けながら、自分が書いていることの根拠を問い続けている。どこで、どのようにして、言葉を発することが可能になるかを知ろうとするのが、彼のもっとも根本的な欲望なのだ。

もちろんこの欲望は、ただ書きさえすればうまく導かれるというわけではない。作家と呼ばれてはいても、この欲望を少しも持ち合わせていない場合もあるし、欲望は十分持っていながら、途中でそれを失ってしまう例もまた多い。むしろこの絶対的な地点に達する作家の方がはるかに少数なのだ。しかし、この地点に達し得たならば、そのことは、当人にはもちろん、傍目にもはっきりとわかるものだ。彼はちょうど水脈が掘りあてられると水が噴き出してくるように、到達したこの地点から抗い難い力が生起するのを経験する。それは社会や個人の生の根底に貯えられ撓められてきた活動力が、一挙に解放されることから来る力である。この力によって彼は発語へと踏み切り、発語された言葉は、何ものにも阻止されぬ力を獲得する。テキストは奔放にイメージを活動させ、また文体は抑圧されることのない強度を持つことになる。

このような探究の過程を見せている数少ない作家のうちに、樋口一葉（明治五—二九年、一八七二—九六年）の名をあげることができる、と私には思われる。彼女は短命だったが、それだけにかえってこの過程を鮮明に示している。彼女の作家としての活動期間は五年程、二四歳で死を迎え、残した作品はほとんど短篇で、しかも数はわずか二一である。けれども私たちはそれらのうちに、言葉があの絶対的な地点に向かって急激に旋回していく軌跡をはっきりと見ることができる。

一葉が、作家としての仕事の上で、突然とも見える達成を示したことはよく知られている。和田芳恵は、「大つごもり」が書かれ、のちに「たけくらべ」となるべき草稿群が着手された明治二七年一二月から、「にごりえ」(二八年七月)、「十三夜」(同九月)等と重なりつつ「たけくらべ」が書き終えられる二九年一月までを、「奇蹟の一年」あるいは「奇蹟の期間」と呼んでいる。[*2] ちなみに、この年の一一月二三日に彼女は死んでしまうのだが、他の評家も、この一年ほどを一葉の作家としての生命力が尋常ならざる高揚を示した期間と見ることでは合致している。この見方に異論は出まい。しかし、この期間の諸作品をどう読むかについては、さまざまの視点が提出されている。人生観の深まり、人間観察の精緻化、社会意識の成長、女であることの意識の高まり、等々。これらは確かに一葉の身に起こった心理的思想的な変化であるに違いない。けれども彼女の探究は、多彩な様相を見せながらも、根本的にはあの自由——存在することの、また書くことの自由——の探究に支えられていたように思われる。彼女はこの探究の中で、生命力の燃焼と見えるような自由をたしかに獲得するのだが、ではその自由は、どのようにして導かれ、作品をどのように変えていったのだろうか?

2 異様なるものの方へ

明治二八年を頂点とする一葉の過程の発端が見えてくるのは、二二年、彼女が一七歳で父を失う頃からである。この過程は、父の事業の失敗と死に起因する——そしてその後彼女の死に至っても緩むことのない――窮乏化となって現れる。ところで、この窮乏化の中に、のちに文学として昇華される彼女の過程を示唆するような出来事が見出だされる。それは借金という問題、およびその様態である。彼女は家計が窮迫してくると、当然のことながら金策に駈け回る。借金の申し込み先は、まず父の縁故先であり、ついで師の桃水や歌子である。それでも追いつかなくなると、当時通っていた歌塾萩の舎社中の友人にも借金を申し込む。生活に追われていたからとはいえ、一般に信じられているのとは違って、彼女の性格にはしたたかなところもあったらしく、人間関係をかなり悪くしている。

だが、これらの借金先は、少なくとも彼女の知人である。けれども、不足がこれらの人々からでは補いきれなくなると、彼女は未知の人間のところにまで押しかけ、術策を使ってまでして金を引き出そうとする。二七年二月、彼女は天啓顕真術なる占いを看板とする久佐賀義孝を、秋月という偽名を使い、紹介者もなしに訪ね、相場をやりたい、また後援を頼みたいと言って、金を得ようとし、妾になるや否やの問いかけまで受けるが、〈婦女の身として尤も尊ふへきこの操をいかにして破らんや　あはれ笑ふにたえたるしれものかな〉と拒絶している（日記、二七年六月）。このあやうい交渉は、翌年六月頃まで続き、その間に彼女は、いくらかの金を引き出すことに成功したらしい。同じ月には、一葉は蓮門教という新興宗教の教祖である二十二宮人丸と名乗る人物を訪ね、その茅屋で〈異談一ならず物語をかしかりき〉

〈日記、同前〉というひとときを過している。さらに九月には、彼女は当時流行作家であった村上浪六に、やはり紹介もないまま手紙でいきなり借金を申し込んでいるが、この場合は成功していない。それにしても、このように面識も紹介もない人物のところへ借金を申し込むのは、かなり常軌を逸したふるまいであろう。

久佐賀、人丸、浪六とこの頃一葉が接した人物を眺めると、何か奇怪なものを感ぜざるをえない。久佐賀と人丸は、占師、相場師、教祖であり、塩田良平の言によれば〈異様に世を渡る〉[*3]者たちであった。また浪六も、当時の作家という職業からして、また作家の中でも、同じ頃名を知られはじめていた鷗外、逍遙、露伴らと較べて、学歴なく幼児より放浪生活を送ったというその経歴からして、常道から外れた人物であった。つまり、一葉は、どこか異様な者たちと接することの方へ押しやられている。それは一葉自身のうちに何か異様なものが生じていたことを示しているのではあるまいか？　ちなみに人丸は、数日後一葉の家を訪れ、彼女は拒否するものの、彼女のことを〈浮世の異人なるよしたゝえて長き交際を結ばまほしき〉〈日記、同前〉と誘うのである。

一葉のうちに明らかになってくるこの何か異様なものの浮上は、また別のやり方で、彼女を動かす。それは彼女の転居歴である。父が下級であれ官吏であったために、彼女は内幸町の官舎で生まれているが、のち麻布三河台、下谷御徒町また西黒門町、芝高輪北町、神田淡路町などに住まう。長兄泉太郎が死去し、さらに父が事業失敗のあと死去すると、二二年九月には、分家した次兄虎之助の芝西応寺の家に身を寄せる。だが、折り合いが悪くなって、翌二三年五月にはそれまで通っていた萩の舎に住み込み、九月には母と妹の三人で本郷菊坂に移る。そこには三年居住するが、二六年七月には、下谷竜泉寺町に転居して駄菓子屋の店を開き、十ヶ月をすごしたのち、二七年五月には本郷丸山福山町に移って、そこが終焉の地となる。これらの地名を見てゆくと、次のことに気がつく。父の死の前後までの居住地はそれなりの住宅街であるが、以後そういった土地柄から少しずつ逸れてゆく。最後の二つの居住地について言えば、遊郭の門前町と新開地の銘酒屋街である。吉原の遊女や銘酒屋の女たちもまた、異様に世を渡ってゆく者たちではなかったか？　竜泉寺町への転居の際には、〈幾そ度おもへども下町に住まむ事はうれしからす〉（日記、二六年七―八月）と書きつけている。士族の娘として誇りがあったのは確かである。しかし、この転居歴は、ただ貧窮に追われたためではなく、彼女の意志を越えて働きかけてくる力に押されて、異様なものの方へと押しやられていった徴であるように見える。

久佐賀や人丸との接触、また竜泉寺町での生活の経験は、一般に一葉の社会意識の形成に役立ったとされている。たとえば松坂俊夫は、一葉はいわば市井の赤裸な姿に接することによって、それまで持っていた形式的なもの、お嬢さん的な要素をふり捨て、現実を見据え、客観的にものごとを観察できる態度を身につけることになったと言っている。[*4] そして「大つごもり」「にごりえ」「十三夜」等には、現実の不合理への憤りや、そこに生きる不幸な女たちへの共感を読むことができるとする。だが本当にそうだろうか？　そうだとしても、それに尽きるとは私には思えない。

借金あるいは実業生活を通して、一葉が、保護された家庭内の生活、縁戚に限定された人間関係を越え出ていったのは本当であろうし、越え出ていった先を社会と言うのも妥当であろうが、ではいったい、この社会的な経験に養われた一葉の考え方とはどんなものになったのだろうか？　かりに一葉の社会意識と呼ぶとして、それは、たとえば同時代の透谷や、また二十年後の啄木の場合のように、全体的で鋭く危機的なものであったとは、必ずしも言い得ない。一葉の日記には、たしかに政治的社会的な出来事についての言及が多く見られる。しかし、それらを通読してみても、こうした出来事に女性の身で関心を持ったことが、当時としては目に付くとしても、何か特異な意義を持っていたようには見えない。たとえば、当時最重要の社会的事件と言えば、二七年七月に勃発し翌二八年四月まで続いた日清戦争だが、近代日本の最初の対外戦争という維新後最大のこの事件についても、彼女はことさらな記述を残していない。関良一は、〈そこに国権主義に近い立場に立っていたひとりの「憂国」の志を抱いた若い女性が、戦争の体験（といっても間接的だが）を通じて、しだいに反戦的とは言えないまでも少くとも厭戦的になっていった消息を読みとれるかもしれない〉[*5]と言っている。たぶんこれが妥当な見方であろう。「暗夜」「大つごもり」「たけくらべ」の前半、「軒もる月」「ゆく雲」はこの戦争の間に書かれたが、それらに戦争の影を特にうかがうことはできない。

しかし、かりに直接的ではなく、また拡がりという面では十分でなかったとしても、一葉は社会をその本質において知覚し、認識していったとは言わなければならない。その本質とは、社会は人間と人間の関係によって構成され、この関係が変化してゆくことから生じるある種の動的な力だという点である。実業生活の準備をしながら、彼女は〈されとも生れ出て二十年あまり向ふ三軒兩となりのつき合い《ママ》にならはす湯屋に小桶の御あいさつも大方はしらす顔してすましける身のお暑うお寒う負けひけのかけ引問屋のかひ出しかひ手の氣うけおもへばむつかしき物也けり〉(日記、二六年七月)と記している。つきあい、かけ引き、気うけ等の表現から明らかなように、商売というかたちをとりながら、彼女は他人との交渉のうちに入る。彼女が強いられかつ興味を持ったのは、この動きだった。久佐賀や人丸の異様さとは、彼らが社会を渡ってゆく中で発揮されたもの、すなわち、社会的な活動力が尋常さを越えて現れたものであって、その故に彼等に惹かれたのである。

この社会的な活動力は、基本的には人間と人間の関係のうちから生じ、同時にこれらの関係を形成してゆくものである。このように関係とは作られるものであると知ることは、これらの諸関係が不変の所与としてあるのではなく、経験的で改変可能なものであることをも教える。この認識がさらに進められると、動的な力は社会の既存の諸関係を疑い、動揺させ、ついで崩壊させる可能性まで持つと認めることになる。一葉の場合も、このような展開の過程はたしかに試みられている。彼女はまず人間的な諸関係、ついで社会的な諸関係のうちに入り込み、やがて関係によって作られる最大の構成物としての「国家」を見出だす。彼女において「国家」の像は、先ほど触れた日清戦争の場合に見えているように、十分拡がったものだったとは言い難く、彼女が国家に言及する時にはむしろ唐突の感がするが、それでもこれらの言及を、直接に彼女の国家論として読むのではなく、彼女が人間的・社会的な関係をどのようにとらえていたかを証し立てる例証とすることはできるだろう。

明治二七年三月の日記に一葉は次のように書いている。〈笑ふものは笑へ　そしるものはそしれ　わか心はすてに天地とひとつに成ぬ　わかこゝろさしは國家の大本にあり〉。彼女は、明治の女書生らしく、国家について考えることがあったし、和歌を再興し国是の道を講じようと思うこともあったらしい。しかし、右の一節を書いたのは竜泉寺町の店を閉じようとする時、すなわち、文学を捨て一大決心をしてはいった実業の道がうまくゆかなくなっていた時である。彼女の生活はさらに行きづまっていたから、その存在意識は混乱していたはずである。その時、対極にもっとも強固な構成物である国家が現れる。この国家の像は、論理的には少しも明瞭ではないが、彼女の自己自身の混乱と比べると、強いコントラストをもって現れているのであって、そのことには驚かされる。国家の像がこのように現れることは、彼女に国家主義的傾向があったことの証拠とされるのだが、しかし、この国家も、実は強固一本槍のものではない。先の一節はよく引用されるが、そのほんの少し前には次のような認識もあるのだ。〈虚無のうきよに君もなし　臣もなし　君といふそも／＼僞也　臣といふも又僞也〉（日記、同）。このあと彼女は〈いつはりといへどもこれありてはじめて人道さだまる〉と付け加えてはいるが、国家とは偽りであるという認識の方が基本にあることはまちがいない。すなわち、国家の像も結ばれると同時に解体され、流動状態の中に投げ込まれていた。この力は、たしかに社会の本質から来ている力である。だが、尋常の社会に慣れてしまった者には、異様と映る力であり、社会や人間を客観的に眺めることを許す類のものではなかった。この異様な力は、たしかに一葉の前に現れ出ている。

他方、一葉の側においても、生活が社会に向かって開かれていくなら、何がしかの変化が引き起こされないわけにはゆかない。変化はまず二十二宮人丸によって異人と名ざされたところに見出されるが、日記には、もっと早い時期からその徴候を認めることができる。明治一九年、一四歳で萩の舎に通いはじめた頃から、彼女はしばしば日記（二四年九―一一月）で自分のことを「ひかもの」と書いている。これが彼女自身の変容の最初のしるしである。同じ頃、同門の友人たちに「ものつつみの君」[*6]の仇名をたてまつられる。そしてもう少しあとになると、彼女は自分のことを「浮きよにすねもの」（日記、二六年七月）と呼び、またこの頃交際の始った「文學界」同人の間でもそう呼ばれる。「ひかもの」「すねもの」とは僻むまた拗ねる者の謂、「ものつつみの君」とは隠し立ての多い者の謂である。

これらの意識は、萩の舎で貴族階級および富有階級の子女にまじって、農民から成り上がった貧しい士族階級の出身[*7]である自分の位置――社会全体においては官員の父を持つ彼女の家庭は中流であったが――を自覚していったことをきっかけとしている。そこに怨念だけを読むのは誤りだろう。それは社会的な不均衡の意識であるが、次第に不均衡そのものよりも、不均衡を作り出している社会の力を意識することへ導かれていったように見える。この意識は、単なる劣等コンプレックスではなく、ある種の押し隠された力として一葉のうちに貯えられていった。

この意識に接木されるようにして現れ、もっと内部にまで浸透していったのは、破滅の意識であろう。〈あはれくれ竹の一ふしぬけ出てしがな〉（日記、二六年七月）という功名心に燃えていた一葉の内部には、それと一体をなして強い破滅意識があった。それは初期の日記や習作の中で、厭世的な感情となって現れている。この時期の破滅意識は文学的な情緒によると言えなくもなかろうが、けれども、たしかに彼女の本性の一部をなしていたのであって、近親の死や没落、また自身の家庭の窮迫によって、彼女の内面に深く喰い入っていた。

破滅の意識は、二七年にはいるといっそう明瞭になってくる。二月から三月にかけての日記で、一葉はもっと進んで、自分のことを「捨て物」とまで呼ぶ。〈我はもとよりうきよに捨て物〉と彼女は書きつける。この前後に次のような箇所が散見される。〈すでに浮世に望みは絶えぬ〉、〈我が一生は破れ〳〵て道端にふす乞食かたゐの末こそは終生の願ひ成けれ〉、〈要する處は好死處の得まほしきぞかし〉、〈唯此死といふ事をかけて浮世を月花におくらんとす〉、〈わかかはねは野外にすてられてやせ犬のゑしきに成らんを期す〉等々。日記を通読してゆくと、このあたりで一葉の精神的な危機が高まっていることがはっきりと看取される。彼女が久佐賀のところに赴くのもこの時期であり、右の引用のうちいくつかは、その時の会見の覚え書からのものである。年が明けて以後、竜泉寺町の店は行き詰っており、五月には店を閉じることになる。

これらの有為転変に押し流されながら、彼女は何を感じ、彼女の生はどんなふうだったか？　「捨て物」の意識は、引用からわかるように、死の意識へと通じている。死の意識とは、自分の存在が崩壊しかけていることの意識にほかならない。この時期一葉は、自分がかたちをなさなくなり、流失しようとしていると感じていた。自己の内部でのこの解体の意識は、外側で社会や国家が揺らぎ解体してゆくのと呼応していたことは間違いない。そして双方での流動化によって、二つの世界は混交し一体となりはじめる。彼女は竜泉寺町に移転した以後の日記を「塵之中」と名づけ、そのはじめには〈終に此よを清く送り難くににごりにごりぬる浅ましの身〉（二六年七月）と書きつけ、終わり近くには前述のように〈わが心はすでに天地とひとつに成ぬ〉（二七年三月）と書く。これらの言葉ははっきりと、彼女が自分の存在を解体させながら世界と混融させ、何か未知の新しい活動を感知しはじめたことを示している。

3　再び文学へ

二六年七月から二七年五月までの竜泉寺町での生活は、人生上の危機であったが、それは同時に、文学上の転機を引き起こさずには措かなかった。そのような転機のあったことはよく知られているが、それが実際にどんなであったかは、十分明らかにされているわけではない。周知のように、一葉は歌や草紙の類への関心は少女時より持っていたものの、小説を書くことはまず第一に、萩の舎の同門であった三宅花圃の『藪の鶯』（二一年）の成功を見て、生活の資を得ようと考えたためであった。二四年には、級友の野々宮きく子によって当時東京朝日新聞の小説記者であった半井桃水[*8]に紹介されて師事し、小説家として身を立てようとする。彼女は桃水に慕情を抱きつつ、いくつかの作品を執筆し、雑誌「武藏野」等に発表する。この活動をきっかけに二六年には、平田禿木と知り合って「文學界」に誘われ、三月にこの雑誌に「雪の日」を発表する。だが生活を立てるには至らず、実業に転じることを決心し、竜泉寺町へ転居する。その直前、彼女は日記に、〈いでや是れより糊口的文學の道をかへてうきよを十露盤の玉の汗に商ひといふ事はしめはや〉（二六年七月）と書きつける。彼女はいったんは文学を放棄するのだ。

しかし買出しや仕入れに精を出しながら、彼女は文学をあきらめることはできない。書くことへの希望は、むしろ事業の失敗の後に再浮上する。二七年五月に丸山福山町に移ると、彼女は図書館通いを再開するなどしている。同じ頃「文學界」同人の訪問が増え、刺激を受けて、日本の古典文学のみではなく、同時代の鷗外や露伴、また翻訳文学に手をのばしはじめる。少しあとになるが、ドストエフスキーの『罪と罰』を読み、西鶴を見出だす。一二月には「大つごもり」を「文學界」に発表する。

これがいわゆる一葉の文学復帰だが、その内実はどんなものだったろうか？　変化を目に見えるところでいくつか挙げることができる。ひとつは歌に関するものである。一葉はまず歌によって文学と接触し、一四歳で中島歌子の歌塾萩の舎に入塾し、門下となった。その教育と作歌の実際は題詠、数詠み、また歌会での競詠であり、ここで身につけた古典的な教養は、彼女の擬古的な文章の基礎を作ったが、後々までそのまま延長されたとは言えない。丸山福山町へ移ってから、彼女がまず考えたのは、転居直前に〈すきかへす人こそなけれ敷嶋の／うたのあらす田あれにあれしを〉（日記、二七年三月）と歌ったように、歌人として名をなすことであった。彼女は歌を改革すること、萩の舎の後継者となること、また新しい歌塾の開設を考えたこともあったらしい。しかし、この計画は、経済的不如意また当時の歌壇の保守性のために挫折する。彼女は歌を作らなくなり、次第に歌の世界から離れてゆく。[*9] だが今少し歌に注意するならば、数少なくなってゆく彼女の歌に、ひとつの傾向を見ることができる。彼女の歌は題詠ではなく詞書のついたもの、あるいは「折にふれて」の歌、つまり現実の経験や出来事から発想されたものに変わってゆく。これはたしかに社会や現実が彼女に切迫していったこととの現れのひとつである。

もうひとつ指摘できるのは、小説に直接つながる変化である。すでに二六年二月のことだが、一葉はそれまで指導を受けていた桃水から、新著『胡砂吹く風』を贈られ、通読し、桃水に対する慕情は慕情として、次のように感想をしたためる。〈桃水うしもとより文章粗にして華麗と幽邃とを書き給へり、又みつからも文に勉むる所なくひたすら趣向意匠をのみ尊ひ給ふと見えたり〉（日記、二六年二―三月）。これははっきりと、当代の読み物的文学に対する批判であり、自分がこれまで歩んできた道に対する反省であった。

これらのことは単に徴候であるにすぎず、直接の意義を求めることはできない。だが、後の彼女の活動を見る限り、ここで何かが起きたことはまちがいない。彼女が文学に復帰したとは言い得ないだろう。何か新しいものが始まった、と言った方が、よほど正確であるように思われる。作品上の変化は当然少し遅れるが、それが明瞭になってくるのは、二七年一二月に「大つごもり」を発表してからである。そして先述のように「奇蹟の一年」が始まる。「たけくらべ」が二八年一月に始められ、二九年一月までの間に断続的に書き継がれ、七回に分けて「文學界」に発表される。その間に「軒もる月」(二八年三月)、「ゆく雲」(四月)、「にごりえ」(七月)、「うつせみ」(八月)、「十三夜」(九月)、「わかれ道」(一二月)、「この子」(一二月)が書かれ、「太陽」などに発表される。「たけくらべ」は好評のため「文藝倶樂部」に一括発表されることになり、手を入れられ、二九年四月に全体が掲載される。以降に書かれたのは、「通俗書簡文」が三月上旬に脱稿したのを別にすれば、小説では一月の「裏紫」、四月の「われから」のみで、七月には彼女は病床につき、多量の草稿を残しながらも一一月には死んでしまう。

これが一葉の高揚期だが、この時期をどのように読み解くことができるだろう？　まずはごく通常のやり方で接近しよう。この間に書かれた複数の作品の中でどれが評価されるのだろう？　当然ながら、論者によってさまざまではある。ほとんどの場合「たけくらべ」が筆頭に挙げられているが、人によっては「にごりえ」をその上に置く場合があり、それらのあとに「大つごもり」「十三夜」さらに「わかれ道」が加えられる。妥当な選択だろう。私の場合関心をそそられるのは、「たけくらべ」と「にごりえ」である。完成度という点では前者の方が勝っており、後者は「めさまし草」で〈話の連絡にも怪しいところがある〉[*10]と評されたような点がたしかにあるが、その切迫の度合においては、むしろ前者を越えているように感じられる。

注目すべきは「たけくらべ」の書かれ方であって、今言ったように、約一年間にわたって断続的に書かれており、「大つごもり」を先触れとして、一葉の絶頂期のはじまりと終わりを区切っている。他の諸作品は、「たけくらべ」の中から生まれ、「たけくらべ」を基盤として成長していったように見える。そして、ただいくつかの作品、あるいは或る作品の或る部分、私の見るところでは「にごりえ」だけが、ほとんど完璧な文体で繰り拡げられた「たけくらべ」の世界から突出している。簡単に言っても、美登利とお力は、一葉が作り出した諸人物の中で、もっとも魅力ある人物ではないか。だから、一葉をどう読むかという問題は、他の諸作品を視野のうちに入れながらも、「たけくらべ」と「にごりえ」をどう読むかという問題に集約されるだろう。私が知り得た限りでは、一葉のもっとも有名な作品でありながら、これら二つを、単なる並置や比較ではなしに重ね合わせ、有機的に結びつけて説得力を持つ作品論はほとんど見当たらない。だが二つの間には、他の作品間には見られないある種の磁場のようなものが生じているように思われる。

明治二六年から二七年にかけての竜泉寺町での生活は、よく知られているように、「たけくらべ」に素材を提供している。だが、素材というのは、作品の中の上澄みの一部分にすぎない。生活と作品の関係については慎重でなければならないが、視点を変えるなら、竜泉寺町での経験は、単なる反映や素材提供のような関係をはるかに越え、執筆にかかるまでの一年ほどの間に、一葉の文学的な実践の中に深く滲透し、いわば作品の存在形態まで変えてしまっているように思われる。どのようにか？　先に見たように、そこでの生活が一葉に与えた第一の意味は、限定され孤立した生活から社会という流動性の中に身を置くことにあった。彼女は塵にまみれ、濁りに身を沈める。するとこの経験は、彼女の内部に食い入り、彼女の書く手にまで浸透し、書かれるものを変化させずには措かない。社会の中に現れた流動する力は、書くという行為の中に侵入し、攪乱し、書かれるものの様態を別のものにしてしまう。これが一葉の身に起こったもっとも重要でそしてもっとも広範な事件である。一口で言えば、あの流動する力を正面から浴びて、彼女の書くもの、すなわちテキストもまた、流動するものと化されてしまうのである。

この流動化の痕跡、というよりは、明らかにされるたびにその流動性を全き姿に甦らせるテキストの様態を、私たちはいくつかの点で指摘することができる。最良の例は「たけくらべ」であろう。この作品についてはすでに研究が山積しているが、そこでこの流動化の徴候は気づかれていなかったわけではない。だから、有効な指摘があれば、それを借用しよう。それらの指摘は、論者の立場に従ってばらばらのまま提示されているにとどまるが、私たちは今それらを結び合わせ、かつ必要なものを補いながら、この流動性がどこを指して動いてゆくかを見ることができよう。

最初に引きたいのは前田愛の所論である。彼の数多い一葉論の中で、関心をそそるのは、「たけくらべ」を直接扱った「子どもたちの時間」よりも、「町の声」[*11]である。前田はこの論文で、「にごりえ」の最終章で、お力と源七の柩を見送りながら、その最後の様子が噂話の形態で伝えられる場面——〈諸説みだれて取り止めたる事なけれど〉と書かれている——を取り上げ、この作品が主人公の単一な告白のみによって成り立っているわけではなく、他者の声が介入し、また作者がそうした声を進んで導入して、作品に多声的な構造を持たせていることを、バフチンを参照しながら証明する。さらに「たけくらべ」の中にも、噂、取沙汰、伝聞、評判をあらわす表現が頻出することを指摘して、同じ多声的な構造があると述べている。この物語も最後は、美登利が水仙の造花を見つけるその朝とは信如が修行のために寺を出る日だったということを、〈聞くとも無しに傳へ聞く〉と述べて終わることが指摘される。さらに前田は、和歌の修辞と発想を下敷にした歌物語風の初期習作の単声的スタイルは、文学的には西鶴と出会うこと、また現実的には雑貨屋の女主人として生活することを通して多声的スタイルへと転換されたのであり、この後者は「大つごもり」あたりから始まると言っている。

この指摘は、単に「たけくらべ」のみならず、一葉の高揚期の一年の全体を対象としていることも加えて、興味深い。彼女は竜泉寺町での生活で、たしかに人々の声の交錯の中に沈潜し、この沈潜のうちで流動する力を自分のうちに呼びこむ。この力は、丸山福山町へ転居してしばらく醸成されたのちに、テキストの方へ波及してゆく。噂話というかたちで現れた多声的構造とは、その最初の実現、けれどもそれだけにもっとも広範にテキストを支えるものとなった。ただ前田は「町の声」では一葉のことを、〈明治の下町にざわめき立っていたさまざまな語りを集音してみせた街の語り部〉[*12]と結論している。それはたぶん、「都市空間の中の文学」という自身の主張に引き寄せてのことであろうが、一葉が身を晒したのを、都市空間に限る必要はあるまい。私たちは彼女が経験したのは、社会があり、他人がいればどこにでも作用し、あらゆる方向に働く匿名の力であったこと（都市では作用がもっと凝縮されて現れるのは確かである）、それが書く行為を左右し、テキストに触れるところまで及んできたことを、前田の指摘から確認するにとどめたい。また「たけくらべ」と「にごりえ」の解釈が、「町の声」だけで尽くされるものでないことをあらかじめ言っておきたい。

今は「たけくらべ」に問題を限定しておこう。多声的という流動的な構造に支えられたこの作品は、さらにその内部にも同質の構造を導き入れようとする。その最初の徴は、これはほとんどどの評者も言うことだが、この作品が祭の時間の中に置かれていることである。物語は東京の吉原周辺で、千束神社の夏祭にはじまり、大鳥神社の秋の酉の市を後半部に置き、初冬の霜の朝に終わる。ところで、祭とは、ハレの日のことであり、それはケの日の統制され鬱積したエネルギーが解き放たれる時刻である。規則は一時的に取り払われ、日常の論理と意味は転倒され、社会の諸構造は攪乱される。そして通常は孤立している者たちが、その限定から解放されて交流状態にはいる。周知のように、日頃から互いに対抗意識のあった表町組と横町組は、千束神社の夏祭の日、横町に住みながら表町組に入っている三五郎をめぐって喧嘩となり、美登利も汚れた草履を顔にぶつけられるという屈辱を蒙る。それは二つの領域が激しく交錯したということだ。

祭の中での二つの組の対立は、作品のいちばん大きな枠組みだが、流動性は、祭の動きを分有しながら、少しずつ作品の内部に侵入しはじめる。流動性の次の徴としては、音曲の存在をあげることができるだろう。関良一は、一葉は聴覚型の作家であって、〈「三味の音」に耳を傾け、それに注意を集中し、あるいは読者の注意を集中させることによって、この作を成功させ得た〉[*13]と言っている。

たしかに「たけくらべ」には音曲が充溢している。一葉は竜泉寺町に引っ越した直後の二六年八月三日の日記に、〈一昨日の夜我が門通る車の数をかぞへしに十分間に七十五輛成けりこれをもてをしはかれば一時間に五百輛も通るべし　吉原かくてしるへし〉と書いている。彼女は最初から吉原の方に耳を傾けている。そして物語の冒頭は〈廻れば大門の見かへり柳いと長けれど、おはぐろ溝に燈火《ともしび》うつる三階の騒ぎも手に取る如く〉と始まり、祭の日は、〈男は三五郎を中に仁和賀《にわか》のさらひ、北廓全盛見わたせば、軒は提燈電氣燈、いつも賑はふ五丁町と諸聲をかしくはやし立つるに〉というように音曲に満ちている。そして美登利は常の日々から、通りがかった女太夫に〈好みの明烏《あけがらす》さらりと唄はせ〉、さらに〈伊達《だて》には通るほどの藝人を此處にせき止めて、三味《さみ》の音《ね》、ふゑの音《ね》、太鼓の音《ね》、うたせて舞はせて人の爲ぬ事して見たい〉と正太に言うほど音曲好きの少女であり、その正太もまた〈忍ぶ戀路を小聲にうた〉う〈美音〉の持主である。これらの音曲は吉原を描くための小道具などではなく、もっと本質的な役割を担っている。音楽とは象徴派詩人の言を待つまでもなく、運動するところの捉え得ぬ何かであって、壁や仕切りを越えてそれを聴く者を流動状態へと誘うのである。

流動性は、さらにテキストの奥深くへ侵入する。それは単にテキストを支えるのみならず、左右する力を持ち始めるように見える。これも多くの論者が触れているし、一読しただけでも目にとまることだが、育英舎で美登利と信如についてうわさがとんで、〈大方美登利さんは藤本の女房《かみさん》になるのであろう、お寺の女房《かみさん》なら大黒さまと云ふのだ〉という取沙汰があったと書かれている。これはもちろん、美登利が姉の大巻を通じて吉原の大店である大黒屋に寄食し、大黒屋の美登利と呼ばれていることをふまえた当てこすりである。

しかし、この仄めかしは信如のほうにも及んでいる。寺の継承者であるこの少年は、登場する時しばしば傘を持っているが、それはつねに「大黒傘」であり、そう明示されている。彼は美登利の方へ向かうよう促される。また美登利はその境遇と美貌から華魁になるべく運命づけられた少女であるが、おそらくそれに応じて、信如が跡を取るべき寺は現実の龍泉寺から龍華寺へと改称される。つまり二人は同じ音、同じ字によって結びつけられようとする。この結びつきは、テキストの中で、通常の論理を越えた、テキスト固有の自由な交流の可能性が現れはじめたことを示している。

この交流の可能性は、言語的な自由、つまり書くことの中から現れ、書くことを束縛から解放しようとする自由である。それはテキストを通じて実現されてくる。右の段階では、それはまだ設定された静的なものであるにすぎない。けれども、ある時から、この自由の可能性の方が逆にテキストを動かし、人物を動かしはじめる。そのことは作品中にはっきりと見ることができる。「たけくらべ」の中には、お互いを意識しながら、夏祭のいきさつもあって疎遠になってしまった美登利と信如が接近するところが、二箇所ある。ひとつは第十一章の筆屋の挿話であって、夜、正太と美登利をはじめとする表町組の何人かが筆屋に集まっていると、誰かが買物にくるが、この客は中の気配を察して、戸口で帰ってしまう。正太が出て覗いてみると、それは信如で、事件以来の経緯で中にはいることができず、戻ってしまうのである。この時の美登利の振る舞いは次のように語られている。

　信《のぶ》さんかへ、と受けて、嫌《い》やな坊主つたら無い、屹度《きつと》筆か何か買ひに來たのだけれど、私《わたし》たちが居る物だから立聞きをして歸つたのであらう、意地わるの、根生《こんじよう》まがりの、ひねツこびれの、吃《どんも》りの、齒《はツ》かけの、嫌《い》やな奴め、這入《はい》つて來たら散々《さんざ》と究《いぢ》めて遣る物を、歸つたは惜しい事をした、どれ下駄をお貸し、一寸《ちよつと》見てやる、とて正太に代つて顔を出せば軒の雨だれ前髪に落ちて、おゝ氣味が悪るいと首を縮めながら、四五軒先の瓦斯燈《がすとう》の下を大黒傘《だいこくがさ》肩にして少しうつむいて居るらしくとぼとぼと歩む信如の後《うしろ》かげ、何時《いつ》までも、何時までも、何時までも見送るに、美登利さん何《ど》うしたの、と正太は怪《あや》しがりて背中をつゝきぬ。

何が起こっているのか？　信如は、筆屋に近づくとき、「大黒」という名辞を背負ってやって来ている。それが重要なことだろう。おそらくこの名辞の保持によって、少年は大黒屋の美登利を呼び出し、それればかりではなく、彼女の気持ちまで変えてしまうのである。彼女は反発も怒りも忘れ、いつまでも少年の背中を見送ることになってしまう。

もうひとつの例は、すぐ次の十二、十三章、この物語でもっともよく知られた友仙ちりめんの切れはしの場面に求められる。ある雨の日信如は、母に言いつけられて田町の姉のところへ届け物を言いつかり、急ぐために常には取らぬ近道を通り、その途中で下駄の鼻緒を切ってしまう。だが、気がついてみると、それは大黒屋の寮の前であった。その時信如が持っていたのは再び大黒傘であって、彼は大黒傘を選ぶことで進んで大黒屋に接近したかのようでもある。そして彼がそこに止まることになるのは、〈さつと吹く風大黒傘の上を抓《つか》みて、宙へ引あげるかと疑ふばかり烈しく吹〉いて、足を踏んばった時のことである。他方で、美登利は屋内からガラス戸越しに、難渋する通行人を見出だす。

見るに氣の毒なるは雨の中の傘なし、途中に鼻緒を踏み切りたるばかりは無し、美登利は障子の中ながら硝子《がらす》ごしに遠く眺めて、あれ誰れか鼻緒を切つた人がある、母《かゝ》さん切れを遣つても宜《よ》う御座んすかと尋ねて、針箱の引出しから友仙《ゆうぜん》ちりめんの切れ端をつかみ出し、庭下駄はくも鈍《もど》かしきやうに、馳せ出で丶、縁先の洋傘《かうもり》さすより早く庭石の上を傳ふて急ぎ足に來たりぬ。
　それと見るより美登利の顔は赤ぅ成りて、何《ど》のやうの大事にでも出逢ひしやうに、胸の動悸《どうき》の早く打つを、人の見るかと背後《うしろ》の見られて、恐る／＼門の傍《そば》へ寄れば、信如もふつと振返りて、此れも無言に脇を流る丶冷汗、跣足《はだし》に成りて逃げ出したき思ひなり。

美登利は鼻緒を切ったのが信如であることに気づく。だが、声をかけることもできず、格子の陰から見るのみで、やがて濡れるのを咎める母の呼び声にしたがって、〈格子の間より手に持つ裂《き》れを物いはず投出〉だして、屋内に戻る。この場合でも、信如自身も「大黒」という名辞を背負うことで大黒屋に惹き寄せられ、かつ接近して美登利を誘い出したのである。すなわち、これら二つの箇所で美登利や信如を動かしているのは言語そのもの、自由に活動し、それ自身で互いに惹かれ合う力を獲得するに至った言語そのものである。

　言語の自由な活動については、これら二つの箇所に共通するもう一つの傍証を見出だすことができる。それは雨である。雨とは何だろう？　流動するものである。雨は運動そのものとなって天から地へと降りそそぎ、事物の中に滲透し、湿り気の中でもろもろのものを結びつけ一体と化す。美登利と信如が接近し、また乖離するのは、この雨の中でのことであり、むしろ、雨が彼らの接近と乖離を演出しているようにさえ見える。この経緯は、経験が反映しているのかもしれない。菊坂時代、桃水を訪ねる日はよく雨（あるいは雪）が降ったという記述が日記に見出される。〈我か半井うしへ行時として雨天か風にあらぬは無し 今日こそ例にも違しなれなと笑ひ居しに家を立出る頃より雲俄にさわき初めて九段坂のあたりよりあられましりに雨すさましく成りぬ〉（二五年三月七日）と彼女は記している。

雨はあらゆる事物に触れ、湿り気を与え、相互に関連づけながら、雨自体としては、これらの事物を包含し、溶解させ、一体となってひとつの方向へ流れはじめる。それは何を求めて流れてゆくのだろうか？「にごりえ」は、「たけくらべ」が切り拓いたこのような流動する空間の中から現れる。にごりえとは、水の淀む場所の名である。一葉が丸山福山町に転居した以後、最後までの日記は「水の上日記」（ほかに「みつのうへ」「水のうへ」「みつの上」など）と題される。それは借りた家が池の畔にあったからだというが、水の意識が彼女の最後の時期の底にあったためと言えるかもしれない。

5 「たけくらべ」から「にごりえ」へ

前述したように、一葉の最良の二作としてたぶん異論のない「たけくらべ」と「にごりえ」をどう関係づけるかについては、十分な意見が出ていない。関良一も塩田良平も和田芳恵も含めて、たいていの評家は伝記的・時間的なつながり以外のことは言っていない。また、それ以上のことを言おうとする場合には、どちらかというと二者の差異を強調することに傾くように見える。これは「たけくらべ」を叙情的作品、「にごりえ」を社会批判的作品、当時の言葉で言えば傾向小説と見なす読み方があとを引いているからだろうか。たとえば久松潜一は、〈にごり江は規模の大きい点から言へばたけくらべにつぐもので、わかれ道よりすぐれて居るが、一葉の本質から言へば多少傍系にたつ作品であらう〉[*14]と言う。

あるいは最近では松坂俊夫は、一葉の小説を「谷中の美人」系と「にごりえ」系の二つの型に分けた上で、〈「たけくらべ」は、「谷中の美人」系の構想の特質である、物語的、草双紙的、題詠的世界と、「にごりえ」系の構想のもつ、客観的、写実的、現実批判的要素の中間にあって〉[*15]と言い、それでもなお二つを区別する立場に立っている。このような壁画的分類は、一葉に対してはさして有効とは思えない。

また前田愛は「たけくらべ」を論じて「子どもたちの時間」というイメージを取り出し、冒頭で、〈一葉の「たけくらべ」は、私たちにとって二度と繰り返すことのできない子どもの時間が封じこめられている物語〉であって、子供とは〈無垢の象徴〉であり、〈遊戯者〉であると言っている。[16]「たけくらべ」は、社会的規範が流動化したところを捉えているから、そこに現れるのは価値付けから解放された無垢な時間である、と言うことはできよう。しかし、この作品を「子どもたち」に重点を置いてとらえてしまうと、他の作品へと渉ってゆく関連の経路が見えなくなってしまう。一葉の作品の中でほかに子供が現れるのは「わかれ道」くらいであり、これは第一級の作品とは言えず、作中でも子供たる吉三は副次的な人物にすぎない。事実、前田のほかの作品論の中には、子供という主題は現れてこず、この主題によって「たけくらべ」と、「にごりえ」が接続されるということもない。「谷中の美人」も「子どもたち」も、一葉の作品の全体をより大きな視野で見ようとする時には、十分有効な仮説だとは思えない。

けれども「たけくらべ」と「にごりえ」は、本当は、はるかに強い共通性の中に置かれていると言わなければならない。そのことは、まず最初はもっとも見やすいところで、つまりそれぞれの物語の主人公であるところの美登利とお力の共通性として現れている。まず二人は共に男を惹きつける美貌の持ち主であり、娼婦——前者はまだそうなっていないが、すでに確実に運命づけられている——である。その上、性格には似通ったところが多々ある。美登利は〈子供中間の女王様《にょわうさん》〉であるのに対し、お力は〈此家《このや》の一枚看板〉である。前者が

〈例《いつ》も極りのやんちやさん〉であるのに対し、後者も〈我まゝ至極《しごく》の身の振舞〉が常である。さらに金銭についても一方が〈呉れるに恩を着せねば貰ふ身の有がたくも覚えず、まくはまくは〉に対して、他方も客の紙入れを勝手にとって、〈みなの者に祝義《しうぎ》でも遣《つか》はしませうとて答へも聞かずずん／＼と引出す〉のである。また、美登利が〈言葉のいさゝか訛れるもか愛い紀州からの流民であるのに対し、お力は〈四角な字をば讀んだ〉階級からの没落者である。つまり二人は姉妹のような、あるいはのちの美登利がお力となるような関係にある。

だが、共通性は、女主人公の間だけにとどまらず、作品のすみずみにまで及んでいる。二つの作品は、言ってみれば同質の経験から生じたかのようなのだ。私たちは先に「たけくらべ」を見るに際して、噂話という多声的で流動的な構造に着目することからはじめたが、すでに見たように、同じ構造が「にごりえ」の最後でのお力の死についての風説の流布において露わになっている。するとそこから発して私たちは、後者においても、前者に見たと同様の流動化現象が作品の内部に及んでいるのを見出だすことができる。まず「祭」についてだが、「にごりえ」もまた、盂蘭盆という祭のうちに置かれている。盂蘭盆は、祭の中でももっともよく祭の性格を備えている。なぜなら、それは、年に一度死者がこの世に帰ってくる日、すなわち此岸と彼岸という境界がとりはらわれて、二つの世界の往来が自由になる一日だからである。それは「たけくらべ」で、表町組と横町組が喧嘩を通して交流するありさまのもっと強められた姿である。お力は、死んだ祖父また父母の声に誘われ導かれて町を彷徨うが、それは彼岸をめぐる彷徨であって、確かに流動する世界の経験なのだ。

「にごりえ」には、「音曲」も欠けてはいない。そもそも銘酒屋とは音曲の場であるが、とりわけ盆の日である七月十六日の夜はそうであって、菊の井にはお店者《たなもの》が寄り集って、〈調子の外《はづ》れし紀伊の國、自まんも恐ろしき胴間聲《どうまごえ》に霞《かすみ》の衣衣紋坂《ころもゑもんざか》と氣取るもあり〉の騒ぎとなる。お力もまた三味線を取って〈我戀は細谷川《ほそだにがは》の丸木橋わたるにや怕《こわ》し渡らねば〉と歌いかけるが、そう歌いかけることによって、〈何をか思ひ出したやうに〉なって、楽器を置いて立ち上がり、外へ出て〈筋向ふの横町の闇へ姿をかくし〉てしまうのである。音曲は彼女についてまわり、彼女をつき動かす。〈渡るにや怕《こわ》し渡らねばと自分の謳《うた》ひし聲を其まま何處《どこ》ともなく響いて來るに、仕方がない矢張《やつぱ》り私も丸木橋をば渡らずばなるまい〉と、彼女は考える。これは歌声が彼女の最後の決心を促すほどの力を持っていることを示している。

美登利と信如を接近させ引き離すあの「雨」も、「にごりえ」の中に降っている。お力がその彷徨と告白をなすきっかけとなる人物、その演出者である結城朝之助とはじめて出会う、つまり彼を客として菊の井に引き入れるのは、〈さる雨の日のつれ〴〵に〉のことである。ここでも雨はしめやかに事件の開始を告げている。また雨を水の一様態としてとらえるならば、この原基たる水は、もうひとつ別の様態をとってお力の死の契機となっている。避け続けてきた源七に彼女がついに出会ってしまうのは、〈湯屋の歸り〉のことである。湯とは水のより活性化された様態であろう。彼女は湯を全身に浴びることによって源七を惹き寄せ、彼女もまた死の方へと惹き寄せられる。これらの作用は、言うまでもなく、水が流動性の徴であることから来ている。そもそも題名である「にごりえ」とは、先に指摘したように、水の集まってくる場所のことだった。

名辞についてはどうだろうか？　件の七月一六日、歌におびやかされて横町にさまよい出たお力の心理を描いた部分は、発表以来もっとも称讃されてきた箇所で、たとえば関如来[*17]は〈文章圓轉盤上の珠〉と評したが、次のようである。

もう〳〵皈《かへ》りませうとて横町の闇をば出はなれて夜店の並ぶにぎやかなる小路を氣まぎらしにとぶら〳〵歩るけば、行かよふ人の顔小さく〳〵擦《す》れ違ふ人の顔さへも遙《はるか》とほくに見るやう思はれて、我が踏む土のみ一丈も上にあがり居る如く、がや〳〵といふ聲は聞ゆれど井の底に物を落したる如き響きに聞なされて、人の聲は、人の聲、我が考へは考へと別々に成りて、更に何事も氣のまぎれる物なく、人立《ひとだち》おびたゞしき夫婦《めをと》あらそひの軒先《のきさき》などを過ぐるとも、唯我れのみは廣野《ひろの》の原の冬枯れを行くやうに、心に止まる物なく、氣にかゝる景色にも覺えぬは、我れながら酷《ひど》く逆上《のぼせ》て人心のないのにと覺束なく、氣が狂ひはせぬかと立どまる途端、お力何処《どこ》へ行くとて肩を打つ人あり。

行きかう人、すれ違う人の顔が、通常とは全く異なって小さく見え、はるかに遠のいてしまうとは、視覚における構造が崩壊しようとしていることを示す。また人の話し声が聞こえはするけれども、異様な反響を引き起こして理解不可能になるとは、聴覚の構成が失われようとしていることを告げている。一葉の記述にも、反復記号の使用からわかるように、数度の反復が現れる。これは言語が震動している徴だろう。お力自身も、この混乱の中で、自分の存在が解体の危機にあることを感じる。どんな光景もどんな景物も彼女に対して異和をなすものと化し、彼女は自分が中空を浮遊するように感じる。どんな思考も彼女の上にとどまらず、失われてしまう。これはたしかに、私たちが想定してきたあの流動化現象の証言、一葉の作品のうちに見出だしうるその最良の証言であろう。

あらゆるものは位置づけと意味づけから追放され、かつ解放されて、自由な活動のうちにはいる。この自由さは、それを経験する者の存在を危機に陥れるが、同時に、縦横に働く存在本来の力となって現れ、いかなる限定をも乗り越え、すべてのものを転倒し、衝き動かす。お力はこの作用する力を全身に浴び、それと同化する。同化する？　そうだろうか？　否、むしろお力という名は、実はこの力の経験から来ている。彼女はこの力の化身であり、もっと進んで力そのものであり、その力を実現するために、あらかじめお力と名づけられていたのだ。彼女からすべての揺動は発している。この意味で、お力とはまさしくテキストから生じた存在、言語的な存在であり、この命名とその名の実現が一葉の作家としての経験の絶頂をなしている。

6　出奔する狂女たち

おそらくは一葉の最高作である「たけくらべ」と「にごりえ」を、就中美登利とお力を重ね合わせる時、一葉の作家的想像力の中心にある像は鮮明となり、かつ他の作品へもその外延をのばしてゆくように思われる。この共通する像は何か？　それは「出奔する狂女」とでも名づけられる像である。最大の具現者はむろんお力であって、出奔と狂気の二つを併せ持つ存在である。彼女が狂気に近い人間であることは、折にふれ仄めかされ、自分でも言明する。まず彼女は逆上性《のぼせしよう》で頭痛持ちの女である。彼女は〈大方逆上性《のぼせせう》なのでござんせう〉、また〈今夜も頭痛がするので〉と言う。逆上《のぼせ》も頭痛も彼女には常態であり、それは変調が常に準備されていることを暗示している。この変調が始まり、昂じると、狂気へと近づく。先ほど引用したように彼女は彷徨の中で〈氣が狂ひはせぬか〉と怖れ、その来歴を語る中でも〈つまりは私のやうな氣違ひ〉〈私は其頃から氣が狂ったのでござんす〉〈氣違ひは親ゆづり〉と繰り返して訴える。お力の出奔と彷徨がこの狂気の発作と一体をなしていることは、先の引用で明らかである。彼女は頭痛に苦しみ逆上《のぼせ》たまま、歌に誘われて〈一散に家を出〉る。そして〈行かれる物なら此まゝに唐天竺《からてんじく》の果までも行つて仕舞たい〉と考える。彼女は横町の闇と夜店の明るみの中をさまよい歩くが、それは光と闇のすべての領域を経巡ることである。「出奔する狂女」の像は、「にごりえ」におけるほど完璧ではないとしても、「出奔」と「狂気」のそれぞれに種々の様態を認めるとすれば、一葉の諸作品のここかしこに見出だされる。時間的に溯れば、この像の最初の一端——と言ってもすでにかなり十分なものだが——が現れるのは、二六年一月の「雪の日」である。この作品は、桃水との出会いと別れから題材を得ているとしても[*18]、その達するところは最初の発想を遠く越える。地方の旧家の娘である薄井珠子は、雪の日に、禁じられた恋の相手である師のもとに走る。まず第一に、これは雪の日の出来事である。〈いとど降る雪用捨なく綿をなげて、時の間に隠くれけり庭も籬も、我が肘かけ窓ほそく開らけば一目に見ゆる裏の耕地の、田もかくれぬ畑もかくれぬ、日毎に眺むる彼の森も空と同一《ひとつ》の色に成りぬ〉。この雪は明らかに、「たけくらべ」と「にごりえ」に現れた原基としての水に通じている。雪は万物を蔽い、風景を一変させる。この点では雨以上かもしれない。雪は、森も空も含めて、すべてを同じひとつの色に染めることによって、しかも白という無彩色——あらゆる色になり得る可能性——を与えることによって、それらの間の自由な交流を可能にする。この流動化から来る力は、女主人公の内部に侵入し、彼女を衝き動かし、出奔せしめるのである。〈禍ひの神といふ者もしあらば、正しく我身さそはれしなり、此時の心何を思ひけん、善とも知らず悪しとも知らず、唯懐かしの念に迫まられて身は前後無差別に、免がれ出しなり薄井の家を〉。ここにはすでに狂気の発作も見ることができる。

この作品を発端として、出奔する女の像は狂気を孕みながら、一葉の作品のあちこちに現れ出る。二八年七月の「にごりえ」については、先に見た通りその典型である。同年九月の「十三夜」のお関は、望まれて嫁いだ奏任官の夫の虐待に耐えきれず、子供を残して婚家を出た女である。さらに一二月の「わかれ道」のお京も、出奔してきた女で、若い娘の身で一人で暮らしている。出奔する女たちの系列は、「奇蹟の一年」が過ぎたあとでも残続する。二九年一月の「裏紫」では、お律は、結婚前からの情人吉岡からの偽名を使った手紙に誘われ、夫を欺いて外に出る。途中で、愚物だが善良な夫を裏切っていることを後悔し、また吉岡の前途を考えて自分の恋を断念しようとするが、すぐさまその決心を翻す。その時の様子は次のようである。〈最う思ひ切つて歸りませう、歸りませう、歸りませう、歸りませう。ゑゝ最う私は思ひ切つたと路引違へて駒下駄を返せば、生憎夜風の身に寒く、夢のやうなる考へ又もやふつと吹破られて……〉。ここでも夜風という動くものに促されて、お律は出奔を押し進める。さらに最後の作品となった四月の「われから」においても、主人公である美尾は、夫も生まれたばかりの子供も置いて出奔し、これは本当に行方知れずになってしまうのである。

狂気については、一葉自身すでに二五年四月の日記に、〈かまへて人にみすへきものならねと立かへり我むかしを思ふにあやふくも又ものくるほしきことといと多なる　あやしうも人みなは狂人の處爲とやいふらむ〉と書いている。この頃から彼女は、何か狂気じみたものが自分のうちにあるのを察知していたのかもしれない。狂気とは何か？〈人生の諸可能性を啓示する物語は、必ず狂乱の瞬間を招くという訳ではないが、少くともそれを呼び求める。この瞬間がなければ、著者はこれらの過度なほどの可能性に対して盲目だということになるだろう〉とバタイユは言っている（『空の青み』序文）[*19]。一葉が自身のうちに感知した狂おしさは、この「人生の諸可能性」の予感であったのだろう。だが、予感が作品の上でかたちをとりはじめるには、今しばらくの時間を必要とした。二六年一月の「雪の日」はこの予感の一例だが、二七年になって龍泉寺町での生活を経験すると、予感はもっとはっきりしてくる。この年の七―一一月連載の「暗夜」は、趣向に重きを置いた作だが、女主人公お蘭は、自分を捨てた男への怨念を高じさせ、その復讐のために、自分を恋する男を使嗾して殺人に赴かせる。

この逸脱ぶりは狂女の前兆であろう。二八年になると、狂女の像は疑う余地なく明瞭になってくる。四月の「軒もる月」では、小間使いとして出仕した家で、主人の愛情を受けた袖子が、下ってのち善良な夫と暮し、子までもうけながら、ある夜、主人から受けとって開封せぬまま持ち越した十二通の手紙をはじめて取り出し、読み進むうちに、感情を高めてゆき、ついに解き放つに至る物語である。しかし、その時解き放たれるのは、もはや恋慕の情ではない。〈殿、我良人《をつと》、我子。これや何者とて高く笑ひぬ〉。袖子の感情は、当初の理由を越え、限定を溢れ、虚空に奔出する。だが、理由をなくした感情とは、狂気にほかなるまい。

　この狂気は、七月の「にごりえ」で頂点に達するが、八月の「うつせみ」にも及んでいる。この作品で、狂気ははっきりと、病的な狂気となって現れる。良家の娘雪子は、婚約者があったが、教師に恋され、この教師が望みを失って自死を遂げると、そのあとを追って変調が始まる。変調は亢進し、〈一月と同じ處に住へば見るもの殘らず嫌やに成りて〉転居を重ねる。これは定着ということに対する嫌悪である。さらに進むと、彼女はおそろしい力で飛び出してしまう。〈此纖弱《かよわ》き娘一人とり止《と》むる事かなはで、勢ひに乘りて驅け出《いだ》す時には大の男二人がゝりにても六つかしき時の有ける〉。これは「出奔する狂女」の一典型と言わなければならない。

　こう見てくると、「奇蹟の一年」の間に書かれた作品はほとんどすべて、「出奔」か「狂気」の影に侵されているように見える。そして、この一年の全体を「たけくらべ」が支える。少年少女たちの性の目覚めを叙情的に描いたとされるこの作品の中にも、これら二つの影は、重なりつつたしかに射しこんでいる。いちばんの問題は美登利だが、その前に彼女を囲む子供たちに出奔という性格、少なくとも本来あるべき場所からの逸脱という性格が与えられているのを見ることができる。第一に子供たちとは、先行諸研究が指摘しているように、たしかに、日常である労働の世界にまだ組み込まれていず、遊戯の世界にとどまっている者たちである。第二に、子供たちの中でもここに登場する子供たちは、いずれ組み入れられるべき労働と有用性の世界においても、子供の時代の逸脱をより深く刻印されているかのように、中心からはずれたところに位置せざるをえない者たちである。なぜなら、信如は僧となって死に、美登利は娼婦となって性に、正太は高利貸となって金に、というふうに良識の世界からは排除されたものに関与することになるからである。逆に見れば、予定されたこうした運命によって、彼らは子供の中でもいっそう逸脱した子供となったと言うことができる。先の表現を再度取り出せば、彼らはいずれも「異様に世を渡ってゆく」ことになる者たちであり、この異様さはたしかに狂気につながっている。

当然美登利は、この異様さをもっともよく表している。彼女は紀州から貧しさのために娘を売って吉原に漂着した流民の家族の一員、すなわち出奔者の家系である。彼女はその経歴を〈言葉のいさゝか訛《なま》れる〉ところに残している。それは異和の徴であろう。そのうえで〈子供中間の女王様《にょわうさん》〉であって、つまりは子供の中の子供としてももっとも無垢な時間へ、すなわち時間の外へと出奔した少女なのだ。さらに彼女は信如を追って、二度にわたって雨の中に乗り出していく。これが彼女の出奔の姿である。

この少女には、狂気の徴も十分に備わっている。物語の終わり近く、大人の世界にからめとられる直前、彼女は信如とあたう限り接近し、その経験は彼女を深く抉って残存する。彼女の振るまいは、〈平常《つね》の美登利の躰《さま》にては無かりき〉となり、母親の元に戻っても、〈此處しばらくの怪しき現象《ありさま》〉をかいくぐる。これはたしかに狂気の一端であろう。

その上彼女には、狂気が持つ、と言うより、狂気という様態をとって現れるあの流動する無限定な力が見せる横溢の徴も欠けてはいない。先に見たように、彼女はわがままいっぱいに振舞う。お力にも同じ性格が賦与されていた。彼女もまたわがままに振舞い、金を浪費する。彼女らには、あるものをすべて使い果したいという欲望が働いている。それは彼女らのうちに、際限なく湧いてくるエネルギーがあることを示している。そのようなエネルギーは、狂気と流動する世界からしかやってくることがない。このエネルギーは、美登利とお力という一葉の作品中もっとも魅力的な二人の人物の中に具現される。「出奔する狂女」とは、エネルギーをあらゆる方向に解き放ち、かつ自らをも解き放つ存在なのだ。しかしこのエネルギーは、ただ現れて終わりというものではない。それは「出奔する狂女」にさらに何かを促す。では何が促されるのか?

7　告白と死

一葉の諸作品は「出奔する狂女」の像の周囲に謂集してくる。しかし、「にごりえ」はそれらの中から一歩抜きん出ている。他の作品にはない世界を見せているからである。この作品は、像の完璧さと切迫の度合以上に、新たな局面を啓示している。この局面とは、お力の告白である。一葉の全作品の中で、告白する女は、お力以外には存在しない。前述のように第二章で、彼女は雨の降る中から結城を呼び入れ、すぐさま〈二階の六疊に三味線なしのしめやかなる物語〉がはじまり、そのまま〈年を問はれて名を問はれて其次は親もとの調べ〉となる。つまり結城は、もっぱらお力から彼女自身の物語を引き出すために登場させられたかのようである。

しかし、〈履歴をはなして聞かせよ定めて凄《すさ》ましい物語があるに相違なし〉、〈眞實の處を話して聞かせよ〉という結城の求めを、彼女はまず〈茶利《ちやり》ばかり〉で、ついで〈かなしく成りて〉はぐらかしてしまう。次の第三章では、また〈例の二階の小座敷には結城とお力の二人限《ぎ》り〉となって、〈これまでの履歴は〉と尋ねられながら、〈およしなさいまし、お聞きになつても詰らぬ事でござんす〉と取り合おうとしない。さらに、訪ねてきた源七を会わずに追い返す場面があったあとで、結城に子細を問われて、〈貴君《あなた》には聞いて頂かうと此間から思ひました、だけれども今夜はいけませぬ、何故《なぜ》〳〵、何故でもいけませぬ、私は我まま故、申《まをす》まいと思ふ時は何《ど》うしても嫌《い》やでござんす〉と拒否する。結城に求められ促されて、話そうという欲求は彼女のうちに高まってくるが、それでもまだ彼女は話すことができない。

お力が話しはじめるのは、ただあの出奔の経験のあとのことである。これは重要な点である。彼女は気が狂いはせぬかという瀬戸際まで行ったところで、結城に引き止められて菊の井に戻り、興奮を静めようと大湯呑で酒を呷りながら、〈いゐ貴君《あなた》には聞て頂きたいのでござんす〉と、今度は自分から進んで話しはじめる。

私は此様《こん》な賤《いや》しい身の上、貴君《あなた》は立派なお方様、思ふ事は反對《うらはら》にお聞きになつても汲んで下さるか下さらぬか其處《そこ》ほどは知らねど、よし笑ひ物になつても私は貴君《あなた》に笑ふて頂き度《たく》、今夜は殘らず言ひまする、まあ何から申さう胸がもめて口が利かれぬとて又もや大湯呑に呑む事さかんなり。

彼女は今、話そうという強い欲望に衝き動かされている。出奔と狂気の経験が、話しはじめることの唯一の、けれども絶対的な条件だった。なぜなら、出奔と狂気とは流動するもののうちに身を投げ入れることであったが、この流動する力が語ることと密接な関係を持っていたからだ。もっと進んで言えば、この力は語ることを可能にし、それだけでなく語ることを強く求めてくるのだ。逆に言うなら、この力は最終的には語られることによってのみ実践されるのであって、そこにこそ作家という存在の意義が見出されるだろう。

だから、彼女が語りはじめるのは、まず流動する力の存在と作用を明らかにするためである。死んだ祖父や父母のことを語ること、しかも狂気じみた人間として語ることは、ただ思い出を語っているのではなく、彼女の経験が、死者と交流し彼岸を巡ってくるような流動化の経験であったことを示す。さかのぼれば、彼女が出奔し狂気へと馳せのぼろうとした時、〈仕方がない矢張《やつぱ》り私も丸木橋をば渡らずばなるまい。父《とゝ》さんも踏かへして落てお仕舞なされ、祖父《おぢい》さんも同じ事であつたといふ〉というように祖父や父の記憶に促されるのも、同じ理由から来ている。丸木橋とはむろん、彼岸へと通じる橋、だがただ落ちることによってのみ通じる橋である。

流動する世界の経験は、語ることを可能にし、かつ語ることの中でのみ、その狂気じみた苛酷さを贖われることになる。お力は語ることによって絶望から自身を救助しようとする。

けれどもその「告白」の場面が、女主人公の出奔の後にという以上に、「にごりえ」という作品の中に置かれていることは、もっと大きな関心の方へ私たちをつれてゆくように思われる。すなわち、ここで語っているのは、お力であるよりも、むしろ一葉自身ではないのか、という問いが起きる。

それは、作者が作中人物の告白に自分の内心を紛れこませているなどということでは少しもない。これは全く文学的なというべき問題なのだが、この地点で一葉はついに言葉が湧き出してくる源泉をさぐりあてたのだ。お力の出奔の場面の叙述は、前述のように称讃されたが、この叙述の自在さは右の源泉の発見から来ていると考えねばならない。お力の告白も当然その延長上にある。先にみたように、お力とは何がしかの人物であるというよりも、名辞としての存在、テキストから生まれた言語的な存在である。だから、この本質に従って、彼女は語りはじめることで自己を実現する。その時背後にあるのは、まさしく作家としての一葉の存在なのだ。

むろんこの一葉は、もはや現実の一葉ではなく、ただ作家と化し、書く行為と化した一葉である。先に見たが、〈私のやうな氣違ひ〉〈私は其頃から氣が狂つたのでござんす〉〈氣違ひは親ゆづり〉というように、一ページの間に三度も繰り返されるこの狂気の表明は、現実の一葉が消去されたことを意味している。あとに現れるのはただ、狂気じみた作家の存在であり、その時には語ることだけが唯一可能な行為となる。文学の中にはたしかにこのような地点がある。作家は、そこへ向かうほんのわずかな傾斜を、言葉を転がすことによって見出だし、何人かはこの地点に到達する。一葉が一年ほどの間にたどってみせたのはこの過程であり、それをたどってみせたことだけが一葉を「まことの詩人」（鷗外）[20]たらしめたと言うことができる。

そして、出奔、告白と続いてきた「にごりえ」の最後の出来事であるお力の死も、この流動する世界の経験からの直接の帰結の上にある。原始宗教の世界では、神を見た者は死ななければならない、と考えられていた。旧約聖書の士師記で、マノアは妻に向かって、〈わたしたちは神を見たからきっと死ぬであろう〉（第十三章）と語りかけている。見神体験のような極限的な体験は、ただ死をもってのみ贖われるというのである。つまり、神のように至高なものに触れることは、人間的な能力の限界を越えており、そのためにむしろ犯罪のごとくであって、その罪は重大で、ただ死のみがこの罪を贖うことができる、ということだ。「にごりえ」のうちに現れたのも、同質の問題である。お力はあの流動する世界に同化し、そこから力を汲み上げ、それを語ることとして実現したあと、その尋常ならざる行為を、死によって贖わなければならない。前述のように、お力は、告白することで、流動するものの経験から救われようとする。しかし、ことはそれだけでは済まないのだ。流動するものの側から言えば、それは参入してきた者に語る能力を与え、語らせることの中で自身を実現するが、さらにこの者のすべての能力を使い果し、それによってこの者を死に追い込む。そこまで行かなければ、語る力はけっして自分を充足させることがないのである。

　ここで問題になるのは、告白のあと、お力が〈お前は出世を望むなと突然《だしぬけ》に朝之助に言はれて、ゑツと驚きし様子に見えし〉というところと、そのあとお力が無理強いして結城を泊らせるところの解釈であろう。普通この部分は、玉の輿をひそかに望む心中を言いあてられたお力が驚いているのであって、一夜の契りは、告白を終えて結城をより身近に感じるようになったことの結果だと解釈されている。けれども私たちはこの部分をもっと別様に読むべきだろう。結城の言葉に対するお力の反応については、〈あれ其やうなけしかけ詞《ことば》はよして下され、何うで此《こん》様な身でござんするにと打しほれて又もの言はず〉と書かれてある。この一節で明らかになってくるのはまず、狂気じみた力に翻弄され続ける女と、おそらくは安定した家産を持ち、〈遊ぶに屈強《くつきやう》なる年頃〉にあってついに此岸を離れることはない男との間のいかんともしがたい乖離である。男は〈思ひ切つてやれ〳〵〉とからかい気味にけしかけるだけだ。お力の驚きはこの落差から来ている。だから、彼女が結城を無理に泊まらせるとしても、それは、つながりとしてはもはや生理的なもの以外にはない、ということがはっきりしたためだったろう。

だが私たちは結城の言動にはもっと本質的な理由があると考えねばならない。「にごりえ」全体を通じて、彼は矛盾する両義的な役割を果している。彼はまずお力から告白を誘い出す役目を持つ。それは彼があの流動する世界の顕現の契機を与える者であることを示している。では彼はこの世界の理解者あるいは同調者であるかと言えば、そうではない。彼はお力の出奔の場面において、〈氣が狂ひはせぬかと立どまる途端、お力何処《どこ》へ行くとて肩を打つ人〉であり、彼女を流動する世界から引き戻す役目を持つ。そして今問題にしている告白の後の二人の齟齬の場面もこの延長上にある。今回結城は、流動する世界を黙殺し、閉じてゆく役割を果すのである。

けれども彼のこの後者の役割を、無理解と言って批判することはできない。彼は相反する二つの役割を果しているのであり、そのことは此岸の人間の本質を示しており、この本質は重要である。なぜなら、この流動する世界は、狂気になぞらえられているようにほとんど不可能な世界であって、開かれると同時にそれ自体で閉ざされてゆくほかないものだが、この作用を引き起こすためには、此岸の側で、その住人が深い考えなしにこのような世界に端緒を与え、また同じように無造作にこの世界を閉ざしてゆくことが必要だったからである。引き戻されずして、どうしてお力に告白が可能だったろうか？　此岸のこの役割は、此岸の知らぬ所で、流動する世界に対して不可欠である。ここで流動する世界は消去され、結城の役割は終わる。

だからそのあと、源七とお初の離縁の場をはさみながらも、お力に関してはそのまま死の場面がくるのも、必然的だと言わねばならない。源七もまた、〈去年の盆には揃《そろ》ひの浴衣《ゆかた》をこしらへて二人一處に藏前《くらまへ》へ參詣《さんけい》したる事なんど思ふともなく胸へうかびて〉というふうに、盆の祭という流動する世界の経験を反芻し、死の側にすでに半身を浸している。最終の第八章は、時間に追われた一葉の省筆という証言があるにもかかわらず、わずか二十行足らずで二人の死が告げられるだけであるのは、当然なのだ。お力はすでに湯を浴びて死を肯っており、そのような時にはただ死を告げることだけが必要だったのである。

8　作品の終わり・作家の終わり

だがこの死は、単にお力の死であるにとどまらない。それはひき続いて、「にごりえ」の中で解放されたあの流動する世界の終わりであり、さらに「にごりえ」という作品そのものの終わりとなる。まず流動性の具現者であったお力は死に、同時にこの死は〈魂祭り過ぎて幾日〉のことである。此岸と彼岸が通底する祭の時間は終わり、彼岸は退けられ、流動する世界は、先に見たように噂話を散乱させつつ閉じられ、安定を旨とする有用性の世界が戻ってくる。するとそれはテキストの動揺を鎮め、さらに進んで「にごりえ」という作品に終わりをもたらすのである。

さらにこの終わりは、「にごりえ」の中に閉じこめられて済んでしまうというものではない。それはすでに「にごりえ」を終わらせているが、その余のものも終わらせようとする。たとえば「にごりえ」のすぐ後に書いた「十三夜」では、お関は婚家を出て、事情を両親に伝え、離縁を願い出るものの、父親に説得され、諦める。つまり、彼女の告白は、覆い隠され、無かったことにされてしまう。帰り道に拾った人力車の車夫となっていた幼なじみの録之助――かつて思い合った男――にも話すことが出来ない。彼女の中には話す力はもう湧いてこないのだ。

同じ変容は「たけくらべ」にも波及する。一葉は「にごりえ」と並行して「たけくらべ」を書いており、七月に前者を書き上げたあと、八月以降再び後者にとりかかり、少なくともその終盤部は、夏以後の執筆になるものである。するとこの部分に現れてくるのも、同様に流動する世界が閉ざされてゆく過程である。祭は入れ替わってまだ続いている。それは三の酉の祭である。しかし今回の祭は完全に謳歌されることはない。美登利は〈初々《うい〳〵》しき大島田、結綿《ゆひわた》のやうに絞《しぼ》り放《ばな》しふさ〳〵と懸けて、鼈甲《べっこう》のさし込、總《ふさ》つきの花かんざしひらめかして、何時《いつ》よりは極彩色《ごくさいしき》の、唯京人形見るやうに〉変身して、大黒屋の番頭の妻といっしょに雑踏の中に出てくる。しかし、正太に会うと、それを口実に〈私は此人と一處に歸ります、左様《さやう》なら〉と別れようとする。だが自宅へ向かおうとして、〈正太さん一處に來ては嫌《い》やだよと、置去りに一人足を早め〉、さらについて来た正太を、〈後生《ごしやう》だから歸つてお呉れ、お前が居ると私は死んで仕舞ふであらう、物を言はれると頭痛がする、口を利くと目が廻る〉と追い返してしまう。美登利は自ら進んで祭に幕を下ろそうとするかのようである。

彼女はおそらくは初潮を迎え、自分が大人の世界にからめとられようとしていることを意識している。盛装はそのはなむけであるのだが、彼女はこの衣装を嫌い、〈薄くらき部屋の中に誰れとて詞《ことば》もかけもせず我が顔ながむるものなしに一人氣まゝの朝夕を經《へ》たや〉と考えるが、それが許されないことを知っている。「出奔する女」は終わろうとしている。「狂気」も、同じく閉じられていく。娘の狂気じみた振る舞いを見る母親について、〈母の親一人ほゝ笑みては、今にお侠《きやん》の本性は現れまする〉と語られる。だがお侠は狂気ではない。こうして日常の回復が予告される。

そして、美登利の意志のとらえ難さに引きずられるかのようにして、祭の中に二重写しにされていた流動性は次々に失われてゆく。音曲については、三の酉の祭が始まったばかりの第十四章では、正太はまだ、〈十六七の頃までは蝶よ花よと育てられと、怪しきふるへ聲に此頃此處《こゝ》の流行《はやり》ぶしを言つて、今では勤めが身にしみてと口の内にくり返し〉ているが、美登利に追い返されて、〈正太は例の歌も出ず〉になってしまう。しかもこれは一時のことではなく、そのまま歌は消えてしまうのである。〈表町は俄《にはか》に淋しく成りて正太が美音も聞く事稀《まれ》に〉と書かれてある。そして信如は僧職の修行をすべく町を出る。こうして流動する世界は消え、大人の世界がふたたび現れ出てくる。

「たけくらべ」については、「文學界」に対する最終回分となる第十五、十六章が書かれるのは、二九年一月にはいってからのことであり、「文藝倶樂部」に一括再掲載されるための訂正写稿がなされるのは、同年三月である。同時期の別の作品としては、前述のように二八年九月に「十三夜」、一二月に「わかれ道」と「この子」、二九年にはいってから、体調の悪化をおして一月に「裏紫」、四月に「われから」が、ともに未完ながら書かれている。これら一葉の最後の作品群をどう読むべきだろうか。

「裏紫」や「われから」を一葉の新しい方向の模索として読もうとする試みもあるようだが、これらについては、失敗作と言わないまでも、大勢を決めているのは、絶頂を越えたあとのとまどいであるように見える。だから、一葉の優れた作品として言及してしかるべきなのは、世評もそうだが、「十三夜」とせいぜい「わかれ道」くらいまでであろう。

前述「十三夜」のお関も、「出奔する女」の系譜に属している。婚家を出てきた女だからである。しかし彼女は父親に説得され婚家へ戻ることを決心し、その帰途、昔想いを寄せあったが今は零落している男と出会い、それが物語の山場になっている。けれども、彼女はそこで引き止められることなく、〈憂き〉ところへ帰ってゆく。つまりこの物語で、重心は「出奔する女」から「戻ってゆく女」の方に移し替えられている。もしこの作品がすぐれているとすれば、それは戻ってゆく場面そのものにあるというよりも、その背後での出奔の経験の記憶――悲しみとして現れている――が作用しているためである。この記憶は「戻ってゆく女」の姿を、いましばらく輝かせている。

「わかれ道」についても、ことはほぼ同様である。お京もまた出奔してきた女ではある。彼女は〈今年の春より此裏へと越して來し者〉で〈一人娘《ご》で同胞《けうだい》なし〉、これは居るべき場所から逸脱してしまった女を示している。その女がただ一人心を許す相手は傘屋の吉三だが、この吉三も捨子で一寸法師という不具、そして〈己《お》れは何《ど》うしても出世なんぞは爲《し》ないのだから……（中略）……誰れが來て無理やりに手を取つて引上げても己《お》れは此處《ここ》に斯《か》うして居るのが好いのだ〉と言う。彼がいるのは功利性と反対の地点であって、この位置を通じて、彼はお京と出会う。二人の交友は、流動化の経験を示しているが、けれどもそれは「にごりえ」の場合のように狂気じみたものではなく、もっと緩やかなものである。たぶんそのために、お京は「戻ってゆく女」に変わっていこうとする。〈夫れでも吉ちやん私は洗ひ張りに倦《あ》きが來て、最《も》うお妾《めかけ》でも何でも宜《よ》い、何《ど》うで此様《こん》な詰らないづくめだから、寧《いつ》その腐《くさ》れ縮緬着物《ちりめんぎもの》で世を過ぐさうと思ふのさ〉というのがお京の決心である。妾稼業が、「たけくらべ」の美登利の京人形のような装いの場合と同じく、現世の論理の中に身をまぎれこませてしまうことであるのは言うまでもない。

関良一は、一葉の小説が書かれる過程を綿密に調査して、〈元来遅筆の彼女は「にごりえ」発表以後、さらに「十三夜」の渋滞以後、いちじるしく制作に苦渋のさまをみせている〉[*21]ことを指摘している。彼女の文名は「にごりえ」以後急速に高まり、書肆からの注文は俄然増えたが、彼女は要求に十分に応えてはいない。しかしこの不能は、単に遅筆のためではなく、また明らかになってきた病気のためばかりでもなく、一葉自身があの狂気じみた流動する世界、けれども語りかつ書くことを可能にする唯一の経験から、次第に締め出されていったことに最大の原因を持っていたように思われる。「裏紫」や「われから」は、「出奔する女」たちを提示してはいるが、彼女らは以前のような切実さや力を感じさせない。これらの作品はむしろ、書く力の源泉から遠ざけられつつあった一葉の苦渋を示しているように見える。彼女はたしかに新しい方向を模索していたのであろうが、これらの作品は、模索が模索のままにとどまったことを露呈させており、私たちをより強く印象づけるのは、あの流動する世界がいっそう閉じられようとしている有様である。

この閉塞は、まず主人公たちの奔放な告白と振る舞いを閉じ、個々の作品を閉じる。ついで作品の世界そのものを閉じる。だが帰結はそれだけではない。この動きは、作者を書くことの経験の頂点まで押し上げたからには、その帰結を逃れることを作者に許さず、作用をその上にまで及ばせていく。一葉に結核の症状が現れるのは、「たけくらべ」擱筆の三月後の明治二九年四月頃である。八月にはじめて医者にかかり、そのまま絶望を宣告され、一一月二三日には死んでしまう。それは「にごりえ」でお力が、流動する世界をめぐる狂気じみた経験を告白したあと、宿命のようにして死を呼び寄せたことを思い出させる。これらのことを考え合わせる時、私たちは、あまりに寓意的な解釈だという批判があるだろうことを承知の上で、一葉もまた彼女の書くという行為を一瞬自由へと解放したあと、その狂気じみた経験を贖うために、死をすみやかに招き寄せたのだ、と考える誘惑を退けることができない。

＊1　本論考での一葉の著作からの引用は、『樋口一葉集』（明治文学全集第三〇巻、筑摩書房、一九七二年）による。参照先は題名のみで示す。
＊2　和田芳恵「樋口一葉―立志」、松坂俊夫編『鑑賞日本現代文学「樋口一葉」』収録（角川書店、一九八二年、二七八ページ）。ほかの評家も類似の表現をしている。
＊3　塩田良平『樋口一葉研究』（中央公論社、一九六八年）七二三ページ。

＊4　松坂俊夫編『鑑賞日本現代文学「樋口一葉」』前出、二五ページ。
＊5　関良一『樋口一葉・考証と試論』（有精堂、一九七〇年）三九三ページ。
＊6　関良一「文学史と一葉」で記載がある。松坂編『鑑賞日本現代文学「樋口一葉」』収録、三〇六ページ。
＊7　一葉の父則義は甲州の農民の出であって、母となる同郷のあやめと江戸に出て、刻苦精励の後、士分の株を入手し、幕府直参の身分を得る。維新後、東京府の官吏となる。
＊8　万延元年―大正一五年、一八六一―一九二六年。小説家。東京朝日新聞に「海王丸」などを発表。一葉は一九歳の時から指導を受ける。
＊9　与謝野晶子（明治一一年―昭和一七年）の『みだれ髪』の刊行は三四年である。
＊10　「めさまし草」は鷗外主宰の雑誌。鷗外、幸田露伴、斎藤緑雨の三人による「三人冗語」という匿名批評が連載された。その第四号での発言。
＊11　前田愛『樋口一葉の世界』（著作集第三巻、筑摩書房、一九八九年）三一四ページ、三一九ページ。
＊12　前田愛『樋口一葉の世界』、前出、三三一ページ。
＊13　関良一『樋口一葉・考証と試論』、前出、二四八ページ。
＊14　久松潜一・藤村作『明治文学序説』（山海堂出版部、一九三二年）一一五ページ。
＊15　松坂俊夫編『鑑賞日本現代文学「樋口一葉」』、前出、一八三ページ。
＊16　前田愛『樋口一葉の世界』、前出、二六五―二六七ページ。
＊17　読売新聞記者。一葉の家に出入りし、「水のうへ日記」にも登場している。

＊18　二五年一月四日、一葉は雪の中、桃水宅を訪れ、新しく出る雑誌「武藏野」への作品掲載などについて夕方まで話し込み、そのことを日記に記し、次のように終える。〈種々の感情むねにせまりて雪の日といふ小説一篇あまはやの腹稿なる　家に歸りしは五時母君妹女とのものかたりは多けれはかゝす〉。
＊19　ジョルジュ・バタイユ『空の青み』は、一九三五年に書かれ、五七年に公刊された。伊東守男訳（河出文庫、二〇〇四年）七ページ。
＊20　鷗外は「たけくらべ」を読んで、明治二九年一月発行の『めさまし草』の「三人冗語」で〈吾は縦令《たとへ》世の人に一葉崇拝の嘲を受けむまでも、此人にまことの詩人といふ稱を送ることを惜しまざるなり〉と評した。
＊21　関良一『樋口一葉・考証と試論』、前出、一二四ページ。

詩の源泉を求めて——石川啄木*1

1　啄木とは誰か

明治四一年四月二四日に三度目の上京を果してから、四五年四月一三日に死ぬまでのほぼ四年間の啄木（明治一九年生）に、思想上文学上の大きな変化と重要な仕事があることはよく知られている。四三年刊の『一握の砂』と死後の四五年刊の『悲しき玩具』は、この期間の歌作をおさめ、詩集「心の姿の研究」が四二年一二月、「呼子と口笛」が四四年六月に書かれる。加えて四三年八月の「時代閉塞の現状」を頂点とする時事的評論もこの時期に集中し、そのほか四二年の四月から六月にかけての「NIKKI」（以下「ローマ字日記」と呼ぶ）を中心とする日記群が書かれる。月並な言い方だが、二六歳で死ぬことになる啄木は、この短い期間を、彼のあり得べき生涯のすべてをそそぎこんで全力で駈け抜けたという印象を与える。

この時期の啄木については研究が進み、付加することはもはやないと見えるほどである。しかし、彼のさまざまの活動について知見を深めてゆくと、他方で逆に不分明な領域が拡がってくるように思える。この領域は何だろう？　とりあえずそれを啄木の存在意識の領域と言ってみる。この意識がよく見えてこないのは、それが社会批判や文学論のようなかたちでは表に現れ得ないものだからであるが、また啄木自身にも十分自覚されていなかったためかもしれない。彼は追いつめられ、衰弱し、覚え書程度以上に反省を残すことができなかった。けれども今かりに存在意識と呼んだものは、存在に関与するものである以上、彼の社会観や文学観も含めてすべての部分と深くつながっていたはずでもある。とすれば、この意識は啄木においてもっとも普遍的なものであって、見方を変えればいたるところに現れてくる、とも言える。これら現れてくるものを重ねてゆくならば、何が見えてくるだろうか？

露呈してくるものを見分けるためには、まず、もっとも目に見えやすいところで啄木の姿をとらえておくことが有効だろう。時勢に敏感だった啄木は、常に同時代の思潮に関心を持ち、関与し、けれども次々とそこから抜け出る。最初の対象は象徴主義運動である。明治三八年、彼が二〇歳の時の処女詩集『あこがれ』は、明らかにこの運動の影響下にあるが、四二年、彼は「弓町より—食ふべき詩」（以下「食ふべき詩」と略称する）で、この当時の自分の詩が空想や感情を誇張したものにすぎず、自分は〈責任に對する極度の卑怯者〉であったと自己批判している。同様の批判は、次に彼が実際の交渉を持った「明星」や「スバル」の浪漫主義に対してもなされている。四三年の「巻煙草」で彼は、浪漫主義は弱い心の産物であり、したがっていつの世にもあるものだが、〈然し私は、どう考へても、この身體、この心を全く盲目的に感情の命令の下に投げ出して了ふ事は出來ない〉と言う。これは感情および観念の放恣さに耽溺することへの拒否である。彼は代用教員の経験によって、〈天上から詩が急に地上に落ちた〉（日記、四〇年一月二九日）ことを自覚し、さらに生活上の苦難をへて、〈實人生となんらの間隔なき心持を以て歌ふ詩〉（「食ふべき詩」）へと方向を転じる。

「実人生」のこの発見は、彼を自然主義に近づける。自然主義とは、まず封建道徳に対する反抗であり、このような現実的な問題をとらえたことによって、〈明治の日本人が四十年間の生活から編み出した最初の哲學の萌芽〉（「食ふべき詩」）だったからである。彼は自らの関心と野心によって自然主義文学運動に参加しようとし、上京して二年余の間小説を試み、失敗し、それを自覚する。だがこの自覚を通じて彼は、自然主義によっては満たされぬ自己の希求を知り、批判へと転じる。「きれぎれに心に浮んだ感じと回想」（四二年、以下「感じと回想」と略称する）で、彼は次のように言う[*2]。

　長谷川天溪氏は、嘗て其の自然主義の立場から「國家」といふ問題を取扱つた時——、一見無雑作に見える苦しい胡廡化しを試みた。（と私は信ずる。）謂ふが如く、自然主義者はなんの理想も解決も要求せず、在るが儘を在るが儘に見るが故に、秋毫も國家の存在と牴觸することがないのならば、其所謂舊道徳の虚僞に對して戰つた勇敢な戰も遂に同じ理由から名の無い戰になりはしないか。從來および現在の世界を觀察するに當つて、道徳の性質及び發達を國家といふ組織から分離して考へる事は、極めて明白な誤謬である——寧ろ、日本人に最も特有なる卑怯である。

啄木によるなら、自然主義者たちは、道徳批判によって現実批判の端緒をつかみながら、その端緒が国家へと連続しているのに気づいた時、相手の強大さに恐れをなし、逃走したのである。啄木はこの回避を拒否し、彼自身の歩を進めようとする。眼前にあるのはむろん「社会」と「国家」である。

社会的な事象との出会いを、文学の側からだけ述べるのでは、公正を欠くことになるだろう。明治期の青年に共通する社会と国家に対する関心の強さは、啄木においても早くから認められるからである。この関心は、まず経世済民的また素朴愛国的な感情であって、文学の場合と同じく、多分に空想的なものだったが、次第に現実的なものとなる。当時の日本については、三七年二月に始まり、三八年九月に終わった日露戦争に着目しなければならない。戦術的には勝利をおさめながら、経済的には疲弊しつくして講和をむかえたあとの日本について、橋川文三は、明治維新によっていったん確立された国内体制が動揺解体し、帝国主義体制へと再編されてゆく時代であったと指摘している（『昭和維新試論』[*3]）。混乱を収拾することはもはや旧来の道徳や慣習に頼っては不可能であり、ためにこれまで社会一般の背後に隠れていた国家は前面に現れ、権力を直接行使する。それが戦勝の余弊としての驕慢奢侈の風を戒めるために発布された戊申詔書であり、そしてその後大正まで続いた地方改良運動——実務的には町村財産の統一、精神的には篤農をすすめる報徳運動、また人心統一のための神社統合等の官僚の主導による国内体制の整備——であった。この延長上に、四三年の二つの事件がある。つまり五月に発覚し国内支配のために利用される大逆事件と、この支配の確立によって可能になった国外への進出としての八月の韓国併合である。

解体と再編のこの時期を啄木はどう生きたろう？　中学を中退し、東京に出、詩集を出し、結婚し、という一面の裏側で、父親は住職を罷免され、一家の経済は彼一人の肩にかかってくる。彼は代用教員をつとめ、新聞記者となり、北海道を転々とする。後者の側面が以後の彼の生活の主調をなす。このことは、彼が社会の転換期において旧来の秩序から脱落し、次の再編の目からもこぼれ落ちようとしていたことを意味する。そして最下部に来た時、彼は自分の運命を支配するものを、その対極にはっきりと見る。

國家！　國家！

國家といふ問題は、今の一部の人達の考へてゐるやうに、そんなに輕い問題であらうか？

これは「感じと回想」に突然表明された疑問である。日記から書簡まで調べてみても、「国家」という言葉は、これ以前には使われていない。彼は現実的なものに接しはじめてから、瞬く間にそれを社会的な視野へと拡大し、ついで全体を統御するものとしての「国家」を見出だす。この過程の迅速さは、私たちを打つ。

この国家の意識がもっとも鋭く表現されているのが「時代閉塞の現状」（四三年八月）であることについては多言を要しまい。大逆事件発覚の三月後に書かれ、生前は発表の機会を得なかったこの評論で、啄木は〈我々日本の青年は未だ嘗て彼の強權に對して何らの確執をも釀した事が無い〉のを認め、〈斯くて今や我々青年は、此自滅の狀態から脫出する爲に、遂にその「敵」の存在を意識しなければならぬ時期に到達してゐる〉と述べる。これは事件において、国家権力が、その恣意によって成員の生命を奪うのを目撃したことから出発し、この抑圧が実は、特定の誰彼だけではなく、あらゆる層の国民に及んでいて、それを認識しなければならない時期に来たことの言明である。「強権」と呼ばれている「敵」とは、「国家」のことである。彼ははっきりと「国家」という言葉を使っている。この時、国家と彼の間は、何の斟酌もなしに直通し、関係の本質は対立であることが明らかになる。それまで国家が問題であると言いながらも、また何がしかの改善を通じて国家との調和の可能性が信じられていたとしても、以後国家は明瞭に敵として意識され、彼はそこに批判の照準を合わせる。ではこのように国家を見つめる啄木とはどのような存在だったのだろう？　この批判は彼の詩と歌にどんな意味を持ったのだろう？

2　自分への問い

啄木は、彼の生涯の早い時期から「自意識」という言葉を使っている。明治以降の近代文学史においても、この使用は早いものであるらしい。明治のわずか三〇年代にこのような問題が提出されていることは、興味深い。だが彼の「自意識」とはいったい何だったのか？

啄木のこの面についての研究は、彼の社会意識の面についての場合に劣らず多い。それらの説くところに従えば、啄木の「自意識」は、まず樗牛の影響を受けて天才自負のかたちをとり、時に国家の発展と同化する様相を見せる。ついで浪漫主義を通じて、選ばれた人間としての詩人という意識が強められる。だが始まった生活上の不如意によって、それが空想にすぎないことが明らかになり、彼は自分が社会的な存在であることを受けいれる。そしてこの相対性の中で、彼はその分だけ強固な自己についての近代的な意識を獲得することが出来た、という。[*4]こうした問題を扱った論考の中でまず目にとまるのは、国崎望久太郎の『啄木論序説』[*5]（昭和三五年）であろう。この書は、今井泰子によれば、従来分裂してきた先駆的社会主義詩人と薄幸の感傷詩人という二つの啄木像を統一し、画期的な創見を示して、以後の啄木像に強い影響を与えたという。[*6]国崎は啄木の浪漫主義体験を重視し、そこで彼が覚えた自我の主張が彼の生涯を貫いたとし、この主張を「実存」という概念でとらえなおすことで全体の再検討を行っている。しかし国崎の「実存」概念は、〈「食らうべき詩」論的歌論の背後に流れていた啄木の主体性・実存感覚・実感〉とか、〈短歌をもってそういう思想と無関係の実存心情の表現とした〉とかの言い方からわかるように、曖昧で情念的なものへの偏りがあり、言い方は変えられても、個人的な自己感情以上には出ていない。

前節で私たちは、社会的関心という観点から啄木のいくつかの評論に触れたが、同じ箇所で彼は、この関心が彼自身の上に反照してくることを見逃しておらず、自己についての反省を常に同伴させている。これらの反省を見る限り、彼の「自意識」は次第に強固なものになっていった。しかし、彼の「自己」についての経験を、ただ抽象的な自己形成の過程としてのみ受け取って納得してしまうことはできない。

私たちは啄木の「自意識」を別様に読むべきである。早熟で鋭敏な少年であった彼のうちに目覚めた自己主張が、天才自負や選良としての詩人というかたちをとる時、それは「個人主義」となって現れる。この個人主義はいたるところで表明される。〈所詮余は余一人の特別なる意味に於ける個人主義者である〉（日記、三九年三月）、〈我等の天職は個人解放のために戦ふにあり〉（同四〇年、一二月）、〈僕は個性論者だ、個人は飽く迄も個人で、自分自身を自分自身が支配し自己の思想によつて何処までも自由に自己の力を発揮すべきだ〉（宮崎大四郎（郁雨）宛書簡、四一年二月八日）、〈余は孤独を喜ぶ人間だ。生れ乍らにして個人主義の人間だ〉（ローマ字日記、四二年四月）[*7]、等々。これらを読めば、啄木の本領は、浪漫的な自己主張にあると考えられてしまうだろう。けれども、最後から二番目に引用した同じ宮崎宛の書簡の中で、つまりすでに四一年初頭に、彼は次のような懐疑におちいっている。〈人生の寂寞、俺は一人ボッチだといふ事を感じたら最後、モウダメだ。虚無！　虚無！　虚無といふ奴が横平な顔をして我等の前に立つ〉。そして次のようにさえ言ってしまう。〈然し乍ら君、人間の有し得る絶對の自由は「虚無」の外にない〉。自意識は生活の困難の中で孤立を強め、研ぎ澄まされてゆく。この過程は、自己の輪郭を確かなものにするのに益したというよりは、彼に、単独である彼の自己が虚無にすぎないことを気づかせてしまうのである。

だが自己が虚無だというのは、この当時においても、さしてめずらしい発見ではあるまい。

啄木の経験にはもっと別のところに通じるものがある。彼の「自意識」の過程をもう少し見続けよう。彼はその抗しがたい変容を経験する。それはやはり四一年四月の上京以降のことである。彼は文壇に出るために自然主義風の小説を書き、生活をたてようとする。だがうまくゆかない。一方「明星」の同人たちと復交し、「スバル」の創刊に参加する。これらの活動の背後で、彼の内面は自己の極限をたずねる実験室だった。この実験は当然危機をもたらす。しかしこの時期、彼は自分の状態をよく自覚し得ており、強い反省意識でそれを書きとめている。

最初の危機は、早くも上京の二ヶ月後、数百枚の小説原稿を書きながら一枚として金にならなかった時に起きている。明治四一年六月二三日の夜、彼は発作のように突然歌を作りはじめ、三日足らずの間に約三百首を詠む。そして二七日の日記に、〈誰か知らぬ間に殺してくれぬであらうか？　寝てる間に！〉と書きつける。彼はこの三日間を含むほぼ一ヶ月の経験を「メンタルテンペスト」(書簡、宮崎宛、七月二九日)と呼ぶ。第二の危機は、『一握の砂』の序文中の〈明治四十一年秋の紀念なり〉という一節にうかがわれるところのものである。〈紀念〉という語の指すところは明らかでないが、この時期の彼に何かがあったに違いない。第三の危機は、のちに「ローマ字日記」で「武装した百日」と名づけられることになる四一年暮から翌年の三月にかけての時期である。そして「ローマ字日記」そのものが相当する四二年四月から六月までが第四の危機である。

あえて分割してみたが、ほとんど恒常的なこれらの危機の内実は、何だったろう？　日記や書簡を通読してもっとも目につくのは、死への想念である。この想念は、今引用したようなメンタルテンペストの時期と、〈ああ！　今朝程予の心に死という問題が直接に迫ったことがなかつた〉（四月二六日）という一節を含む「ローマ字日記」の時期にもっとも強く現れるが、そのほかの時期にも底流している。彼は友人金田一の剃刀を自分の胸に擬してみたりする（五月八―一三日の記述）。死への想念とは何か？　それは彼の存在が消去されようとしていることだ。すでにメンタルテンペストの時期に、彼は友人に、〈自己にも定義なく、價値がない。考へると死ぬ外ない〉（前出の宮崎宛書簡）と書き、この認識は「ローマ字日記」にいたってもっと強いものになる。〈何故書けぬか？　予は到底予自身を客観することが出來ないのだ〉（四月一七日）とは、客観視され得るような自己が存在していないことを述べている。〈自意識は、予の心を深い〳〵所へつれて行く。予はその恐ろしい深みへ沈んでいき度くなかつた〉（四月二六日）とは、まさしく自己がその輪郭を失う深みへ落ちようとしていること、そして〈予は今底に居る〉（五月六日）とは、実際落ちてしまったことを述べている。これらの断片は、彼の「自意識」が限界に達しようとしているのを見せている。

もうひとつ重要なのは、この危機の中に他者の存在が現れてくることである。かつて啄木は「一元二面觀の哲学」なるものを標榜して、自己主張のほかに自他融合の意志のあることを言ったことがある。「秋風記・綱島梁川氏を弔ふ」（四〇年九月）で彼は、人間には自己発展の意志と自他融合の意志があり、〈此兩面觀に出立する予の哲學は、予が少なくとも現在に於いて、以て最高の思想とする所のものである〉と述べている。だが今回他者は、融和など受けつけぬ容赦ない存在として現れ、彼を脅かす。この他者に彼は対立する。彼は相手かまわず分析し、ことさら弱点を暴き出し、嘲笑し、批判し、突き放す。対立はまず友人をとらえる。彼は平野万里、吉井勇、太田正雄（木下杢太郎）らを〈蹴〉り、〈壓迫〉し、〈咀嚼〉する（日記、明治四二年一―二月）。ただ白秋――処女詩集『邪宗門』の準備中だった――に対しては、その才能と経済的余裕を見て、〈予は敗けた〉（日記、四一年一二月一一日）と認める。次に矛先は最も情宜あつい人々に向けられ、〈金田一と予との關係を、最も冷やかに、最も鋭利に書かう〉（日記、四二年一月一〇日）とし、与謝野鉄幹のことを、〈あの人は唯予を世話してくれた人だ〉（「ローマ字日記」、四二年四月一二日）と言い放つ。

対立はさらに拡大され、「女」をとらえる。なぜなら「女」とは、ある意味ではもっとも基本的な他者、最初に出会う他者であるからだ。「ローマ字日記」の有名な四二年四月一〇日の記述中で、彼は淫売婦との異様な交渉を記したあと、次のように言う。〈ああ、男には最も残酷な仕方によつて女を殺す権利がある！　なんという怖ろしい、いやなことだろう！〉。次に対象となるのは、他者のもうひとつの本質としての「家族」である。北海道に残されて貧苦にあえぐ家族からの、東京に呼び寄せてくれるようにとの、あるいは送金してくれるようにとの懇願を無視し、〈予は何故親や妻や子のために束縛されねばならぬか？　親や妻や子は何故予の犠牲にならねばならぬか？〉（四月一五日）と書き、〈みんなが死んでくれるか、予が死ぬか！　二つに一つだ！〉（四月一六日）と考える。

この対立を通して、「自意識」はいっそう窮迫してくる。「虚無」の意識は四一年からだが、四二年になると、彼は最初の三月を「武装」して過ごす。〈予はこの百日の間を、これと云う敵は目の前に居なかったにかかわらず、常に武装して過ごした〉（四月一〇日）と回想している。「武装」とは他者に対する抗争である。彼は〈一番親しい人から順々に、知ってる限りの人を殘らず殺してしまいたく思〉（同前）い、そして「假面」ということを言いはじめる。四月一二日の項に次の記述がある。

そして、人に愛せられるな、人の恵を受けるな。人と約束するな。
人の許しを乞わねばならぬことをするな。決して人に自己を語るな。常に假面を冠って居れ。いつ何時でも戰の出來るように。

だがこの時期、語るに足る自己はもはやなく、仮面とは、自己をではなく、自己の不在を隠すものとなっている。しばしば問題にされるローマ字表記も、また一箇所行われる英文記述も、妻の目を慮ってということを越えて、自己を告白すべき日記というものの上に被せられた仮面なのであり、この仮面の下にはもはや告白されるべき自己など存在せず、この不在の自己は、日常親しんだ国字ではない異化された方法で表記されるほかなかったということだ。そしてこの戦いは、自己が不在であるゆえに、敗北必至のものであった。〈予は弱者だ〉（五月一〇日）と彼は書く。〈予は今予の心に何の自信なく、何の目的もなく、朝から晩まで動揺と不安に追つ立てられている〉（五月八―一三日）と言う時、彼の存在は崩壊に瀕していた。こう書きとめた翌日、彼は二度おびただしく喀血する。これは三年後に彼の生命を奪うことになる病気の最初の徴候である。こうして意識上と肉体上の崩壊は、時を同じくして明瞭になりはじめる。

「ローマ字日記」は、家族の上京によって終わりを告げ、以後啄木の東京生活の第二期と言われる時代が始まる。彼は気儘な半独身者の生活から、常にその存在を主張してくる他者とのもっと困難な生活にはいる。この時期の啄木の「自意識」のあり方は、逡巡と退行、また試行錯誤に満ちている。とりあえずはできる限り忠実にそれを追いたい。彼は新聞社に校正記者として職を得ていたが、家族の上京は、彼の反対を押し切ってのものであり、彼はそれを降りかかった災難のように考えていた。したがって彼はまだ個人主義者であり、家族は戦うべき他者の一種であり続けた。彼は友人に〈感情の融和のちつともない家庭〉（宮崎宛書簡、七月九日）と書き送り、一方妻節子は、三歳になるかならぬかの娘京子がうるさいから著述ができぬと怒る啄木の姿を伝えている。

日記について言えば、公刊が始まったのは戦後の昭和二三年のことだが、完全なかたちでは残されていない。「ローマ字日記」以降、つまり家族生活が始まった明治四二年六月から絶筆となる四五年二月までの間、読者にとっては強い興味をそそられるこの期間に関しては、切除、紛失、欠落が多い。この頃一家の不和が嵩じて、妻に対する啄木の不満が記されていたため、彼の死後、一部分を妻節子が処分した可能性があるという。*8

不和に苦しんだ節子は四二年一〇月二日、娘をつれて家出する。この事件に啄木は半狂乱になる。妻に捨てられた男になるとは思いもしなかったからである。節子は説得されてようやく戻る。この時ようやく家族の意味が彼に明瞭になりはじめる。彼はのちに〈去年の秋の末に打撃をうけて以來、僕の思想は急激に變化した〉（宮崎宛書簡、四三年三月一三日）と回想することになるが、家族すなわち他者とは、拒み得ぬものであるどころか、彼が依拠しているところの存在なのだ。この発見はたしかに重大事であり、以後実際に彼の生活まで変えてしまう。彼は新聞社での本務のほかに、二葉亭全集の校正を引き受け、地方新聞に通信を書き、

〈この一家の生活を先づ何より先にモット安易にするだけの金をとる爲に働らいています〉と伝える（大島経男宛書簡、四三年一月九日）。彼は年末に、一人取り残されていた父を呼び寄せる。この年の暮と新年は、彼にとってははじめての——だが最後の——穏やかなものであった。だが四四年になると、宮崎の節子宛の書簡をめぐって、永年の援助者であったこの友人と義絶し、同じく金田一とも疎遠になる。

　生活のこの変化の中で、彼の「自意識」はどうなっていたろう？　まず目につくのは、選良的な個人主義が消えていったことである。〈人間そのものが既にえらくも尊くもない〉というのは「ローマ字日記」（四二年四月）だが、それはまだ、個体意識の内部で自己証明が不可能になったことから来たものにすぎない。今回自意識は質的な変化を見せはじめる。彼の評論はこの頃から独自のものになるが、前出の「食ふべき詩」の中で、彼は、〈詩人は……實に普通人の有つてゐる凡ての物を有つてゐるところの人でなければならぬ〉と述べる。天才自負はようやく消える。[*9] そして彼は翌四三年一月の書簡で、この自己のあり方を〈新らしい個人主義〉と名づけ、次のように語る。〈現在生きてゐるところの人間には、意志と意志の傾向あるのみであつて、決して固定したものではない、自己とか個性とかいふものは流動物である、自らそれを推し進めて完成すべき性質のもので、そして生きてゐる間——精神的活動のやまぬ間は形を備へぬものである〉。これは、自己というものが経験的であること、したがって他者と共にあることを認めたものだ。

けれども右の考えは、わずか二日後に破綻を見せ始める。彼は宮崎宛の書簡（四三年三月一三日）で、前年来勤勉であったことを告げながら、その結果がどうであったかを次のように報じている。〈そして遂に、今日の我等の人生に於て、生活を眞に統一せんとすると、其の結果は却つて生活の破壞になるといふ事を發見した、――君、これは僕の机上の空論ではない。我等の人生は、今日既に最早到底統一することの出來ない程複雜な、支離滅裂なものになつてゐる〉。この破壊は、直接には、彼の努力などではいかんともしがたい生活苦から来ているが、その根底には、彼が他者の存在を納得しはするものの調和することが出来ていないということがある。彼の生は分裂したままだ。どう対処すべきだろうか？

彼は迷い、次のように考える。〈僕は、今また變りかけている。――確《しか》とした事ではないが、僕は新らしい意味に於ての二重の生活を營むより外に、この世に生きる途はない様に思つて來出した。無意識な二重の生活ではなく、自分自身意識しての二重生活だ、自己一人の問題と、家族關係乃至社交關係に於ける問題とを、常に區別してかゝるのだ〉。彼は距離を設けることによって、他者と妥協しようとする。〈無論二重の生活は眞の生活ではない、それは僕も知つてゐる。然しその外に何ともしやうが無いのだから止むを得ない〉。彼はこの世界を罠と感じ、再びあの「仮面」が現れる。〈そして自分自身といふものをば、決して人に見せない様にするのだ〉。これが啄木の「新しい個人主義」の実質である。それは幾分かの変化を加えて新しいかもしれないが、その名の示すようにまだ個人主義のうちにある。彼の「自意識」は自意識のままで身をひそめている。

この様態が決定的に変容するのは、そして啄木が示し得た最後の過程が現れるのは、この年すなわち四三年の六月である。彼は年末、一年を振り返って〈六月――幸徳秋水等陰謀事件發覺し、予の思想に一大變革ありたり〉（明治四三年一ヶ年の回顧記事）と書き、さらに〈思想上に於ては重大なる年なりき。予はこの年に於て予の性格、趣味、傾向を統一すべき一鎖鑰を發見したり。社會主義問題これなり〉と加える。一大変革あるいは一鎖鑰とは何だったか？この良く知られた一節の示す射程は、従来信じられてきたよりもはるかに深いと思われる。

3　普遍的な場にむかって・国家の側から

私たちはここで、啄木における「国家」という問題を再度取り上げなければならない。それはこの問題が、彼の最後の時期における最大の問題であったためだが、それ以上に、この問題は、彼にとって単に社会思想上の問題であるにとどまらず、存在意識の問題に関与し、さらに文芸上の問題にまで波及していたはずであるからだ。だが私の読み得た限りでは、ほとんどの研究がこの問題を社会思想上の問題としてしか扱っていないし、そうでない場合も、啄木と自然主義の関連においてか、あるいは詩歌の中に素材として取り入れられたイデオロギーの問題としてしか見ていない。しかし、国家に向けられた啄木の視線は、もっと普遍的な問題の場を指し示している。

前述のように、彼の国家意識は、四二年になって明瞭な像――概念としては明瞭でないとしても――を結ぶ。彼は〈自然主義は自意識の發達せる結果として生れたり〉(「卓上一枝」、四一年二月)という認識から出発し、自意識を保持しつつまず自然主義に沿って進み、ついで自然主義が困難を回避するのを確認し、その前方に国家を見出だす。「感じと回想」では、この発見はまだ発見にとどまっているが、大逆事件を経た「時代閉塞の現状」では、国家ははっきりと「敵」としてとらえられる。重要なのは、以上を社会的見地の導入などということへ横すべりさせることではなく、彼の自意識が開いてきた領域が国家という問題に触れ合うほどにまで拡大されてきたと認めること、次いで、この拡大によって自意識自体が何らかの変容を来したと推測することである。彼の「自意識」がかつてのままであったとはとうてい思えない。

この問題にもっとも有効な手がかりを与えるのは、当然啄木の自然主義観の変遷であり、資料としては「時代閉塞の現状」であろう。彼はこの論文で、〈人間の思想は、それが人間自體に關するものなる限り、必ず何等かの意味に於いて自己主張的、自己否定的の二者を出づることが出來ない〉ということを原理として、自然主義を分析する。彼は魚住折蘆が「自己主張としての自然主義」（四三年八月）[*10]で、決定論的な自然主義思想の中に意思を前提とする自己主張の思想が含まれているとした――西欧に範をとった立論――ことに反論し、自然主義の名で総称されている文芸活動の中にはさまざまの思想が混入しているが、それらのうちで日本化された純粋自然主義として近来明らかになってきたものは、無理想無解決、平面描写、隔一線の態度等の標語、また〈たゞの記述、たゞの説話に傾いて來てゐる〉その実作から見ると、自己否定的なものだと述べる。これは、自然主義とは自己主張であるという通念への批判であるとともに、自身の持つ自己主張の願望を自然主義に委ねようとしたことへの反省であり、また彼が日本の自然主義に対して最初から抱いたある違和感の解明でもある。自己主張ないし自意識は、自然主義によっては満足せられることがない。なぜなら主張しない自意識は自意識とは言えないからである。

では自然主義と共棲し、その一部をなしているようにも見える自己主張的傾向とは何なのか？　この傾向は実は、日露戦争後に起こった自然主義よりも十年程先行しており、固有の経歴を持つ。啄木は例を三つあげている。第一にはさかのぼって樗牛の個人主義であり、第二に梁川の宗教的実験であり、そして第三が現今の状況、つまり自然主義中の浪漫的要素と呼ばれるものである。さらに彼は、この第三のものも含む現在の自己主張の他の様相にも言及している。ひとつは文学を女郎買や姦通の記録と化さしめている盲目的反抗であり、もうひとつは過去へ視線を転じること、すなわち元禄回顧である。[*11] けれどもこれらの試みはすべて失敗に終わっている。なぜなら、それらは「既成」をそのままにしておいた試みにすぎないからだ。啄木はもはや、自分の自己主張をこれらのうちのどれにも託すことは出来ない。〈斯くて今や我々には、自己主張の強烈な欲求が殘つてゐるのみである〉。こう述べられている自己主張こそ、啄木の自意識である。それは明らかに、樗牛に心酔し、梁川に傾倒し、自然主義に参画を目論んだ自意識ではない。何が変わったのだろうか？　啄木によれば、自然主義は、自己否定的である以上、〈敵を有つべき性質のものではなく〉、一方自己主張的な諸傾向も、日本人特有のある論理——これは明らかに「感じと回想」の〈日本人に最も特有なる卑怯[*12]〉をさしている——によって、〈敵を有つてゐな〉い。すなわちこれらの自意識は、自分を規定してくる敵を回避し、持たないから、逆に自分についての十分な認識を育てることが出来なかった。彼は「敵」を見出し、持たなければならない。がまた本当の「敵」とは、彼の忖度にかかわらず、すでに先行して存在するところのものでもある。そして「敵」の本質を突くためには、それは最大のものでなければならない、とすれば、それは強権もしくは国家以外ではありえない。かつて彼は、自然主義が道徳という経路を辿りながら、その前方に現れた国家を回避するのを見て、逆に国家の存在を見出だしたが、今回は文芸上に限らず、あらゆる日常の出来事に触れて、その不幸の先には常に国家が存在していることを発見する。問題は、自然主義云々を離れて一般的なものとなる。教育の特権化、租税の使途、女性の地位、徴兵等、を挙げて彼は〈凡そ此等のごく普通な現象も、我々をして彼の強權に對する自由討究を始めしむる動機たる性質は有つてゐるに違ひない〉と言う。まさしく必然にしたがって、彼は国家を敵として意識する。

この時彼は、彼の自己としての存在から出発して、さまざまの社会現象と矛盾を経て国家に至るまでを、連続した過程として捉える。彼においてこのように全現実を一体として眺める視点が可能になったのは、この時が最初である。これを境として、あらゆる概念とその構成ははっきりと変わってくる。たとえば私たちが主なる問題としてきた「自意識」についてだが、これまで自意識という時、私たちはそれを啄木の個人的な存在の意識とほとんど同義に使ってきた。だがこれら二つはもう同じものではない。存在意識の概念ははるかに拡大され、自意識を含みながら、個体という限界を越えて遠く国家をも関連のうちに引き入れる。他方で内包された自意識はもっと純化され、強い反省意識そのものといった様相を呈する。国家もまた、単なる組織の名称ではなく、存在の問題の本質的な因子となる。存在の場はこうして一体であり、図式的に言ってみればその中で自意識と国家は二つの極をなし、これら二者の相関によってさまざまに現れる様相が現実となる。この一体性の発見は、啄木に対して決定的な重要性を持った。

しかし、この相関性は、実は奇妙なしろものである。奇妙さはすでに、自己主張と国家との関係が敵対的であったことに現れている。一体をなすはずの国家と自己は決して調和しない。二者は対立し、相互に排除しあう。存在の場は、一体をなすとしても、実はより深く分裂的でもある。この場を一貫する論理は、連続的であると同時に非連続的である。だからこの論理に動かされる存在の領域は、けっして固定されることのないもの、不断の運動の場であるはずだ。ところが啄木の前にあるのは、閉塞の現状であった。〈我々青年を圍繞する空氣は、今やもう少しも流動しなくなつた。強權の勢力は普く國内に行亙つてゐる〉と彼は悲痛な声で確認する。閉塞はなぜなのか？　それは、いっさいが可変的で流動的であるはずの存在の場において、その一端すなわち国家が、居すわり既成となったことから来ている。そしてこの国家の既成化から発して、社会のもろもろの活動は次第に麻痺し、運動性は封じ込められ、萎縮作用は個人それぞれの内部にまで達する。そして自意識を凝固させ、存在の場の外へ切り離し、ただ奇妙に充足した自我、彼が〈哲學的虚無主義〉と呼ぶところのものに堕さしめるのである。

けれども「敵」を意識し、相関性に気づいたならば、それはこの麻痺した場が再び活性化されようとしていることを意味する。蠕動しはじめた場は、自意識を再度繰り入れ、その脈動を社会と国家へと溯及させながら、連続性を再び形成することへ向かおうとする。「時代閉塞の現状」が示しているのは、この試みの発端である。私たちは啄木が開始したこの試みの行方を辿らなければならない。相互に関連しながら、国家も自己もそれ自体の内部から変化を起こすはずであるからだ。

予想されるこれら二つの変容のうち、まず目にとまるのは、「国家」の側の変容である。変容は、一般に啄木の社会主義問題と呼ばれているものの中に見ることができる。北海道時代に彼がはじめて社会主義に接した時、それは〈要するに低き問題〉(日記四〇年九月一日)、つまり文学や思想の下位にある生活上の問題にすぎなかった。だが大逆事件の年の終わりには、前述のように、この年自分の性格・趣味・傾向を統一する問題を見出だした、それは社会主義という問題だ、と書くに至る。貧苦が彼を社会主義に近づけ、大逆事件が決定的な契機をなしたことは疑えない。この方面の啄木については、死没直後から種々の議論が出ているものの、社会科学的な水準では確定的なことは何も言い得ないように思われる。たとえば彼は社会主義という言葉を使っているが、明治末年においてこの言葉は、片山潜らの社会民主主義、幸徳秋水らの無政府主義のほかに、キリスト教社会主義、さらに北一輝の国家社会主義——啄木は彼を読んでいる——を含んでいたし、一方マルクス主義はほとんど紹介されておらず、この言葉を現在の意味で理解することは出来ないからである。よく言われる啄木の国家社会主義という問題もこの域を出まい。

必要なのは、資料をまずは啄木自身に即して読むことである。大逆事件の発覚以後、彼は幸運にも、「スバル」での知人で、被告たちの弁護人の一人であった平出修から審理の様子を聴くことができ、その伝手で幸徳秋水や管野スガの調書を読み、前者の陳弁書を書写し、「A LETTER FROM PRISON」をまとめる。*13 新聞を切り抜いて「日本無政府主義者陰謀事件経過及び付帯現象」として揃え、古い平民新聞を編集しなおして「社会主義文献ノート」を作る。トルストイの反戦論文を書写し、貧しい英語でクロポトキンを読む。こうした努力の中で何が進行していたのか？　彼が当時の言葉で社会主義者であったことはまちがいないとして、社会主義の内実を彼はどのように考えていたのだろう。

四四年一月九日の書簡（瀬川深宛）で、彼は次のように告げている。〈僕は長い間自分を社會主義者と呼ぶことを躊躇してゐたが、今ではもう躊躇しない。無論社會主義は最後の理想ではない。人類の社會的理想の結局は無政府主義の外にない、（中略）然し無政府主義はどこまでも最後の理想だ、實際家は先づ社會主義者、若しくは國家社會主義者でなくてはならぬ、僕は僕の全身の熱心を今この問題に傾けてゐる〉。この一文には、彼が予感した過程が述べられている。彼は社会主義に対する無政府主義の優位を認め、前者は後者に移行すべきと述べている。一年後の死に至るまで、彼の思想的な過程を示す資料は多くないが、それらを参照しても、彼の思考の基本は右のようであったと考えられる。

では彼は、社会主義から無政府主義へというかたちで何を考えていたのだろうか？　それはおそらく、国家の廃絶という問題であった。社会主義という段階で、彼はたぶん、自己主張とそれに対立する国家の間の関係を、国家の側が受け止め調整することを考えている。ところがそこへ、無政府主義が、国家が廃止されると考えることは可能だということを示したのである。これは啄木にとって全く新しい啓示であったはずだ。この一点のために彼は社会主義よりも無政府主義を評価し、国家は、彼の思考の中で決定的に変容しはじめる。社会科学的な意味では飛躍を犯しながら、彼は国家の像を収斂させ、それを乗り越えようとする。国家が消滅へと向かう過程が、彼の想像のうちに描かれ始める。その時、あの存在論的な場を凝結させていた一端は開放され、この場の活性化の試みは新しい段階にはいる。

4　自意識の側から

ならばもう一方の極限であるところの「自意識」の方はどうか？　この側面での変容については、国家の場合のように、大逆事件に契機を求めるのは当たらない。私たちはすでに、彼の自意識が、事件以前にその内在的な論理を問いつめ、自己破壊の直前に来ているのを見ている。また視点をいくらか変えて言えば、啄木のように才に恵まれ、しかもその才を若年の一時期に凝縮して生きた人間には、普通ならば直観、推論、確認という順序をとって行われる思考の過程が、ほとんど同時に、時には逆倒して行われることさえあり得る。私たちは啄木の自意識の過程を辿ってきたが、それは言ってみれば諸段階の最後の部分、それだけ確実にはなっているがいちばん遅れてきた部分を取り出してきたようなものだ。だが彼の鋭い感覚は、しばしばそれに先立って、後年やってくるはずの自分の運命を予感し、断片のかたちで書き残している。

たとえば、すでに触れた四一年七月のメンタルテンペストの時期に、彼は前出のように宮崎宛の手紙に、自己には定義も価値もないと書いたが、その後を、〈考へると死ぬ外はない。虚無だ。盲動あるのみ。これが僕の得た目下の結論だ。君。遂に盲動あるのみだ。眞に眞面目に考へると、死ぬ外ない。遂に遂に盲動あるのみだ!〉と続けている。北海道時代から始まっているこの虚無の意識は、「時代閉塞の現状」で批判されている哲学的虚無主義と一見似ていながら、存在の場から切り離されておらず、かろうじてつながっているという点で、それと異なる。

証拠は、最後の「盲動」という不思議な言葉である。この言葉は、この時期の書簡と日記に数度に亘って現れる。この耳慣れない言葉で、彼は何を示そうとしたのだろう？　字義から推測すれば、めくらめっぽうに反応することだろう。彼は一瞬自意識を解体させて、普遍的な問いの場を覗きこむ。そしてそこに、相関の論理の不断かつ方向のない運動を見出だす。彼はその不思議な動きに反応することを盲動と呼んだに違いない。それを生の本質だと考えたのだ。

四二年三月には、小説に執着していた啄本が十枚ほどを書いて中絶した「島田君の書簡」に、次のような一節がある。

それよりもそれよりも急がしいのは頭腦《あたま》の中の生活だ。君、なんと言つたら可からう！　見るもの、聞くもの、今までは我々と何の緣もゆかりも無かつた様な事件や問題までが、何時か淺草の活動寫眞で見た、手品師の手に隨つて何處からともなく降つて來る赤い箱や白い箱の樣に、僕の頭腦の中に飛び込んで來る。今迄僕の住んでゐた世界は何時の間にか消え失せて、遽かに廣い、廣い、一望坦として際涯なき戰場に自分の身を見出した樣だ。社會のあらゆる事物、それが四方八方から僕に挑戰してる樣に見える。*14

この一節はすでに、語るべきすべてを語っているように見える。あらゆる固着が解き放たれる。「僕」自身についても同様である。さまざまの事物が頭の中に飛び込んでくるとは、それまで内と外を区分していた隔壁が取り払われたこと、すなわち彼の自己としての輪郭がもはや失われたことを意味する。飛び込んでくるのは、それまで何のゆかりもなかったものであり、ひいては社会のすべての事象である。社会は流動的な姿をとって、「僕」との自由な交流のうちにはいる。〈一望坦として際涯なき戰場〉とはまさに、あの普遍的な存在の場である。同じ草稿の最後は次のようである。

何と言つたら可からう！ 兎に角現在の僕の頭腦は全く整頓を缺いてゐる。否、自分では自分の考へてる事が能く解つてゐる。唯、問題が、今迄の樣に眼や耳や智慧や經驗によつて外部から發見した問題でなくて、赤手空拳で自分自體の內部から發見した問題だけに、餘りに密接してゐる、肉迫してゐる。だから說明し難いのだ。否、寧ろ僕自身が問題其者だ。然うだ。僕自身に或る革命が起つたのだ。改革ではない。革命だ。詰り、全く新しくならむとしてるのだ。

革命という言葉に囚われなくとも、文体に興奮と驚きを感じることが出来よう。重要なのは、「僕」自身が問題そのものと同一視されている点である。自意識は社会へむかって開放され、いわば社会を全身に浴びる。「僕」の個体は限界を越えて拡大され、自己としての同一性を失いながら、社会と等身大になる。それによってあらゆる問題は、社会のものであると同時に「僕」のものとなり、「僕」自身を問うことは社会を問うことになった。この経験はまさに「新しし」いものであった。しかしこの時、「社会」の背後にあるはずの「国家」は十分に見極められておらず、したがってこの「戦場」は、本当はまだ一望坦としたものにはなっていなかった。作品の中断はおそらくこの理由による。

以上が社会的視野上の変容の予感だとすれば、他者を媒介とした変容の例を挙げることもできる。四二年八月の「氷屋の旗」と題する短い評論で、彼は次のように書く。

親しい人の顔が、時として、凝乎と見てゐる間《うち》に見る〳〵背《に》ても背つかぬ――顔を組立ててゐる線と線とが離れ〳〵になつた様な、唯不釣合な醜い形に見えて來る事がある。それと同じ様に、自分の周圍の總ての關係が、亦時として何の脈絡もない、唯淺猿《あさま》しく厭はしい姿に見える。――恁うした不愉快な感じに襲はれる毎に、私は何の理由もなき怒り――何處へも持つて行き處の無い怒を覺える。

これが書かれたのは、家族上京の二ヶ月後である。親しい顔とは妻の顔だったかもしれない。

この時期彼はまだ個人主義を標榜し、他者との対立を強めていたが、この対立の中で他者の存在は、切迫の度合をいっそう強めながら、同時に変容しようとしていた。他者は輪郭と人格を失い、この変容によって存在の場の連環の中へ滑りこんで来る。この場は、あらゆる存在をそれ自身の外へ引き出し、同一性を失わせるから、無名性を本質とする。するとこの本質は今度は、変容してゆく他者を見つめる啄木をとらえ、同様に無名と化さしめようとする。彼は不快と怒りを覚えるが、抵抗することはできない。

無名性へのこの変容は、当然文芸の分野にも波及する。前出四二年一一月の「食ふべき詩」で、彼が詩人は普通人でなければならぬという時の「普通」は、この無名性から来ている。四三年五月には、やはり中絶した彼の最後の小説「我等の一團と彼」で、中心人物高橋に、〈僕は僕の運命に極力反抗してる。僕は誰よりも平凡に暮らして、誰よりも平凡に死んでやらうと思つてる〉という印象的なせりふを言わせている。これまたあらゆる特別性を拒否し、無名性を本質とする存在の場へ自身を投げいれようとする試みである。

そう書いた一月後の四三年五月、大逆事件が発覚する。啄木は〈恐らく最も驚いたのは、かの頑迷なる武士道論者ではなくて、實にこの私だつたでせう〉(大島宛書簡、四四年二月)と書き、社会主義から無政府主義へと「国家」の存在を問いながら、その消滅を夢想しはじめる。他方彼の「自意識」もまた解体と流動の過程に入ろうとする。この時あの存在の場は、両端の桎梏を開放し、際限のない空間となって、自由な活動性を獲得しようとする。この開放の啄木の側からの過程を、四三年六月までは、評論から日記書簡までのさまざまの著述のうちに探り得る。しかし以後、それらに替わって前面に出てくるのは、彼の文芸、ことに歌である。自意識を焦点とする国家を含めたすべての解放作業の実践を言うならば、それは彼の文芸の実践のうちに見られる。それは文芸においてのみ実行され得た。ここに彼にとっての文芸の絶対的な意義がある。

5　詩的表出の行方

日常生活において私たちは、自分一人についての簡単な意識があれば十分に用を足してゆける。けれども、この限定された意識が自身の根拠を求めながら、存在の全体を見ることへ導かれてゆくことがある。啄木が辿ったのはこの過程だが、重要なのは、この過程が彼が文芸上の表出に影響を及ぼし、重なり、のちにはこの表出の過程として実践されるようになったという点である。一体化は、単に素材やイデオロギーを取りいれることによってでなく、表出意識の構造自体を変えてゆくという根底的な様態によって実行される。

啄木の文芸上の活動は、小説、短歌、詩など多様な形式にわたっているが、それらを総称して詩的表出と呼ぶとして、彼の姿が右のように見える限り、彼の詩的表出をただ自意識の問題としてのみとらえることには不満が生じる。たとえば国崎望久太郎は、先に引いたように、自我、主体、実存を同質のように考えるため、自意識が自らを越え出てゆく契機をとらえられない。彼は〈けれども啄木の実存志向は、最後には、自然と私的領域の中に閉塞される。あるいは解放される〉[*15]と書く。彼の言う実存は私的なものにすぎない。したがって、あの開放された存在の場は見出だされず、詩歌解釈において、整合性がある場合には思想が取り出され、それ以外の場合には曖昧な実存概念が持ち出されるだけである。歌に関する彼の結論は次のようである。〈小説における人生の全面的追求が断念され、あるいは断念を強制された文学者にとって短歌は「便利な詩形」にすぎなかった。現実の追求より、現実からの回避や逃避としての回想が主導的な力になって、彼の発想を開いていった〉。これにはもっとも重要な点が捉えられていない。

加藤悌三の『石川啄木論考』についても事はほぼ同様である。彼の言う「自己」の概念も最後までその限界を出ることがない。その結果、彼の場合は、もっとも重要であるべき歌の解釈の不能を明瞭に露呈している。〈歌は二義的であった。まっとうに求めるところが求めがたい時の、なんらかの代償行為であった。……こうして「いのちの一秒」、それを「ただ逃してやりたくない」という、身内の全てに表現を与えないではおれぬロマンチシズムがかれの口を開かせた〉[*16]。なるほど啄木は、歌の二義性を繰り返し述べている。だが啄木の述べる歌のこの性格は、もっと複雑な様相の上に置かれており、それをどう受けとるかについては、慎重でなければならない。

もうひとつ、福田恆存の短い評論「近代人啄木」は、題名の示すように、啄木の歌を、近代の徴たる自意識を根拠として詠まれたものとし、イデオロギーを不用意に混入させる弊をまぬがれている点で、今でも重要さを失わない。彼は〈啄木の本質は――いひかへればかれにとつて短歌といふジャンルがむりであつたといふ事実の眞相は――かれがまことに近代的な意識派だつたといふことのうちにある〉[*17]と述べる。しかし啄木の近代的な意識は、敗北の過程も含めて、以下に見るように、何よりも歌の詠出の構造の変化に見られるのであって、その意味では福田はポイントを外している。

おそらく存在の問題も、社会思想の問題も、詩の問題も、根本では少しも違ったものではない。重要なのは、これらの間を横断できる位置に立つことだ。自意識を越え出ることは、そこへ達するひとつの経路にすぎない。どれほど複雑精妙であれ、単なる自我の告白ならば、誰が興味を持つだろう？　他のもろもろの事象へ相渉ってゆく契機があればこそ、読者も溯ってこの個人に手を差し伸べることができる。啄木の詩歌が、あらゆる読み方を許容して読まれ続けているのは、この契機があればこそである。

啄木の創作はさまざまの形態をとったが、試みられた順序からすれば、歌と詩がほぼ同時で、小説は少し遅れ、ある時期それらは並行して実践される。だがまず小説が放棄され、そのあと残ったのは詩と歌だが、最後まで残ったのは歌である。力を注がれた点から言えば、小説、詩、歌の順だと言えるかもしれない。文学史的な常識では、彼は詩人としてささやかな評判を得、小説に転じたが成功せず、生活に追われるはざまで作った歌で名を残した人である。

けれども、彼の自覚的な文学活動が始まった四一年以降に、彼の詩的な探求がどう動いていったかを知ろうとする時には、小説、詩、歌の順序で検討することができよう。この時期に限れば、それはほぼ彼の試みの順序である。まず小説だが、彼は〈散文の自由の國土〉(「食ふべき詩」)を求めて、小説を試みる。明治三九年から四三年の間にいくつかの作品が残されている。私たちはそれらをどう読むことができるだろうか。通読してみて、中絶しているという点を別にしても、やはり一、二を除いて習作の域を出ていないと言うほかない。「雲は天才である」や「鳥影」には、浪漫主義の残滓と言うべき自己陶酔が目立ち、主人公と作者は未分離で、作者は自分を相対化できていない。また自然主義の影響下に書かれた「天鵞絨」や「赤痢」では、自己陶酔は影をひそめていくらか成功していると見えるものの、物語を動かす理論が外から持ちこまれたものであるせいか、登場人物は類型を出ていない。この類型性は「道」においても残っている。最後の「我等の一團と彼」は、小説としてはたぶん最上で、そして前節で引用したような印象深い一節が書きこまれているが、そこでも登場人物と作者の関係は安定していない。こうして彼の小説の試みは、象徴的なことだが、大逆事件の直前に終わる。

こうした作品から何かを取り出すには、慎重さが必要だろう。深読みに陥りかねない危険があるからだ。読み進んでゆくと、確かに、彼の試みが求心的となり、問題のありかを少しずつ触知し、文体が緊張し、いわば上達してくるのがわかる。けれども「我等の一團と彼」さえも中途で投げ出されたということは、啄木と小説という形式の間に、何か合致しえないところがあったことを示しているように思われる。そして詩や歌の試みは、この失敗を踏み台にして別方向に向けて開始される。それはどんな方向だったか?

啄木の小説で主人公が相対化されていないとは、彼が自己を現実の中へ投げいれることができなかったことを、また類型を脱し得なかったというのは、主人公を現実の中で検証することができなかったことを意味する。総じて啄木の小説には、現実との接触の未熟さがあり、この未熟さを啄木自身に明らかにしたところで途切れる。ちょうどそこで小説の役割は終わったかのようである。彼の生来の資質は、他者と現実の方へ身を寄せてゆくというよりは、それらを自分の方へ引き寄せて問うというものであった。彼にとっては、自分に還帰してくる意識が第一の問題だった。この点からすれば、彼が自然主義に帰一できなかったのは当然であり、また当時の状況では自然主義的なものとしてしか考えられなかった小説という形式に合致できなかったのも、当然であった。彼はいわば小説に対する距離をはかりかねてとまどい、このとまどいを自分に対する問いへと転化しながら、四一年から四三年にかけての困難な時期をくぐり抜ける。

この還帰してくる自己についての意識をとらえる役割をまず担ったのは詩である。外側へひろがってゆくよりは内在的な稠密さに向かう詩の言語は、この役割により合致していた。啄木の詩作は、ほぼ三つの時期に区分することができる。作品でいえば、第一期は詩集『あこがれ』（三八年）、第二期は「心の姿の研究」（四二年）、第三期は「呼子と口笛」（四四年）である。刊行されたのは最初のものだけである。この変遷は、形式上では、文語詩、口語詩、そして文語と口語の混合脈という変化を示し、思想的な関心と対応させれば、象徴主義、自然主義、社会主義の名に結びつけることができよう。第一期の『あこがれ』は、有明や泣菫の模倣であり、あえて言えばそこに啄木の資質を見出だすことはできるが、それ以上の意味は見出し得ないというのが定説となっている。その通りであろう。この時期は意外に長く、詩集刊行後、北海道時代を経て、「明星」に発表したものにまで及んでいる。問題はまず、象徴詩の影響を受けたこれらの詩作が「心の姿の研究」に変わろうとするところに、現れる。「心の姿の研究」と「ローマ字日記」やノートに見られるいくつかの詩篇が、小説上の自然主義や、そこから派生し詩壇の自然主義として開始された御風らの口語自由詩の運動から影響を受けていたことは間違いない。彼の考えは、前出「食ふべき詩」の中の〈實人生と何等の間隔なき心持を以て歌ふ詩〉、また〈現在の日本に生活し、現在の日本語を用ひ、現在の日本を了解してゐるところの日本人に依て歌はれた詩〉といった部分に明瞭である。詩作は小説執筆と並行してなされたが、当時の啄木を動かしていたのは、自己に集中してくる意識と彼の力の及ばないところで切迫の度を増してくる現実の間で、どうにかして均衡をとりたいという願望であった。小説は失敗したが詩はどうだったろうか？　この詩集の冒頭には、「夏の町の恐怖」と題された作品が置かれていて、次のようである。

八百屋の店には萎《な》えた野菜。
病院の窓の窓掛《まどかけ》は垂れて動かず。
閉された幼稚園の鐵の門の下には
耳の長い白犬が寝そべり、
すべて、限りもない明るさの中に
どこともなく、芥子《けし》の花が死落ち、
生木の棺に裂罅《ひび》の入る夏の空氣のなやましさ。

口語自由詩というのは、単に表現技法上の問題ではなかった。言語的な構成物として一応の密度と自律性を持つにいたった象徴詩は、逆に思想としては強固なものを持たなかっただけに、そのまま口語に移し替えられるだけでは、詩は単なる行分け散文に堕してしまうほかなかった。それがこの時期の自由詩の実態であり、啄木はその危険をよく承知していた。だが現実に応じるために詩の口語化が必須だとすれば、この拡散を切り抜ける方法が見出されなければならない。吉本隆明は、啄木はこの危険を、詩の意味の流れを内的に統一することで乗り越えたと述べている(「啄木詩について」[*18])。それは私たちが自意識の作用と考えてきたものを指している。啄木は、口語による拡散を、発語者へのより強い意識の集中によって緊張させようとした。右の「夏の街の恐怖」では、病によって過敏になった心理に対して、不安を掻き立てる事物を連ねることで、それらを見つめる発語者の存在を浮かびあがらせる。あるいはもう一つの詩篇「起きるな」では、やはり倦怠に満ちた光景を描きながら、〈起きるな〉という突然の呼びかけによって、その背後にこの光景を感受している詩人の存在を明らかにする。

ではこの口語詩の試みは、なぜ継続されなかったのだろう?「心の姿の研究」のあと、わずかの例外を別にすれば、一年半の空白がある。そして次に来るのが、文語脈にのっとった詩だとすれば、この間には失敗と転換があったと考えねばなるまい。彼はたしかに、口語を詩語とすることの不可能、とまで言わないにしても、その困難を知ったのである。時代からして口語はまだ未成熟であった。同じ時期彼は、散文の実験としての小説も止めている。口語詩の失敗はまた、自然主義の屈折と啄木個人の小説の失敗とも通底している。彼の自意識は現実以前のところで空転し、口語と散文は彼の現実に正確かつ十分に応じることが出来なかった。

この失敗から、彼の詩の最後期の作品群である「呼子と口笛」が始まる。彼はすでに大逆事件を見ており、そのことは社会主義移入期の青年たちという素材を提供している。けれども基本的な問題は、それらがどのように表出されているかというところにある。よく知られている「はてしなき議論の後」は次のように始まる。

われらの且つ讀み、且つ議論を闘はすこと、
しかしてわれらの眼の輝けること、
五十年前の露西亞の青年に劣らず。
われらは何を爲すべきかを議論す。
されど、誰一人、握りしめたる拳《こぶし》に卓をたたきて、

「V NAROD!」と叫び出づるものなし。

口語的な文語脈というのは、必ずしも象徴詩まで後退したということではなく、当時の状況で言えば、彼も一時所属した「スバル」の半ば定型的な詩形式への接近である。それは現実そのものとしての口語という彼のかつての志向からすれば、後退の一面をまぬがれない。だが半ばであれ文語脈を選択したとは何を意味しているのか？　彼は定型に依拠することによって詩的な世界を持続させようとしたと私には見える。現況では、口語の未熟さのために現実は捕捉されえず、逆に詩語は現実によって簡単に越えられてしまう。詩的な世界は四方八方から侵入を受け、壊滅する。それを押し返すために、彼は定型を必要とした。「はてしなき議論の後」や「ココアのひと匙」における変型を含んだ七・五調や反復句の使用は、たしかに詩形として安定し、当時の啄木の心的状況を一瞬定着させて魅力を持つ。この安定は、一見弱々しい内容を持つと見える他の詩篇にも見ることが出来る。

しかし、このことを反対側から見れば、彼の表出意識がこうした定型に頼るほかないほどまで崩壊しかけていたということでもある。「呼子と口笛」の諸詩篇を啄木の全過程の中に置く時、このような敗北が見えてくるのを否定できない。敗北は、一方では「激論」や「墓碑銘」に見られるように、観念が詩的な緊張を欠いてそのまま露呈する事態を引き起こし、他方では「家」や「飛行機」でのように、失われていく自己に対する哀惜に近い抒情となって現れた。歌は詩におけるこの屈折を、かなりの程度までスプリングボードとしている。

6 『一握の砂』

文学活動を開始した啄木が最初に選んだ形式は歌であった。以後中断はあるが、生涯を通じて彼は歌を作り続け、最後の文学形式も歌であった。このことは、彼の文学をもっとも基本的に担ったのが歌であったことを示している。しかし、彼にとってのこの基本をなす文学の形式は、奇妙な様相を見せている。彼が歌を自分の主な仕事としたのは、小説と詩の失敗のあとだったし、その時でも彼は歌に価値を認めなかった。歌は余技だと彼が言っているのは事実である。けれども彼は歌を作り続け、今日彼が読まれるのはまず歌によってである。この矛盾は何を示しているのだろう?

彼の全過程の中で歌を眺める時、その位置が特異なものであることがわかってくる。私たちは先に、啄木の表出意識の背後に存在意識があるのを見たが、後者はただ前者の内容となるといったものではなく、前者の形式を左右するほど密接な関係のうちにある。これについては、いくつかの例を検証してきた。「ローマ字日記」での国字からローマ字へという表記法の変化は、告白すべき自己がないという彼の存在意識に動かされていた。また詩における文語から口語を経て混合脈へという変化も、現在の国語によっては自分の考えが表現できないという意識と呼応していた。では同様のことが、小説、詩、歌という形式間の変遷にも見出だされるのではないか?

小説の試みの最後は四三年六月であり、いわゆる啄木短歌と呼ばれるものが本格的になるのは、同年三月からである。そこにはある種の交替が考えられる。私の見るところでは、小説は自意識の限界から出られなかったが、歌はすでに〈一望坦として際涯なき戦場〉(「島田君の書簡」)に足を踏みいれている。大逆事件以降、そして『一握の砂』刊行前後というように焦点を絞ってゆけば、そのことはより明瞭になる。詩と歌の関係はこれほど分かりやすくはない。「心の姿の研究」から「呼子と口笛」の間で詩作が欠落しているからだが、前者は四二年一二月、後者は四四年六月に書かれ、この間の変化は、かなりの部分で『一握の砂』から『悲しき玩具』への過程に対応している。歌はこの時期、詩における経験をより深め、この深さによって詩での敗北を違ったものに変えている、と私には見える。

要するに歌という形式は、啄木にとっては、存在意識ともっとも密接に絡みあったものであった。ひとつには、彼はこの形式に熟達していたからである。詩が泣菫・有明の模倣から始まったとすれば、歌は晶子の模倣から始まったが、彼はこの形式を完全に掌握していた。

〈予が自由自在に駆使することのできるのは歌ばかりかと思うと、いい心持ではない〉(「ローマ字日記」、四二年四月)と彼は言う。いい心持ではないとしても、彼は歌を自由に扱いえたのである。こう書いた日、彼は七十首のヘナブリ歌を作っているが、いい心持でないというのは、むしろ、そんな歌の中にも彼の存在意識が何らかのかたちで露呈してしまうことへの不安だったに違いない。もうひとつには、この詩形の短さが、存在意識の変化に即応しうるものだったことである。〈そうさ。一生に二度とは帰つて來ないいのちの一秒だ。おれはその一秒がいとしい。たゞ逃がしてやりたくない。それを現すには形が小さくて、手間暇《てまひま》のいらない歌が一番便利なのだ。實際便利だからね。歌といふ詩形を持つてるといふことは、我々日本人の少ししか持たない幸福のうちの一つだよ〉(「一利己主義者と友人との對話」、四三年一一月)と彼は主張する。

歌の詠出と存在意識が密着しているということは、存在意識が強い変化におちいった時、歌の詠出として現れ出るというかたちをとる。啄木生前の唯一の歌集である『一握の砂』の中に収められることになる作品に関して検討するなら、時期としてはもっとも早い四一年六月に、彼は爆発的というべき詠出を経験している。この月の二三日夜、彼は突然歌興に襲われ、明方までに五五首、二四日午前中に五〇首を詠む。二五日の日記に彼は次のように書いている。〈頭がすつかり歌になつてゐる。何を見ても何を聞いても皆歌だ。この日夜の二時までに百四十一首作つた。父母のことを歌ふの歌約四十首、泣きながら〉。この時の歌の中には、彼の歌でもっとも良く知られた、〈東海の小島〉〈たはむれに母を背負ひて〉〈己が名をほのかに〉等がある。だが注目すべきは、右の日付が、彼がメンタルテンペストと名づけた時期にあたること、おそらくはその開始を告げる日付であることだ。

『一握の砂』がほぼこの六月の経験から始まっていること、しかも実際にこの時の詠出である〈東海の〉の歌を冒頭においていることは、存在と歌の関係が自覚されていたことを示している。右の引用中の〈頭がすつかり歌になつてゐる〉という告白は、先に引用した「島田君の書簡」中の〈寧ろ僕自身が問題其者だ〉という告白とともに、啄木がすべてを一体として感受するあの存在の場にはいろうとしていること、この同化は歌の詠出として実現されようとしていることを示している。精神的な危機と歌の合致の経験は、以後姿を変えて幾度か反復されるだろう。

その『一握の砂』を読むためには、二つの方法がある。ひとつは個々の歌を詠出の過程にしたがって辿ることであり、もうひとつは歌集として作者の編集の意図によって読むことである。これら二つの方法は、補完し合いつつ、この時期の啄木における詩のあり方を明らかにしてくれる。

歌集は、四一年六月から四三年一一月までの作歌約千五百首の中から五五一首を収録しており、現在ではそのほとんどの詠出時期が明らかにされている。桂孝二の研究（『啄木短歌の研究』[*19]）によれば、右の作歌時期は、四二年五月から四三年三月の啄木がほとんど歌を作らなかった十ヶ月の空白を含んでおり、それによって前後二期に分けられ、二つの間にかなりの差異が見られる、という。前期は、今見た爆発的な詠出を含んでいるけれども、ほとんどは捨象され、詠まれた数が千首にのぼるのに対し、採録は九四首である。後期については、四四二首の作歌に対し、三二八首が採録される。しかもそれらのうちの多くは、歌集出版の決まった四三年一〇月以降に詠まれたものであり、その数は、全体の半ば近い二六一首に達する。ここにも爆発的な詠出の例を見ることができる。すなわちこの歌集の重心は、四三年の秋にある。また歌風からすれば、前期には、巨大なものに対する無力や敗北を表明したものが多く、怖る、死、泣く等の語が目につき、技法的には空想や誇張が多い。これらの特徴は、浪漫主義の名残りを示している。これに対して、後期の歌からは右のような感情過多な語が影をひそめ、対象を直截に指示する語が使用されはじめる。題材の上では、市井の平凡な生活と心情に着目するようになり、固有の歌風が成立してゆくのが見てとれる。発表媒体については、前期が歌会、すなわち題詠により、「明星」「スバル」等専門誌に出されたが、後期は主に朝日とか毎日とかの新聞によった。それは文学至上主義が消えていったことに呼応している。また愛唱されることの多い回想歌は、ほとんど後期の作である。

今度は『一握の砂』を歌集として眺めよう。この歌集は「我を愛する歌」「煙」「秋風のこころよさに」「忘れがたき人人」「手套を脱ぐ時」の五章で構成されている。今井泰子がこの構成を綿密に分析している（『石川啄木論』[*20]）。それによれば、第一章一五一首は、章名の示すように、生活の中で押しつぶされてゆく自己への哀惜、第二章一〇一首は、中学時代、さらに幼年時と渋民時代の追憶、第三章五一首は、序言にあるように不安を越えて新しい方向を定めかけた四一年秋の〈紀念〉、第四章一三三首は、北海道時代の回想、そして最終章一一五首では、再び自分の現在を見つめることへ戻ってくる。すなわち作者の意図は、彼の現在から発想し、想像と回想の世界をめぐり、最後にはもう一度自身の上に帰ってくるよう歌集を構成することにあった。回想歌とは、しばしば言われるように感傷や逃避の歌ではなく、表出意識の循環を支えるひとつの方法である。回想歌が四三年一〇月に集中しているとすれば、それはこの時期に啄木がこの回路を強く感じていたことを示す。またこの回路は、歌集の構成においてだけでなく、いくつかの水準で周到に反復されている。回想を歌う各章は、冒頭に視点を過去に移すための導入の歌、末尾に意識を現在に引き戻すための結びの歌を配している。さらにいくつかの歌では、たとえば〈砂山の砂に腹這ひ／初戀の／いたみを遠くおもひ出づる日〉に見られるように、ひとつの歌の中で視点が現在から過去へ、そして再び現在へというように移動し、回路は凝縮されている。

両者の指摘は適切であると私は思う。詠出の時期から見た啄木の歌は、内的な集中と、それとは相反するはずであった対象把握を両立させようとしている。この変化は、想像的なものと現実的なものとを接続させる回路を形成する。想像的なものは、自己に固着しないという意味で対象的なものであって、この回路は本当は、対象をめぐる想像的な回路と言うべきである。こうした様態は、明らかにこの時期の彼の存在意識のありようから来ている。彼の自意識は唯我論的でなくなり、他者の存在を視野の中へ繰り入れ、社会へと身を開こうとしている。けれども問題はまだ先にある。

啄木は四三年秋に、短い間をおいて、歌に関する二つの論考を残している。すでに引用した「一利己主義者と友人との對話」（四三年一一月）と「歌のいろいろ」（四三年一二月）であるが、これらは書かれた時期から見て、「一握の砂」の最後期、つまり中心をなす部分に照応すると考えられる。前者で彼は〈人は誰でも、その時が過ぎてしまへば間もなく忘れるやうな、乃至は長く忘れずにゐるにしても、それを言ひ出すには餘り接穂《つぎほ》がなくてとうとう（ママ）一生言ひ出さずにしまふといふやうな、内から外からの數限りなき感じを、後から後からと常に經驗してゐる〉と語る。このあとに、先に引用した、この感覚がいのちの一秒であり、それをとらえるには歌が一番便利だという一節が続き、〈おれはいのちを愛するから歌を作る。おれ自身が何よりも可愛いから歌を作る〉と言い切る。この命の一秒は、後者では〈刹那《せつな》々々の生命を愛惜する心〉だと言われている。それは、内からと外からとを問わず、さまざまな感覚が奔出する瞬間なのだ。

その時何が起こるのか？　彼の自己は内側で凝固していることから外の世界へ向かって解き放たれ、一方外の世界は自己という垣根を越えて彼の内側へ侵入してくる。有効性の時間は停止し、消えてゆく自意識の背後からあの際限のない存在の場が現れる。その動きこそが彼の「いのち」であり、歌に乗せられなければならない。自己の解体として実現されるこの瞬間を、彼は失われる自己への愛惜としてとらえ、抒情はそこから生まれる。回想や想像とは、この開けてくる場所をめぐるための方法である。だがその根底には、存在することの経験があるのを見逃してはならない。

『一握の砂』に戻ろう。目につくことのひとつに、「ふと」という言葉、あるいはそれに類する思いがけなさや、突然の心の動きを表現した歌が多いということがある。これらの言葉や表現は、通常は閉じ込められている啄木の心情が、ある時不意に、外界の事物の方へ動くところに発せられる。いくつかを抜き出してみる。

いたく錆びしピストル出でぬ
砂山の

砂を指もて掘りてありしに

はたらけど
はたらけど猶わが生活《くらし》樂にならざり
ぢつと手を見る

病のごと
思郷のこころ湧く日なり
目にあをぞらの煙かなしも

馬鈴薯のうす紫の花に降る
雨を思へり
都の雨に

手套を脱ぐ手ふと休《や》む
何やらむ

こころかすめし思ひ出のあり
新しきサラドの皿の
酢のかをり
こころに沁みてかなしき夕《ゆふべ》

これらの歌の中で何が起こっているのだろう？　彼の心情は、嘱目の事物に一瞬とどまり、集中する。すると彼の心情は、この事物に応じることで明瞭なかたちをとり、また事物の方は、彼の心情を委ねられて新しい姿を見せはじめる。だがそれだけではない。このようにして彼と事物の間に生じた心理的なこの流動性は、連想を重ねながら、拡大される。流動性は磁力を帯び、遠方へと波及しはじめる。こうして形成される流動する空間こそ、あの存在の場にほかならない。彼の自意識は、自分の限界を越え、事物をめぐりながら存在一般を経験し、再び自分に帰ってくる。このような回路がより明瞭に見えるのは、前期の歌よりもやはり後期の歌においてである。そこでは回路はおおむね安定を保ち、回想や感傷を含んで「文学」としての豊かさを作り出している。右の引用は、彼の方法をよく見せているという点から選んだものだが、最初の一首を除いて後期の作である。これらを含めてこの時期の歌が、啄木の歌の中で最上の作品、すなわち彼の文学作品全部の中で最上の作品であろう。

しかし、自己の存在と存在そのものが一致するという、この頃の彼の存在の様態は、本物だったろうか？　彼が獲得した歌の方法は確実で揺るぎないものだったろうか？　たとえば次のような歌がある。

見てをれば時計とまれり
吸はるるごと
心はまたもさびしさに行く

夜の二時の窓の硝子《ガラス》を
うす紅く
染めて音なき火事の色《いろ》かな

皮膚がみな耳にてありき
しんとして眠れる街の
重き靴音

マチ擦れば
二尺ばかりの明るさの
中をよぎれる白き蛾のあり

これらの歌は、啄木の不安な心情がかたちをなすことを求めて事物をとらえようとするところに発語された、という点では、先の引用と同じである。けれども今回の引用においては、事物に委ねられた心情は、啄木に帰還してはいないように思われる。彼の自意識は、思いがけず現れた事物からの呼びかけに応じて出立し、出会いまではするが、そこで道を失って戻ってくることができない。あるいはただ跳ね返される。それとも、〈また〉と書かれているように、一度は戻ってきても再び誘い出され、今度は戻ってこない。外へ出ていった啄木の想像的な意識は、どこかで途切れかけているようだ。〈音なき〉と書かれているが、本来の存在の場は、活動を本質としているから、静かであれ沈黙という音に満ちているはずではないのか？〈靴音〉は皮膚に吸収されるが、反応を起こさず、一瞬捉えられた〈蛾〉の色も、次の瞬間、闇に奪われてしまう。これらの歌はすべて後期のもので、しかも最終章、すなわち、意識が再び自己に帰着しているとされる章の中に見出だされる。だがこれらの歌の中で、想像的な意識は、もしかすると、消えようとしているのではあるまいか？『悲しき玩具』はこの方向上に現れる。

7 『悲しき玩具』

明治四三年は、成人後の啄木において唯一安定した年であり、おそらくそのことが『一握の砂』を背後から支えている。しかし、その年の一〇月四日に生まれた長男は、月末には死亡する。一二月に歌集が刊行されるものの、暮れには、〈生活の不安は僕には既に恐怖になった〉（宮崎宛書簡、一二月三〇日）と書いて、友人に援助を申し込むようなありさまになる。明くる四四年の一月には大逆事件の判決が下り、刑はすぐさま執行される。啄木はその内実を知っている。二月になると彼は発病し、それは一年後の死に結びつく病である。土岐哀果と雑誌「樹木と果実」――〈「時代進展の思想を今後我々が或は又他の人が唱へる時、それをすぐ受け入れることの出來るやうな青年を、百人でも二百人でも養つて置く」これこの雑誌の目的です〉と平出修に書いていた（四四年一月二二日）[*21]。――を企てるが、印刷の前金を持ち逃げされて失敗する。内外の状況は、破滅の様相を呈している。では彼の歌はどうだったか？『悲しき玩具』は彼の第二歌集だが、死後の出版であり、歌稿ノートをそのままに一九四首を収める。したがって、別のところで発見され、死の直前の作と考えられる冒頭の二首を除いて、[*22]作歌順という構成をとっている。そこからはじまって、二つの歌集間の差異については、いくつかの点を指摘できる。目に見えるところから言えば、三行書きの問題がある。短歌は万葉以来、一行書きを基本的な表記法としてきたが、周知のように『一握の砂』は、三行分かち書きという形式をとっている。例外は別にして、この表記法を意図的かつ持続的に行ったのは、土岐哀果の『NAKIWARAI』（四三年）が初めてである。この歌集はローマ字表記を採用した点でも特異だが、著者の哀果は啄木が共に雑誌を出そうとするほど親近を感じた人物であり、彼がこの友人から三行書きの方法を学んだことは間違いない。「一利己主義者と友人との對話」（四三年十一月）で、彼は次のように言う。

昔は何日の間にか五七五、七七と二行に書くことになつてゐたのを、明治になつてから一本に書くことになつた。今度はあれを壊すんだね。歌には一首一首各異なつた調子がある筈だから、一首一首別なわけ方で何行かに書くことにするんだね。

正確に言えば、『一握の砂』の歌は発表時には一行書きの表記であり、歌集編纂に際して三行書きに改められたものである。だが『悲しき玩具』の作は、発表時から後者の形式をとっている。すなわち、詠出自体がこの形式に則っておこなわれる。すると、並行していくつかの変化が起きる。ひとつは句読法の問題である。一行書きにおいては句読法は行われない。『一握の砂』の場合は、書き直しただけであるから、やはり句読法は行われていない。けれども『悲しき玩具』においては、句読法が意識して行われはじめ、ほかに長線や感嘆符等が使われ、また三行の頭が単純に揃えられるのではなく、どれかが一字分下げられたりする。さらに、たぶん右のことと通底しているのだが、韻数律を破ったもの、すなわち破格の歌が前著に比してかなり目につく。その数と度合は増加し、四四年六月頃の段階では、歌と言えないほどのものがある。内容については、回想歌と言えるものが四首とはっきり減少する。用語の面からは、文語にかわって日常的な言葉と表現が増える。実は右の引用に先立って、啄木は次のように言っている。

とはいふものの、五と七がだんだん亂れて來てるのは事實だね。五が六に延び、七が八に延びてゐる。そんならそれで歌にも字あまりを使へば濟むことだ。自分が今迄勝手に古い言葉を使つて來てゐて、今になつて不便だもないぢやないか。成るべく現代の言葉に近い言葉を使つて、それで三十一文字に纏りかねたら字あまりにするさ……。のみならず五も七も更に二とか三とか四とかにまだまだ分解することが出來る。歌の調子はまだまだ複雑になり得る餘地がある。

翌月の「歌のいろいろ」（四三年一二月）でも、彼は同じことを主張している。この改変は、『一握の砂』の段階では、短歌革新運動とか生活短歌運動とか解され、一部の人の共感を得た。確かに新たな局面が開かれている。だが、それだけだったろうか？　何が起こっているのだろう？　言えるのは、歌い出すための律動がおそらく啄木の内部で変わっていったということだ。『一握の砂』に比較して『悲しき玩具』の歌は、一般に痩せ細り、抒情を欠き、不安定だというのが拭いがたい印象であろう。歌われているものごとは、あまりに直接的で生々しく、歌の中で十分成熟していない。彼が自分で編集していれば、捨てられたかもしれない歌がまじっているとしても、かなりの歌は読者の想像力を刺激しない。あるいは想像を働かせる余地を与えない。増えはじめた破格の歌は、円滑さを欠き、新しい韻律の発見というよりは韻律の崩壊を感じさせる。これらのことは「成功」というよりは「失敗」をあらわす徴候というべきであろう。

律動とは何か？　それは先に見た存在の運動、すなわち自意識を溶解させて他者と世界へと通底させるあの存在論的な場の持つ不断のゆらめきのことである。啄木はこのような場が「利那」において現れるのを見、「歌」によってそれをとらえたが、それは歌が短小で便利だからというのと同じくらいに、伝統によって定型化されたその律動が、存在の場の律動に、少なくともその最初の段階においては、よく合致し得ていたからでもある。〈頭がすつかり歌になつてゐる。何を見ても何を聞いても皆歌だ〉という告白を思い出そう。彼は歌の律動に身を委ねることで、存在の運動を表現することができた。この幸運な一致は『一握の砂』の安定を保証している。

けれども、この存在の場の構成は、四三年の終わり頃から変化しはじめる。ひとつは「国家」の側からの問題である。大逆事件のあと、社会主義から無政府主義へというかたちで啄木が国家の廃絶を考えようとした時、実際の国家はどうだったか？ 彼は前述のように、平出修を通じて一般には隠されていた事件と裁判の内実を知りはじめるが、そこから覗き見られた国家は、廃絶されるどころか、これまでにまして強力で、成員の意志などに頓着することなしに、それ自体の論理を押し進めてゆく体のものであった。さらにそれは国外にまで波及し、韓国併合に至る。啄木は〈地圖の上朝鮮國にくろぐろと墨をぬりつつ秋風を聴く〉という歌を作るが、これは『一握の砂』には収録されない。

国家の廃絶は不可能であり、ただ夢想にとどまるほかないことが明らかになってくる。そのことは運動を本質とする存在の場にとっては、もっとも重要な部分が停止し凝固しはじめたことを意味する。すなわちこの場の開放はあり得ない。すると、いったんはこの開放を信じ得た啄木の存在意識は、跛行しはじめる。ついでこの麻痺状態は彼の自意識にも及んでいく。彼の自意識はもはや、おのれを越え出て事物や他者との交感を経て再び自己に還帰してくるという回路をめぐることができない。この回路は、遠いところから来る麻痺によって柔軟さを失い、脆弱になり、うまく接続し得ないものになってしまう。外へ出た意識は立ち止まらざるを得ない。私たちはその前兆を『一握の砂』に見た。この度合が進むと、意識は事物に固着し、いわばそのまま枯死してしまう。あるいは出会うことすらできなくなる。

『悲しき玩具』の中にも、『一握の砂』でと同じように、ひろがりを持ち成功作とみなし得るものがたしかにあるが、そのひろがりは小さく、数は少なく、大勢として私たちを印象づけるのはそうでない歌である。ここでは後者のみを取り上げる。ただそれらの歌のすべてではないにしても多くは、ただの失敗作というよりは、彼の本質的な失敗をよく表し得ており、その意味では成功作と言えなくもない。このような作品のあることが、啄木に対して関心をそそられる理由である。

家を出て五町ばかりは
用のある人のごとくに
歩いてみたれど——

いつまでも歩いてゐねばならぬごとき
思ひ湧き來ぬ、
深夜の町町。

彼の自意識は、固有の領分から出立はするが、もはや自分がどこへ向かうかを知らず、また自分が帰るべきところも知らない。『一握の砂』では、〈淺草の夜のにぎはひに／まぎれ入り／まぎれ出で來しさびしき心〉あるいは〈曠野より歸るごとくに／歸り來ぬ／東京の夜をひとりあゆみて〉というように、帰還はあり得た。けれども今や、いったん出立した彼は帰還し得ない。これら二首は冒頭にあるが、以後を暗示しているように見える。同様のことは事物を前にしても起こる。

考へれば、
ほんとに欲しと思ふこと有るやうで無し。
煙管《きせる》をみがく。

青塗の瀬戸の火鉢によりかかり、
眼閉ぢ、眼を開《あ》け、
時を惜めり。

引越しの朝の足もとに落ちてゐぬ、
女の寫眞！
忘れゐし寫眞！

起きてみて
また直《す》ぐ寝たくなる時の
　力なき眼に愛《め》でしチユリツプ！

これらの歌は『一握の砂』と共通する方法によって構成されようとしている。すなわち、ある任意の事物をとらえ、そこに意識を集中することによって想像力を活性化し、かたちを与えようとする。しかし今回、この方法はうまくゆかない。最初の歌では、彼の意識は煙管にむかったまま力を失くしてしまう。彼の願望は明瞭にならない。そして煙管の方が彼の意識を支配する。これは倒錯である。第二の歌でも同様に、火鉢がとらえられはするが、それは想像を促さない。時は無意味に流れるだけだ。第三の歌で彼は、自分の心情をかきたてるように写真という言葉を繰り返すが、かつての回想歌のように思い出が湧き出てくるということはない。第四の歌では、彼の意識はチューリップにむかい、たしかにそれに触れはするが、そこで停止している。そこからどんな空間も拡がらない。これらの事物は、『一握の砂』でならもっと違った作用を行い得たのではないか。たまたま『一握の砂』と同じ事物を主題とした歌があるので比較してみる。

よごれたる手を洗ひし時の
かすかなる満足が
今日の満足なりき。

あたらしきサラドの色の
　うれしさに
箸とりあげて見は見つれども――

先に引用した〈はたらけど／はたらけど猶わが生活樂にならざり／ぢつと手を見る〉と〈新しきサラドの皿の／酢のかをり／こころに沁みてかなしき夕〉と並べてみると、違いははっきりしている。同じ「手」でも、『一握の砂』の「手」はその背後にある生活感情を浮かびあがらせたが、『悲しき玩具』の「手」は、「満足」を無意味に反復させるだけで、硬直したまま、想像を拡がらせない。「サラド」は、前者では「酢のかをり」を介して「かなしみ」と分かちがたく結びついていたが、後者では「見つれども——」で終わってしまい、感情らしきものがかき立てられても、すでに方途を失っている。

この停滞はなぜだろう？　たしかに啄木の想像力は衰弱の徴候を示している。衰弱はどこから来たのだろう？　啄木個人に全責任を帰することはできまい。単に「国家」の存在が強力にすぎたというだけではなく、他方で彼を援助すべき日本近代の文芸、基本的にはその言語が未熟であったことは、言わねばならない。存在の運動が見えはじめた時、彼がまず試みたのは詩であった。彼は彼の時代の日本語を用いて詩を書こうとした。けれども口語自由詩は、行分け散文に堕すほかなかった。彼はどこからも示唆を与えられることなく、文語脈へ後退せねばならなかった。また彼が歌を選んで、新しい調子を盛るために内側から定型を破ろうとした時、歌の言語は、新しいかたちへむかって変容してゆく力を欠き、かえってこの調子を受けとめかね、それを毀ち、失わしめた。存在の場において啄木は無援であり、この場は、彼においては、開かれると同時に閉ざされていったのである。

存在の場のこの動向は、啄木においてはその歌の中にもっともよく表されたが、問題は単に文芸のみでなく、もっと広く当時の日本の時代的な動きと深く関わっていたと言うべきである。明治四〇年代のはじめ、日本の社会は封建体制から近代的な資本主義体制へと大きく変動する。この変動の中で、たしかに「国家」はいったん揺らいだのである。その時時代は一瞬その奥底を、すなわちすべてのものがひとつの関連のうちにあり流動するという事実を露呈する。啄木は歌を作ることの中で、この一瞬を感受した。そして今度は、自覚的に歌によってこの一瞬をとらえ返そうとした。彼は、詩的な表出の力を、この一瞬の底から浮上してくる社会と存在の運動に合致させようとした。この試みの価値はけっして無視されるべきではない。だが時代の方は、彼一人の努力よりはるかに強力であり、国家を再び定立させ、社会を秩序だて、あらゆる流動性を排除しながら、存在の場を閉ざしていった。この閉塞に抗すべき武器は、彼にとっては言語以外になかったが、その言語は脆弱というほかないものであった。

では啄木の歌は何だったのだろう？　存在の場が、ついに本当は一度も開放されたことがなかったとしたら、彼の歌はすべて誤解の産物だったのだろうか？　成功は錯覚にすぎなかったのだろうか？　いやそうではあるまい。あり得べき存在の場を仮構し、それを信頼し、そこで行為してみせること、それが詩的な言語の力であるに違いない。だが、ただこの力を信じただけならば、この力はいつしか空転し、空疎なものに変質していくほかなかったろう。それをついに虚偽に終わらせないためには、逆説的なことだが、この仮構された場の仮構性を、自ら敗北することによって明るみに出してみせねばならなかった。この崩壊だけは、少なくとも事実であり、何がしかの根拠になり得るからである。啄木はたしかに、このような逆説を、歌という取るに足らぬ断片の中に残したのである。

制作順に並べられた『悲しき玩具』を読んでゆくと、多少の行き戻りと、時に思いがけない充実を見せる歌を介しながらも、大筋ではいったん獲得された律動の自由さが次第に萎縮してゆく印象を受ける。だが一箇所のみ、いくらか持続して輝きの回復を思わせるところがある。それはうしろから三分の一ほどのところにある故郷の閑古鳥を歌った、次のような四つの歌である。

いま、夢に閑古鳥《かんこどり》を聞けり。
閑古鳥を忘れざりしが
かなしくあるかな。

ふるさとを出《い》でて五年《いつとせ》、
病《やまひ》をえて、
かの閑古鳥を夢にきけるかな。

閑古鳥！
澁民村の山荘《さんさう》をめぐる林の
あかつきなつかし。

ふるさとの寺の畔《ほとり》の
ひばの木の
いただきに來て啼《な》きし閑古鳥！

全体の中で回想歌と見なし得るのはこれらだけである。私たちは先に、回想とは単に追憶であるのではなく、想像力のひとつの方法であるのを見た。とすれば『悲しき玩具』のこの時期に、短期間にしても想像力が繰り広げられるということがあった、と考えられる。これらの歌の中で、たしかに閑古鳥にむかって想像力は生起している。これらが作られたのは実は四四年の六月である。そしてこの月に彼は、これらも含めて四七首を作っている。健康な時ならばともかく、発病以後では異例の多さであり、それだけで歌集の四分の一の量を占める。しかもこの六月は、「呼子と口笛」の諸詩篇が書かれた月でもある。おそらくこの時、啄木の想像力は最後の炎を掻き立てていたのである。

想像力が掻き立てられたとは、彼の存在意識に動きがあったことを推測させる。この時期における彼の詩と歌の関係には興味をそそるものがある。詩は口語詩の実験から文語脈へと方向を転じる。その理由を私たちは、詩的な世界の構成を定型によって支えるためだと考えた。ところが歌はこの転換を逆にしているように見える。彼は四二年一二月に「心の姿の研究」を書いた後、四三年三月に歌作を再開しているが、この時彼が歌という形式を採用したことには、のちに「呼子と口笛」を文語脈で書いたのと同じ理由があったのかもしれない。つまり詩的な世界を定型によって――文語詩よりも歌の方がより強力な定型であろう――支えようとしたのである。けれども歌のこの定型は、破壊にさらされることになる。これについて啄木は、歌がまだ複雑になり得るためだと言い、私たちは逆に、それを律動の崩壊だと見たが、この時期の彼の全体を見ればどちらも正しい。あの存在の場は、一方でさらに開放されようとし、一方でどうしようもなく閉ざされようとしていたからである。同様に、詩の定型化とともに歌の内部からの破砕も、この両面を示している。詩はこの場をどうにかして保持しようとし、歌はより拡大しようとしたと言える。そこに現れた閉塞と開放の二つの力は、せめぎあいながら拮抗し、ほんのひととき啄木に想像的な空間をもたらしたのである。

しかし、このひとときを最後の頂点として、啄木の過程ははっきりと衰弱の側に傾く。彼は詩はもう作らない。歌については、七月は高熱のため詠出なく、八月には一七首を作り、最後の一首の上の句の五文字を書きつけて歌稿ノートを終えている。ただ前述のように、哀果によって編集された歌集には、死後発見された二首が収録されている。それらは冒頭に置かれているが、実際はノートをやめた九月以降、おそらくは冬になっての作らしい。ひとつは次のようなものである。

眼閉《めと》づれど
心にうかぶ何もなし。
　さびしくも、また、眼をあけるかな。

この歌は、さしてすぐれたものとは思えない。だが私たちに語りかけてくるところがある。この歌はたぶん、「はてしなき議論の後」の、〈されど、誰一人、握りしめたる拳に卓をたたきて、／'V NAROD!' と叫び出づるものなし〉という反復句《ルフラン》と通じあっている。民衆の中へ、とは社会主義云々よりも、他者と社会の方へということ、すなわち自己の限界を越え出てゆくことを意味している。詩の中では、この呼びかけは、それを現実化する道はすでに見失われているものの、まだ力を漲らせていた。

それに対して、『悲しき玩具』で、病床にある啄木にとって、存在の場は凝固し、自由な交感は失われ、自己はただ自己であることの中に押しこめられている。眼を閉じてもどんなものごとも浮かんでこないとは、想像を馳せるべき領域がすでに閉ざされ、失われていることを示している。思い出も、嘱目の事物も、彼に語りかけることなく、彼の意志もまたそれらに働きかけるということがない。しかし同じ閉塞の状態を語りながら、わずか半年をへだてて、歌はなんと力を欠いてしまっていることだろう。私たちはそこに、四五年四月一三日の死にむかって、彼の文芸と存在が文字通り搔き消されようとしているありさまを、まざまざと見ることができる。

＊1　本論考での啄木の著作からの引用は、『啄木全集』（全十六巻、岩波書店、一九六一年）による。参照先は題名のみで示す。

＊2　啄木の批判の背後には、長谷川天溪――啄木の友人でもあった――の意見表明と変化がある。天溪はま

ず次のように言う。〈されば若しも吾人が眞に自由を求めむとならば、先づ戯論を離れ、理想界を去ると同時に、一切の道徳的法則を破棄しなければならぬ。換言すれば此の有りの儘の現實に立脚して思索せねばならぬ。佛に遭へば佛を殺し、祖に会へば祖を殺す底の覺悟を固持するに非れば、吾が心の獨立自由と確實なる人生觀とを作ることは出來ぬ」(「論理的遊戯を排す」、四〇年一〇月)。この自己主張者は一年後、国家について次のように述べる。〈各個人の自我は、此の國家主義を抱いて、而も現實とは何等の衝突をも見ぬ。我れ等は日本人であるから、日本々位の種々なる運動や、思想と、必ず一致しなければならぬのである。乃ち此の自我を日本帝國といふ範圍まで押し擴げても、毫も現實と相離れ、或は矛盾するやうのことは無い〉(「現實主義の諸相」、四一年六月)。『島村抱月・片上天弦・長谷川天溪・相馬御風集』、明治文学全集第四三巻(筑摩書房、一九六七年)一七二ページ、二〇三ページ。

＊3 『昭和維新試論』(朝日新聞社、一九八四年)。第六章「樗牛と啄木」、第七章「明治青年の疎外感」、第八章「戊申詔書」などの記述を参照した。

＊4 夏目漱石は事件の四年後の大正三年の「私の個人主義」で、個人主義が国家主義を〈打ち壊す〉もののように受け取られているのは間違いだと言い、〈国家的道徳というものは個人的道徳に比べると、ずっと段の低いもののように見える〉という補足を付けつつ、〈各人の享受するその自由というものは国家の安危にしたがって、寒暖計のように上がったり下がったりするのです。……国家が危うくなれば個人の自由が狭められ、国家が太平の時には個人の自由が膨張してくる、それが当然の話です〉と述べる。『漱石文明論集』(岩波文庫、一九六八年)一三三ページ。この違いは、漱石の方が年長でより広く世界を見ていたためだろうか?

＊5　国崎望久太郎『啄木論序説』、以下の引用は、日本図書センター、一九九二年、の版で、二四二ページおよび二四五ページ。

＊6　今井泰子『石川啄木論』（塙書房、一九七四年）四二一ページ。

＊7　「ローマ字日記」からの引用は編集部の翻字による。

＊8　長浜功『「啄木日記」公刊過程の真相―知られざる裏面の検証』（社会評論社、二〇一三年）八三ページなど。

＊9　四一年七月一一日の日記ではすでに〈萬葉集を讀む。あるかなきかの才を弄ばむとする自分の歌が悲しくなつた〉とも書いている。

＊10　明治四三年八月――啄木の「時代閉塞の現状」の執筆と同じ月にわずかに先だって――に発表されたこの論考で、折蘆は、〈今日のオーソリティは早くも十七世紀に於てレビアタンに比せられた國家である、社會である〉と指摘している。明治文学全集第五〇巻『金子筑水・田中王堂・片山孤村・中澤臨川・魚住折蘆集』（筑摩書房、一九七四年）三〇五ページ。

＊11　啄木の元禄回顧批判については、論中に「元禄」の語は二度しか出て来ないし、作家の名前も引かれていないなど、十分展開されたものだとは言えない。だが〈其祖先が一度遭遇した時代閉塞の狀態に對する同感と思慕とによつて、如何に遺憾なく其美しさを發揮してゐるか〉などの箇所を読むと、北村透谷の「粹を論じて『伽羅枕』に及ぶ」以下で行われた紅葉と露伴に対する批判を思い出す。

＊12　「所謂今度のこと」では、〈二千六百年の長きに歷史に養はれて來たある特殊の性情〉とも言われている。

＊13　吉田孤羊『石川啄木と大逆事件』（明治書院、一九六七年）によれば、次のような経緯がある。「明星」を主催していた与謝野寛には、この事件で逮捕された者たちの中に大石誠之助をはじめ数人の知人があり、その弁護のために、当時「スバル」の責任者で弁護士でもあった平出修に弁護を依頼する。平出は鷗外から無政府主義・共産主義について教えを受ける。彼は書類を裁判所から持ち帰ることがあったが、その一つである幸徳秋水の「陳辯書」を、啄木は四四年一月三日に借り出し、三日かけて書写している。鉄幹は、幸徳秋水らの処刑の三月後「大石誠之助の死」を書いている。徳富蘆花の講演「謀叛論」は、二月一日である。

＊14　次の引用も含めて、この断章を読む毎に私は、透谷の『罪と罰』の殺人罪」のラスコリニコフの犯罪の記述が錯乱、調子外れ、撞着をおこしていることを指摘する箇所と、一葉の「にごりえ」でのお力の出奔の場面での空間の揺動の記述を思い出す。

＊15　国崎望久太郎『啄木論序説』、前出、二〇〇ページ。次の引用は二五二ページ。

＊16　加藤悌三『石川啄木論考』（啓隆閣、一九七三年）三三五ページ。

＊17　福田恆存「近代人啄木」、『石川啄木集』（明治文学全集第五二巻、筑摩書房、一九七〇年）収録、引用は三七七ページ。

＊18　『吉本隆明全著作集』、第七巻（勁草書房、一九六八年）三五六ページ。

＊19　桂孝二『啄木短歌の研究』（桜楓社、一九六八年）『「一握の砂」私論』による。

＊20　今井泰子『石川啄木論』（塙書房、一九七四年）第Ⅳ章一「啄木の世界」による。

＊21　この後は次のように続く。〈我々は發賣を禁ぜられない程度に於て、又文學といふ名に背かぬ程度に於て、

極めて緩慢な方法を以て、現時の青年の境遇と國民生活の内部的活動とに關する意識を明かにする事を、讀者に要求しようと思つてます。さうして若し出來得ることならば、我々のこの雜誌を、一年なり二年なりの後には文壇に表はれたる社會運動の曙光といふやうな意味に見て貰ふやうにしたいと思つてます〉。

＊22　歌集を編纂した土岐哀果のあとがきによる。『石川啄木集』（明治文学全集第五二巻、筑摩書房、一九七〇年）六八ページ。

Ⅱ　混沌から詩《ポエジー》へ

歴史はいかに現れるか――武田泰淳『司馬遷――史記の世界』と「蝮のすえ」

1　街頭で

私は、自分の存在というものについて考え始めた時、それをあるゲームになぞらえていたことを思い出す。そのゲームというのは少年向きか、もっと小さな子供向きの雑誌によく載っていたクイズの一種で――本当にそんなものがあったかどうか今では心許ないが、私の心に思い浮かぶのはともかく次のようなものである――白いページの上にたくさんの黒い点がばら撒かれていて、ひとつひとつに番号が付してある。そして番号の順にか、あるいはどこか欄外に加えられた指示に従って黒い点を結んでゆくと、犬とか花のかたちがあらわれる。自分の存在とはこんなものだと私は考えた。特徴とか性格とか言われるもの、たとえばどの色が一番好きだとか、あれこれのことをする能力があるとかないとか、そのような判断をひとつずつつないでゆくと一人の人間のかたちが浮かびあがってくるというわけである。だが私はそのように作られてくる自分というものを信じることができなかった。特性というものは他人の世界との交渉の結果生じるものであって、自己の固有の力を根拠にして作られたものではない以上、信を置くことはできない、と思われた。で私はこのゲームを逆にすること、つまり私を規定する輪郭のひとつひとつを引き剝がしてみようと考えるに至った。そうすれば、そのあとに純粋な私というものの姿が明らかになると考えたのである。

それは化学の実験のような作業だった。操作はほとんど客観的なものだったからである。またそれは楽しい作業でもあった。ひとつの判断を覆えすたびに見知らぬ私が現れたからである。しかし、半ばを過ぎる頃からこの仕事は不安な影を帯びはじめた。当初その理由は私にはわからなかった。しかし、いったんはじめたことは途中でやめるわけにはゆかなかったし、また逆にこの不安に好奇心をくすぐられたこともあって、それをつきとめるためにも行けるところまで行ってみなければならなかった。そしてある日不安の意味が明らかになった。言ってみればそれはらっきょうの皮を剝いていった猿と同じ経験だったのである。私は輪郭を失くした。それは取りも直さず、私が自分の存在を失くしたということであった。今になってみれば良くわかる簡明なことだが、およそ存在するものはかたちを持つのだから、かたちを持たないとは存在しないことであった。自己の解体ということについては煩雑な概念操作を必要としない。性格や個性についての反省という簡単な経験で足りたのである。

この結果私は自分が存在しているともいないともつかぬ不確かな状態におちこんだが、今述べたいのはこの状態のあれこれの様相ではなく、それが思いもかけぬ方向から照射され別の展開をすることになったという経緯である。展開は六八年から六九年にかけての騒乱状況、つまり、個人的なものにすぎないと信じられた私の実験とは一見相反する、社会的な経験によってもたらされた。

この時期について強い思い出として残っているのは、何かひりひりするような感覚、つまり触れたまま平然としていることはできぬものに、ほとんど無理強いされて接しているような感覚である。たとえてみればそれは、擦過傷によって露出した皮膚の神経が、外側からの刺激に過敏に反応する時の感覚のようなものだった。加えるに、あたかもこの反応のように内側から突き上げてくるところのある抑えがたい衝動が常に働いていたことが記憶に残っている。ひりつくような感覚とは、催涙ガスにさらされた眼の痛みから来ていたのかもしれない。突き上げてくるような衝動とは、探照燈の中から浮かび上ってくる鮮明なコントラストの光景を見ようとした視力の強さから来ていたのかもしれない。そのほとんど盲目的な力に押されるようにして、私たちは街を駈けたのである。私たちは口を開けば対立する意見を述べたてたが、このような力が作用していることについては、暗黙のうちに共通の了解を持っていたように思う。

しかし当時の私は、この感覚や力について十分理解することはできなかった。それらはごく短い期間しかあらわれなかったし、その後私たちは、戻ってきた日々の生活に追われて、それらを忘れてしまったからである。私がこの感覚の意味を知り得たと思うようになったのはずっとあとのことで、再び個人的な経験をくぐることを通してである。先に言ったように、最初二つの経験は相反するように見えたが、それらがある日共鳴し重なり合うのを私は次のように感じた。

個人的な経験について述べることに戻りたい。自分は存在しているともいないともつかぬ状態に陥ったと書いたが、この曖昧な状態はしばらく続いたのち、新たな段階へと進むことになった。つまり理の当然として存在しないことの方へ踏み込んだのである。この時表裏をなすもうひとつの出来事が起きる。それは私の側からすれば輪郭であるところの防禦壁が取り払われたことによって外側の世界が私のうちに雪崩れこんだというべき出来事である。けれども私にとってはるかに重要な発見となったことはこのあとに来る。つまりこのように切迫してくる世界に抗うかのような力が、すでにかたちをなくしてしまった私のうちに生起したのである。自分の存在を消去することを死と見なすならば、この力はそれに反抗するところの生の力だったに違いない。こんなふうにそれは生理的とも見えるほどの動きだったが、その確かさを私は疑うことができなかった。

しばらくの間私はこの力を観察していたが、ある時あの騒乱の中の盲目的な力のことを思い出したのである。この二つの力は良く似ているように思われ、次には同一であると見え始めた。そして異なった経験から導き出された二つの力が重合することによって、両者の経験は有機的に結合され、ひとつの全体を出現させるように感ぜられた。

まず二つの力の同質性について検討したい。二者を共通させるのは無名性とでも言うべきものだった。私個人について言えば、個性というものを取りはずしていったのだから、ゆきつく先は誰でもあり得るという意味での無名性であったし、他方騒乱状態について言えば、私たちはあの頃旧来の価値観や制度に疑いと批判の目を向けたが、価値や制度は時代や社会にとっての個性のようなものであり、それらが疑われたとは、一瞬の間でも、また仮説的にでも、時代が無名性の状態に還元されたことだった、と言える。ある批評家はこの時代を、自己確認の不可能な何者でもない者たちが大量に出現した時代だと言った[*1]が、この把握は正しかったと思う。

このことは私には、個人的な経験が拡大されて時代の経験に合致したというよりも、二つの経験の一部が融合することで、それぞれの経験が固有性を保ちつつ有機的に結合された、というふうに感じられた。時代の側から言えば、社会的な解体現象はもはや自分は何者でもないという諸個人の決意によって裏打ちされ、個人の側から言えば、自分を無名と化してしまうことは、私的な行為であるにとどまらず、ある必然性を持つ共同的な経験であるということの証明だったからである。

私に関して言えばこの融合はもっと重要な意味を持っていた。先に述べたように、私は私を消去することの底から発して人を生へと促す力を、ほとんど自然的なもののように感得したが、もし経験がこの範囲に限られていたら、この力を、たとえば私が私であることによるものというような同語反復的なとらえ方しかできず、悪しき神秘主義に堕してしまっていたことだろう。このような頽廃から私を救ったのは、この力は単に個人的なものであるのではなく、共同的で時代的な動きから来ているものでもあるという直観だった。私という個人と歴史とをつなぐ回路が通じて、この力に従うことで、私は個人の問題からより広い全体を眺めうる視座に出ることができ、逆に共同の経験を通じて見出だされたあの力を同じ回路によって私の側に導き、自分のあり方に新しい活力を加えることができるように思われた。

とはいえこの二者の相互変換の様相を摑むことは容易ではない。二つを媒介する無名性は力としてあらわれるが、力とは動くところのものであり、動くものは常にとらえようとする手を逃れるものであるからだ。時代の中にあらわれたあの無名性と動く力がたちまちのうちに見失われてしまった事実は、この困難をあらわしている。しかし、以後、この重合と変換という出来事は私の関心事となり、私はこの関心から文学を眺めることになった。そして幾人かの作家のうちに類似の出来事が起きているのを見出だした。今はそのうちの一人について語りたい。それは武田泰淳（一九一二―七六年）の場合である。

2 『司馬遷――史記の世界』[*2]

『司馬遷――史記の世界』（一九四三年）は戦争中に書かれ、武田の一方の代表作としてしばしば論評されてきた。その読み方は、この書を武田の自己告白として読むものが多い。冒頭には〈司馬遷は生き恥さらした男である〉という一節がある。これはもちろん司馬遷が匈奴に降った李陵を擁護して宮刑に処せられたことを指しているが、その指摘中に、武田の他の作品に共通して見られる、生きていることについての後ろめたさの感覚を読み取ろうとするのである。この読み方は誤ってはいまい。けれども私には、『司馬遷』の中には作者の個人的な告白よりももっと強力に押し進められた別の試みがあると思われる。それは歴史の理論を見出だそうとする試みである。そしてこの観点に立つと『司馬遷』は奇妙な書物だと見えてくる。この書には捩れがある。著者はそれを自覚していなくはないが、統御するには至っていない。

捩れはこの書が書かれるままに起こり、そのまま投げ出されたという印象を与える。たとえば竹内好が〈作品分析からもう一度創作動機に立ちかえる寸前に力つきて評論の筆が折られている観がある〉(「武田泰淳著『司馬遷』解説」[*3])と言う時、同じ箇所を指していると思われるが、私の見るところ、内実は竹内の言うものとは異なる。捩れとはいったい何なのか? またそれはどうして起こったのか?

『史記』を論じるにあたって、武田には明瞭な目的意識と原理的な把握があった。この著書は第一篇「司馬遷伝」と第二篇「『史記』の世界構想」の二部で構成され、この歴史家の評伝とその著作の分析からなっているが、後者の冒頭で、彼は次のように言う。

その歴史は「世界」に関するものであった。それを書きつづることは「全体」を考えることであった。「全体」を考えると云うことの意味、「世界」を考えると云うことの意味、困難なかでも困難な意味が、こうして二千年前に明かにされたのである。

歴史家である以上、対象は世界であり、それは歴史の全体として現れてくる。この全体を捉えたい。それはどの歴史家にとっても夢である。武田はまずそのことを確認する。しかし、この願望が明らかになるや否や、困難もすぐさま見えてくる。歴史の全体はあまりに巨大かつ多様で、そのままの姿で把握することは、一人の歴史家には不可能である。だから何らかの方法がなければならない。司馬遷におけるこの方法意識について、さまざまに考察をめぐらすことが、武田の最初の仕事であった。彼が司馬遷に見出だしたのは、ある種の置換によって世界を集約してゆくという方法であった。それは次の一文によく表されている。

世界の歴史は政治の歴史である。政治だけが世界をかたちづくる。政治をになうものが世界をになう。「史記」の意味する政治とは「動かすもの」のことである。世界を動かすものの意味である。歴史の動力となるもの、世界の動力となるもの、それが政治的人間である。政治的人間こそは「史記」の主体をなす存在である。政治的人間は、世界の中心となる。

簡略に言えば、世界の歴史とは政治の歴史であり、政治の歴史とは政治的人間の行跡であり、政治的人間とは世界の中心にいる人物のことになるという転化である。並行してその中枢に「動かすもの」つまり動的な力があらわれてくる。だからこの転化は、この動的な力をより明瞭にしていくことでもある。この後者の姿は、政治における転化ほど、見えやすくはないが、それと常に同伴している。だからまずは、前者を追跡しよう。

この転化は様々に補うことができる。たとえば〈政治的人間もまた「人間」〉であり、〈政治的人間は独立する個人となる〉と言われている。しかし重要なのはいたずらな精密化よりも、方法の意味を取り出すことだ。武田は水準をひとつずつ繰り下げながら、全体を一点に収斂させてゆく。当然ながら、この一点は中心として現れてくる。そしてこの中心は武田によれば個人である。この個人の上には全体の運命が委ねられてくることになるが、ために彼は帝王となる。だから帝王の行跡を記すこと、すなわち「本紀」を書くことが、世界の歴史を記すことになる。〈「世界の中心」になるごく少数者の一生を書きつづることが、歴史家にとって必死の業である〉というのが、武田によって見出された司馬遷の結論であり、それが彼の具体的な仕事となる。

これは歴史のもっとも集約的でもっとも透徹した把握である。全体から一人の個人に至るまでが、連続的な転化によって有機的に関係づけられているからだ。しかし、司馬遷の、というよりは武田のものにほかならぬこの世界観は、冒頭に明示されながら、そのあと少しずつ変わってゆく。先に言った『司馬遷』の奇妙さはこの時始まる。この変化こそこの書のもっとも注目すべき点であると私には思われるが、私の知る限りでは十分検討されたことはない。

変化は幾つかの相にわたって観察することができる。第一に目につくのは、先の方法の根幹とも言うべき「中心」をめぐる変化である。歴史とは中心に存在するところの帝王の歴史であって、武田は〈司馬遷は世界の中心は人間であること、しかもその人間は天子であり帝であること、帝とは優れた個人であること、性格を持って生きた「個人」であることを、堂々と宣言した〉と書いている。優れた個人、性格を持った個人とは、あの動的な力を備えた人格のことであろう。この時代、個人たり得るのは、このような人格のみである。

だが、「本紀」を書き終えて「世家」に移ると、この中心という考えが次第に成り立たなくなってゆく。なぜなら「世家」とは諸侯の歴史だが、諸侯のいる世界とは、〈並立状態〉の世界であるからだ。そこでは唯一の中心はあり得なくなっている。

ついで年代史である「表」を経て「列伝」に至ると、中心が曖昧になるこの傾向はいっそう強められる。武田は「列伝」を書く司馬遷について〈世界の中心を信じなくなってからは、司馬遷は……〉と言う。司馬遷が世界に中心があるということを信じなくなってゆく、と彼は認めるのだ。「列伝」は名を残した英雄豪傑たちの伝記だが、司馬遷の描き出す彼らついて、〈英雄豪傑は世界の動力である。世界の中心に近づき、それを守り、又それをおびやかすものである。彼らは世界の亜中心であり、次中心である〉と述べられる。彼らは世界の動力を分有し、それぞれが自分の中心を構成する。彼らは亜中心または次中心となる。亜中心あるいは次中心とは、もはや正当な意味での中心ではない。その分、彼らは世界の本来の中心の絶対性を揺るがしてしまう。彼らの興隆によって、中心の存在は次第に拒否される。〈世界の中心が信ぜられず、「世家」の伝統も重んぜぬ世界は、英雄豪傑の世界である〉と武田は言う。

英雄豪傑の世界とは、本来の中心が消失した世界である。武田の追跡には明らかに変化が見られる。

歴史を担う者のこの変化――拡散――は、その性格の変化を伴う。それは非政治化とでもいうべき変化である。存在そのものが政治的であった帝王についての叙述から、政治に関与するところの存在である諸侯についての叙述、そして思想人としての伯夷や孔子についての叙述という辿り方にこの変化が現れている。〈思想的人間も結局は政治的人間である〉と言われはするが、強烈だった政治意識が薄められてゆく感があるのは否めない。英雄豪傑の「列伝」とは、存在がそのまま政治的であった帝王的人格の物語ではなく、政治に接触することのあった非政治的人格の物語である。

もうひとつ個人というものの意義をめぐる変化がある。個人とは帝王の場合では、先ほどに見たように性格を持って生きた個人であり、それを描き出し定着することが歴史家の仕事だった。それが「世家」を経て「列伝」に至る時、個性の色彩は弱められてゆき、人物たちは、無名性を帯び始める。たとえば刺客は、後で見るが、権力者に近づいた時のみ英雄豪傑となるのであって、彼らの本来の姿は無名の人間である。

これらいくつかの変化は、見たところ単に『史記』の構成を辿ったにすぎないもののように見えるが、推測すれば、それは武田が二千年前の『史記』の意味を彼自身の時代にまで引き寄せる方策だったのではないだろうか。たとえば非政治化という相について言えば、戦後の一九六〇年になって彼は『政治家の文章』（岩波新書）を著して、戦後日本の政治状況の把握を試みるが、そこでは政治家の行為は単に私的な性格や思考の現れでしかなく、『史記』での帝王たちのように、世界と拮抗し、それに取って代わるほどの重要さが見出されるということがない。政治的であることで世界と等価となるというあり方は、もはや不可能なのだ。同様に非中心化は、拡散してしまって焦点不明となった彼の時代の社会を、非個人化は、同じく時代の大衆社会状況を視野のうちに繰りいれるための展開であったようだ。

武田の中にはたしかに、彼自身の時代からの問いかけがある。ではこの現代からの問いは『史記』のうちにどんな解答を発見したのか。解答へ至るひとつの段階は、「世家」を論じることから「表」を論じることにかけての部分にあらわれる、「持続」についての考察に窺うことができる。武田は最初、〈史記的世界は、決して持続を許さない世界である〉と言う。十二の「本紀」が必要だったように王朝ですら交代するのであるならば、そして諸侯や豪傑とは現れては消えるものであるならば、なおさらのことである。王朝の持続を願うと、それがむしろ破滅と切断を見出だしてしまうことを司馬遷に従って検証しながら、けれども武田は、この変転極まりない世界を不思議な方法で捉え返す。持続は個別的に考えれば不可能である。しかし彼は〈史記的世界では、持続は空間的に考えられている〉のを見出だす。つまり、持続は複数あるはずだが、それらが個別に切断されるとしても、空間的につまり包括的に捉えられるならば、全体的には持続が保持されていることが見えてくるのだ。〈個別的な非持続は、むしろ全体的持続を支えている〉のである。そしてこの全体的持続は〈絶対持続へ行きつく〉。持続というのはある種の絶対なのだ。

この推論の中で、個別性ではなく歴史としての全体性が再び現れる。そして再び現れたこの全体性は、絶対持続でもあると言われていることから分かるように、今度はより強力なものとなっている。このような全体性こそが歴史なのだ。この歴史は絶対的に持続するものとして現れてくるのであり、この性格によって別な現れ方を促す。それはこの歴史が誰に対してでも出現可能なものになる、という変化である。ただし、無条件でほしいままに現れるということではない。歴史は無名の人間を捉えることがある、ということだ。歴史は、ある特異な一点で現れる。その現れ方がよく見えるのは、たとえば「列伝」中の刺客と匈奴についてで書かれた部分である。刺客についてはすでに触れたが、詳しくは次のようである。

「刺客」とは何か？　突如として現れ、忽焉として没する者である。彼等が歴史に接するのは、武器を手にして権力者に近づく、その一瞬時である。曹沫が匕首を執って斉の桓公を劫《おびやか》した時、専諸が魚腹中より匕首をとり出して王僚を制した時、その時だけが歴史的瞬間である。彼等はその瞬間のため英雄豪傑となり得た。その瞬間によって歴史に参加した。刺客は一瞬の行為によって英雄豪傑となる。だが、彼の本質は無名性なのだ。ここでの書き方は一見、英雄豪傑となることに重きを置いているように見えるが、本当は反対で、武田はただ無名の人間が不意に歴史と接触してしまうありさまをとらえたかったのだ。刺客たちは確かに歴史に参加するが、名を残すか否かは偶然の不要事にすぎない。けれども、この一節にあらわれた無名性と歴史の関係は、ある意味で均衡を失している。というのは歴史に接しそれを受けとめる人間の方は無名の人間であるのに、歴史の方は、権力者の姿をとって中心の像を保持しているからである。だが次のところで、この統一性を持った歴史の像は崩壊する。漢に背いて匈奴に降った二人の将軍についての記憶を辿りながら、武田は次のように述べる。

要するに匈奴は、もう一つの世界なのである。今まで英雄豪傑が世界の中心をおびやかした例は多かった。それがここでは、その中心を離れ、他の世界へ移るのである。匈奴あればこそ漢と戦い、匈奴あればこそ身を亡ぼした。漢世界を逸脱し、漢「本紀」漢「世家」から転落した英雄豪傑は、ついには他の世界へ運動をのばして行く。

中心に関して言えば、かつてそれは襲撃を受けて破壊されたが、今回は外側へむかってひきずり出されて、なしくずしにされる。非中心化の過程はいっそう進められる。その結果、世界は漢の世界ひとつではなくなる。漢の世界は、匈奴の世界からの磁力によって揺るがされ、相対化され、混沌へと変容し、より大きなものへ合流していく。そして世界のこの変貌に伴って、かつてそこを駈け抜けた人間の姿もいっそうの還元を受ける。〈ついには他の世界へ運動をのばしてゆく〉とは、無名性から身を起していったん英雄豪傑となった人間が再び無名性へと帰着し、その本来の姿をより強めて活動するようになることを示唆する。

最初に提示された整序された世界がこの時変容しようとしていることは、容易に見てとれるだろう。全体は中心を失い、英雄豪傑たちは無名の人間となる。そして歴史を動かすものとして帝王たちが保持していた力は、帝王たちを振り払いながら、絶対持続となる。持続は遍在する力であって何かに固着しないことによって、無名性と呼応する。だから歴史の動きとはもはや帝王の交代のことではなく、世界が構成されては解体するこの循環の回路、持続の力が検証されるこの変容の過程のことだ。

しかし、この変容の過程の追跡は『司馬遷』においてはまだ完全ではない。冒頭で述べた中絶感はこの不十分さから来ているのだが、それがどのようなものであるかが、今明瞭になる。

この中絶の先にあるものをとらえるために、私たちは二つの段階を推測する。最初に混沌と化した世界に対する無名の人間という構図が成立せねばならない。これまでのところ、匈奴を論じることにおいて、世界が混沌に帰するところまでは追跡されている。他方人間の側は、匈奴の部分においてもまだ英雄豪傑としての行為であり、この場合の世界の混沌としたあり方に正確に呼応するようなあり方、つまり無名の人間が遍在する歴史の力に触れ、行為しながらも無名であり続ける、というような姿は十分にとらえていない。最後に欠如しているのはこの様相である。

この構図が完成したならば、これまでとは大きく異なった動きがあらわれるだろう。私たちはしばしば、歴史と人間を、相対立するもののようにとらえてきたが、本当のところ歴史とは人間が作るものにほかならず、つまりこの対立は人間の共同性と個体性の交点であったにすぎない。だとすればこれらの二者の間に、共に人間の問題であるという点を媒介として相互に転化しあう構造があるはずだ。つまり個体の意志と動きが何らかの仕方で積算されて歴史の動きとなり、逆に歴史は思いがけない方法で個体の内にその意志と動きを問いかけてくるというように。そして歴史は、帝王の命運のみによっては表現され得ず、無名の無数の人間の上に負荷されて現れてくる。それが『司馬遷』が導き出そうとする瞬間である。それは古代的な歴史の関心の外に逸脱した瞬間にちがいないが、武田にとって重要な歴史の現代的意義を明らかにする瞬間となるであろう。
武田が残されたこの問いに答えることになったのは、私の見るところでは「蝮のすえ」（一九四八年）によってである。たぶん敗戦という経験と小説という形式が彼に必要だったのである。敗戦は、漢帝国に対する匈奴問題がそうであったように、日本という国家の崩壊のあとに他なる世界を見出だして世界の混沌をいっそう促進するために、そして小説は、もはや英雄豪傑になり得ない無名の個人を動かすものを内側から観察するために、である。

3 「蝮のすえ」[*4]

「蝮のすえ」は次のような告白から始まる。

生きてゆくことは案外むずかしくないのかもしれない。

この種の見解は第一章の中にいくつか見出だすことができる。主人公は続いて〈戦争で敗けようが、国がなくなろうが、生きてゆけることはたしかだな〉と呟き、〈私はもはや理想もなく、信念もなく、ただ生存していた〉と考える。ことに最初の一節は、「蝮のすえ」を論じる時には必ずといっていいほど引用され、この作品の主題を明瞭に示す例証だとされる。良きにつけ悪しきにつけ、あらゆる規範から解放された生の根本的な姿が冒頭から簡潔に提示されていて、それが武田の主張だとするのである。けれども、この読み方は正しくない。少なくとも十分ではない。歴史についての武田の考察を辿ってきた私たちは、主人公のこの姿が『司馬遷』の最後の段階に照応しているのを見ることができる。だがそれは「蝮のすえ」においては開始の地点なのである。

まず照応について見てみる。日本という国家が存在したとは、秩序が整えられ、中心が存在していたことを意味する。この中心は天皇であろうが、それはこの場合比喩的な意味しか持たない。ただ中心へ集束する力はすさまじく、それは権力を構成し、戦争として実行されていた。だから敗戦とはこの中心化されていた世界が解体したことである。同時に中国というもうひとつの世界があらわれ、全体はますます混沌としたものとなる。そしてこの全体の荷重は、選ばれた人間としての政治的指導者の上にだけでなく、敗戦国民としてのあらゆる日本人の上にものしかかってくる。すると彼らはこの荷重によって被っていたすべての衣装を削ぎ落とされる。失った最大のものは国家意識だが、喪失はもっと個人的なものにまで及ぶ。主人公は理想も信念も恥もなくす。するとそこに次の引用のように〈ただ生きている〉というありようが現れる。それは人間の存在がもっとも無名なものへと還元されたことだ。この無名性は、混沌と化した世界との間であやうく均衡を保っている。〈ただ〉という表現はこのあやうさを簡潔に示している。

良く言えば拮抗状態、悪く言えば微温的な停滞状況だが、その中に変動が起こる。歴史が、どんなかたちをとろうとも、持続の力によって動くものであるとすれば、停滞は打ち破られるはずだからだ。この変動がとらえられたのは、まず第一に「蝮のすえ」の中でである。私が武田に関心を持ったのはこの触知があったればこそだったが、それが同時にこの作品の本当の主題である。

しかし今日は自分が立っている位置がハッキリ、生まれてからこの方経験しないほどハッキリ認知された。自分がその位置に生きて立っている以上、私はゼロになることはできなかった。私はただ生きているだけだと考えていた。しかしただ生きているだけにも、その形式と内容はかならずあるものであった。(中略)私は自分がゼロになるのを拒否する人間だという発見に驚いた。そして冷水の中に坐り込んだような特別の緊張を感じた。殺されるかもしれない、殺されても仕方がないのだ、といつか自分に言いきかせていた。瞬時にして、私は自分の運命をきめてしまったのだな、と私は悟った。

読み取れるのは、ただ生きているという最初に提示された停滞状態が下方から突破されるとでもいうようなある決定的な力の生起である。これは以下に見るように、女との出会いによって引き起こされた決心であるが、〈自分がゼロになるのを拒否する〉というこの拒絶は、引き続いて歴史に同致しまた反抗するように促す。武田が提示したかったのはこの出来事のありさまであり、私たちが追跡したいのは、この生起がどんな理由によって可能となり、どんなふうに実行されたかという点である。

前述のように『司馬遷』は「蝮のすえ」を持たなければ、探りあてた歴史の回路を完成させることができないが、同様に「蝮のすえ」も『司馬遷』を背後に置かなければ十分正確に読まれ得ない。前者の関係についてはこれまで見てきたが、後者はどうだろうか?

主人公杉は、日本本土から上海へ来た人間として設定されている。理由について作品中には詳述されていないが、背後に一連の上海を舞台にした作品を置き、さらに背後に数多くの他の作品と武田自身を置く時、経緯を推測できるようだ。武田が僧侶の家に生まれ育って寄食の生活をすることを、左翼運動からの脱落を、ついで尊崇の対象であった中国に対する戦争に従軍したことを恥じたというのは事実であろう。彼は三七年から中国戦線に輜重兵として二年間従軍した後、『司馬遷——史記の世界』を書き、次いで再び大陸に渡り上海で終戦を迎えている。彼は『史記』についての論考を、前述のように〈司馬遷は生き恥さらした男である〉という一節で始めたが、そこに自己の影が投影しているというのは確かである。恥とは欠損の感情、自分がもはや正当には存在していないという感情に彼は苛まれている。

『司馬遷』は、恥を抱いた男が歴史を経巡りながらその混沌のうちに立つことになる有様を描いたものだったが、それは予感の如きものであって、同じく恥を隠した男である武田も、同様の道を辿らねばならなかった。彼は日本にいたたまれなくなって上海へ行くが、上海は間もなくもっともはなはだしい混沌の場所——日本の権力が崩壊して中国が現れるだけでなく、その中国も国共の二派に分かれて相争い、その上英仏が租界の権利をもとに介入してくる——となることを予定されていた。先ほど見たように、歴史が混沌と化してすべての人間の上にのしかかってくるとしても、それを受けとめる準備はそれぞれの側でなされねばならない。つまり歴史が負荷されてくるのは、もはや中心という客観的な一点ではないが、それぞれの個人にとっては必然的な唯一の点ではある。個人にとっての中心と言うべきこの場所に位置しなければ、歴史の全体を見ることができない。武田にとってこの地点は、やがて混沌となるべき上海であった。恥という感情つまり自分が自分であり得ないという認識によって、彼は自分から追放されるようにしてこの混沌を予定された地に逢着した。恥とはこの場合、倫理意識というよりは、存在の意識である。この意識を確かめることが彼の準備作業だった。「蝮のすえ」には、もつれあった男女関係しか描かれていないように見える。だが『司馬遷』

の読解を引き寄せるならば、いくつかの異なった層が見えてくる。ひとつはもちろん男女関係だが、背後に歴史があり、こちら側には主人公杉の回心現象がある。必要なのはこの三つの層を貫いて介入してくる力の経路を見ること、私たちの関心に沿って言えば、この男女関係の構図の中に、どのように歴史が侵入してくるのかを知ることである。ここで歴史は寓意のようにあらわれるが、それは取り換えのきく単なる背景ではない。

登場人物の中でもっとも歴史的な人物は辛島であろう。戦争中軍の宣伝部にいたという設定は、権力と政治に近かったという意味で歴史を象徴している。この男は権力によって一人の夫を戦地に追いやって死に至らしめ、その妻を奪う。そして戦後になって権力を失いつつも、混沌と化した世界を背負いながらいっそう強力になって、女の運命に介入してくる。彼は女をフランス租界に拉致し、死までひきずってゆこうとする。だから杉が助けを求める女と出会うのは、いくつかの変質の段階を経ながらも、歴史の作用が波及してきたためである。

事情はより基本的には次のように言える。歴史とは全体性のことだが、全体とは本質的には人間の共同性のことである。共同性は人間が他者に出会うところから始まる。ところで他者とはまず最初に異性である。すなわち、杉が初めて会った時〈一種の身ぶるい〉を覚えずにはいられなかったこの女は、全体としての歴史の触手、そこからの使者となって、すでに滅亡によって混沌を予感していた杉に、最後の——後に明らかになるように生へ向かってという意味を持つならば、最初の――一撃を加えるために登場したのである。

この一撃は、無名の人間を歴史化しようとする歴史の意志である。物語は、辛島によって女との関係をいっそう錯綜したものとされ、歴史と他者にぎりぎりのところまで追いつめられた主人公が、先の引用が示すように、自己の内側から不意にある力を生起させてしまうことに至りつく。この力の個体にとっての様相は十分正確にとらえられている。人間は存在する限りは不在を承諾することはできず、そうであるならば形態と意味は必然であり、欲すべきものなのだ。だがこの生起の根本に何があるのかについてはまだ十分明らかでない。この生起を意志の力の復活だとする説もあるが、働いているのは、意志よりも根源的で、個体の意志を背後から衝き動かす力、個体の中で作用しながら、個体を越えるところの力である。それを言い表すためには、やはり『司馬遷』での表現を借りよう。それは絶対持続であり、どんな場所にもどんな人間のうちにも潜在するものであり、活動するものとしてそれ自体はどんな形態も拒否するが、この力を受ける者にひとつのかたちを取ることを強いる。この力により無名の人間は決定的に他人と出会い、ひいては歴史に関与しようとする。先ほどの決心の中で、杉は死をも含めて自分の運命――歴史を作り歴史の一部となるもの――を決めてしまったのだ。この力の生起を主人公に認知した時、武田のうちで、全体と個人を連関させひとつのものとする歴史の回路は、はじめて十分な姿を成したと言うことができる。

しかし、すべてが歴史のダイナミズムの中に統一されて、全体と個人の相剋しあう調和が実現されるというのは、ほとんど僥倖に近い出来事である。私たちは常に可能性は持ちながらも、歴史に出会う機会は限られており、仮に出会えたとしても、その緊張にはしばしば耐え得ない。他方全体の方は、とかく個人を振り落として、それ自体の論理で進行してしまうからだ。武田がこの合致を経験したのは、敗戦というたしかに彼一人の個人的な力量では及ばぬ出来事を媒介にしてであった。けれどもこの出来事もまた過ぎ去る。彼の作品の中で、今見てきたような調和あるいは相剋が見られる作品は、実は多くはなく、敗戦後の上海を舞台にした戦後間もなくの作品にほぼ限られている。そしてこれらの作品以後、歴史の回路に今述べたようなずれによる亀裂が走りはじめる。武田は作家として熟練していったが、この相剋しあう調和は失われ、そうした出来事への関心も、少なくとも表面からは遠のいていったように見える。

過ぎたことを後になってとやかく言うのはつまらぬことだが、右のような武田の将来から「蝮のすえ」を見る時、もうひとつ奇妙な点に気がつく。この点は明瞭に書かれているにもかかわらず、先の生起の場面以上に通りいっぺんの注意しか払われていない。それは次のような場面である。杉は、戦犯とされた辛島になおもつきまとわれる女を自分のものにしようと、本節の冒頭で見たようにかえって殺されるかもしれないことを覚悟しつつ、この男を殺害することを決意する。彼は斧を用意し、ある夜、男の後を付け、男が同伴者と別れたのを確かめて、殺害をまさに決行しようとする。その時、向こう側で非常な速さで走る軽い足音を聞き、それから誰かが地面に倒れる音を聞く。杉はそちらの方に急ぎ、辛島が地面に伏していて、そこから立ち上がろうとするのを見る。杉はその機会を捉え、辛島と格闘し、その首筋に斧で一撃を与える。だがその時予想しなかったものを見る。

その時、私は彼の背に刃物が一本突き刺っているのを見た。肉料理に使う細長い鋭利な刃物であった。それは外套の上から、彼の心臓か肺臓を貫いているのであった。そのため彼は、叫ぶことも闘うこともできなかった。私がいどみかかった時、彼は既に何者かによって致命傷をあたえられていたのだった。

私はもはや何をすることもできなかった。斧を手にしているのさえ堪えられなかった。闘う気力も、憎悪も、何もなかった。辛島の首すじは裂け、ドクドク血を流していた。血はそこだけから流れ、地面にも流れ落ちていた。彼は顔をねじ向け、私を見た。おびえた犬のような、情なそうな、訴えるばかりの目であった。彼は、自分を苦しめている刃物を抜こうとしていた。何度ももがき、それから私を見上げた。私に抜いてもらいたいのであった。私は反射的に黒塗の柄を握った。そして力一杯ひき抜いた。それは今の私にやっと出来ることであった。疲労が全身をおそい、はげしい寒気がした。

杉は歴史からの巨大な圧力を受けとめつつ、死に直結するかもしれない自分の運命を受け止めようと考え、辛島を殺そうと決意する。だがこの決意に従って凶器を用意して、辛島に挑みかかろうとしたとき、見知らぬ男が彼の眼の前で辛島に致命傷を与えてしまっているのを見出だすのである。この襲撃は女の差し金によるものであることがあとでわかるが、自分が惚れた女を救い、自分のものにするために殺人まで、また殺されることまで覚悟して出かけたところ、その手柄を寸前のところで他人にさらわれてしまったのだ。この状況は、滑稽以外の何物でもあるまい。結果として女を手に入れることになるとしても、彼の一世一代の勇気は二番煎じに終わったのだ。

だが私は、この箇所を最初に読んだ時に、なにかひんやりするほどグロテスクなものを感じたことを忘れない。主人公は、選択し決意したところの自己の運命を全うし得なかった。辛島に、そして彼の象徴する歴史そのものに、本当の意味では触れ得なかった。そういうことだろう。歴史の回路は完成にまさしくあと一歩のところで、それをつなごうとする人間の努力をはぐらかしたのである。武田がこの回路の全体的な姿を見ることにもっとも接近しえたのは「蝮のすえ」であることは疑いをいれない。だがその時すでに失敗が彼を襲ったのである。とするとこの失敗もまた、回路を経巡ろうとする試みに本来的に付随する出来事だったのだろうか？　絶対持続とはつねに動いていて変容をもたらす力であって、そのために同じ道でありながら往路は決して復路になりえない、つまり辛島を歴史として受けとめたのは正しかったが、再び歴史に向かおうとする時、歴史はすでに辛島ではありえず、辛島だと考えることは決定的に誤りだ、というふうに。だから失敗はこのように悪意としてあらわれる歴史本来の力による。グロテスクさを感じさせられたのは、この悪意のためだったのだろう。しかし武田は、この場面を書き得た以上、失敗についてはともかくも自覚していたとは言えるだろうか？　であれば、以後の彼の作品を押し流したあの回復不可能な亀裂についても、彼はこの時から十分予感していたのかもしれない。

＊１　長崎浩『結社と技術』（情況出版、一九七一年）「主体性の死と再生――自分は誰なのか」、六五ページ前後。
＊２　以下この作品からの引用は、武田泰淳『司馬遷――史記の世界』（講談社文芸文庫、一九九七年）による。
＊３　竹内好『竹内好全集』第十二巻（筑摩書房、一九八一年）収録、一三九ページ。
＊４　以下この作品からの引用は、武田泰淳『蝮のすえ・愛のかたち』（講談社文芸文庫、一九九二年）による。

歩行は何処へ行ったか——秋山駿についての遅ればせの試論[*1]

1 訃報

秋山駿（一九三〇年生）が亡くなったのを、新聞で知った。二〇一三年一〇月二日のことである。芸術院会員という肩書があったからか、文学者の死亡記事としては大きめの扱いだったが、そんなこととは無関係に、記事は私の中の忘れかけていた思いを引き起こした。それは彼について書きたいという思いである。私にとって彼は、吉本隆明や江藤淳と並んでもっとも気になる作家・批評家だったが、その理由を一度確認しておかねばならないという気持ちをずっと持ち続けていた。しかし、いつものことながら、ついそれを怠ってきた。吉本隆明もその前の年に亡くなったが、彼については、それなりに論を書いていたので、空白部分——八〇年代以降の彼についてはほとんど書いたことがない——の言い訳をするような小文をある雑誌に書かせて貰った。江藤淳については、触れたことはあったけれども、十分に論じたことはない。彼の死——自死だった——の時は、いちばんそのような死に方から遠い人だったはずだのに、という印象が強かったが、国外にいて資料は手元になく、忙しさもあって書く機会が無かった。いつか書くことがあるだろうか?

秋山の著作は、今でも二十冊ほど書架に並んでいる。彼についてはいつか書くつもりだったから、手放すことは考えなかった。だが今もこれらをきちんと読み返して、論考と言えるようなものを書くということはできない。そういうことをしてみたいという気持ちは失われてはいないけれども、理由はいろいろあって、実行できる当てもない。だから今は、本をめくり、傍線を施した箇所や書き込みを辿りながら、とにもかくにも、思い浮かぶ限りのことを書き留めておこう。彼について何か書き得るとしたら、最後の機会かもしれないから。

秋山の著作に接したのは、六八—六九年にピークを迎えるあの騒乱の時期である。私のこの時期の読書は、時代背景と切り離せない。それまで古典的な詩と小説ばかり読んできた地方の高校生が、上京して大学に入り、同時代の文学や思想に触れるという当たり前のコースを辿っただけのことだが、日本また外国を問わない乱読時代の中で、特異な印象を受けたのが彼の文章だった。この頃までの、つまり彼の初期の著作をひもといたことのある人は、その文章の特徴をすぐ思い浮かべることができるだろう。彼の文章には、難解な言葉、新規な表現、込み入った言い回し、といったものはほとんどなかった。彼はごく当たり前の言葉を使い、ごく当たり前の主題について、ゆっくりと、歩くようにして、語った。彼のあるエッセイの題名は「私は一つの石塊を拾った……」（六五年）というようなものだったが、その題名の通りに、彼はなんの変哲もない石塊について、語ることができるのだった。

彼のエッセイの一つで次のようなことを読んだ覚えがある。ある日彼の家人、特に文学に関心を持つ人ではなかったらしいが、その人が彼の書いたものを読んで、評論ならもっとさまざまな学術語が使われ、理屈が述べられているものだろう、そういうものと比較すると、お前の書いているものは感想ではないか、と言い、なるほどと思って、それ以来自分は感想屋である、と。彼の文章のことを考えると、いつもこの挿話を思い出す。この女性の言うように、彼の書くものは、彼の表現に従うなら「告白と批評との中間形態」だった。他方で六〇年代から七〇年代にかけての時代は、文学の領域のみならず、政治や社会の領域でも、数多くの新しい思想や方法意識が乱舞する時代であって、あらゆるタイプの視点、体系、概念、用語が飛び交っていた。そうした風潮の中で、誰もが使うような言葉によって書かれた彼のエッセイは、特異な光を放っていた。端的に言えば、そういう言葉遣いによっても人は思考することができるということを、いや実を言えば、それこそが本当に思考することなのだということを、見せてくれたのである。

もう少し後の世代になる柄谷行人は、やはり出典箇所を正確には思い出せないが、どこかの対談で、自分はあの頃の秋山駿、文壇批評家みたいになる前の秋山駿を少し恐れていたんだ、というようなことを言っていた。それは抽象的あるいは体系的な議論をすることが思想的な行為だと見なされてしまうような風潮の中での秋山の文章の意義を認める評言だった。文壇批評家みたいになる、という指摘については、後で見ることにしよう。私も、秋山の著作の場合、作家論や作品論よりも、現実の生活や社会的な事件を語ったエッセイの方が好きだった。

2　内部と犯罪

ではこのような文章で彼は何を捉えようとしたのか？　彼が捉えようとしたのは、このような文章でしか捉えられないものだったのか？　彼の出発点にあったのは、人間には世界から切り離されて存在するということがあり得るのであって、自分はそのような様態で存在しているという直観だった。人間はある時、自分とは何者かという問いに捉えられ、この自分を知ろうとして、自分ではないと考えられるものを排除することで自分を捉えようとする。やはり彼の初期に属するエッセイ「抽象的な人間」（六五年）には、次のような一節がある。「百五十日」とは、二十歳前後だった彼がもっとも深い孤立に陥った期間のことである。

百五十日とは何か。私はいったい誰なのか。眼に見えぬ掌のようなものが、私を自分の足元へ、内部の深い穴の中へ、頭から真っ逆さまに突っこんだのだ。自分の正体に直面しろ、と。そのあげく、自分のあまりの惨めさあまりの滑稽さに、ついに嫌悪と狂憤のとりことなって身動きできず、そのまま逆立ちしている生活を強いられたものだ。嫌悪はここにある。咽喉いっぱいに込み上げてくる。だが吐こうと思ってもうまく吐けない。またすぐ身体の奥深くへと逆戻りしてしまう。

百五十日を、私は眼を覆われた者のように、咽喉を塞がれた者のように生きた。沈黙の想念のなかで、どれほど多くの精力と、人間の真面目さとが使い果たされてしまっただろうか。その渦中から私は重苦しい秘密を抱いた人間になって出てくる。憂鬱な、長い、ひどく長いものを意味する悪夢の中で、私は、路傍に打ち棄てられた一塊の石塊が、水溜りに映った天空を見るように、ひと続きの、そして、眼を覆う掌が記憶を切断するために切れ切れの、この私の転生の長い物語を考えていた。

「百五十日」という表現は、のちに公開される彼の青年期の日記『地下室の手記』[*2]の冒頭に出ている。これがおそらく秋山の存在感覚の、もっとも深みにある経験である。彼は、自分は何者かという問いに捉えられ、その自分を見出だすが、見出だされた自分の姿が惨めで滑稽であることに耐えられない。嫌悪に苛まれながら、なお彼はその場所に立ち尽くす。彼の初期のノートは、この同語反復的な、しかし緊張に満ちた自問自答の世界である。これは文学に近いが、なお文学から遠い。秋山のエッセイには、それは文学だよ、と単純には言わせない何かがある。そこには現実の生々しさが息づき続けるからだ。

この孤立は、二つの側面から捉えられていた。一つは年齢である。誰でもとは言えなくても、多くの場合、思春期に至ると、自分は何者なのだろう、という問いに捉えられる。秋山の場合は、いわばそれの極端な形だと言ってよい。突発的に起こるこの自問自答を言うのに、秋山はヴァレリーの「デカルトの一面」から「知的クウデタ」という表現を借りる。このフランスの詩人によれば、それはある年齢——青年期——に特有の現象である。そのことを彼は、〈ある種の知的クウデタは、十八歳と二十三歳の間に起こる。すくなくとも私の知っている若干の場合はそうであった〉と述べていて、秋山はそれに同意する。このような時期については、ゴッホの書簡から、〈鳥たちにとって羽根の脱け代わる時期〉という表現を借りることもある。

もう一つの側面は、社会である。秋山は自分を敗戦時の十五歳の少年だと規定する。彼は一九三〇年の東京生まれであるから、これは事実である。四五年まで続いた戦争と敗戦とは、それまでの風景と規範が崩れ去る出来事だった。その後に、少なくともしばらくの間、どんな風景もどんな規範もないような、少なくともそのように考えることは可能だと思わせるような時間と空間が到来する。そこを思春期の少年が通過する。〈ぼくは戦争という空前の精神の無秩序を、いま経験したばかりのところであった。この、だれもが各自深くわけ隔てられて、徹底的に孤立し、異様にたった一人だけの自分として生存しているという光景が、ぼくの最初に出合った世の中だった〉と彼は書く(「自己回復のドラマ」、六六年)。戦後にまで及んだこの生き方について、彼がもっとも厳密に語ったのは、六九年の「簡単な生活」であろう。後で引くが、このエッセイを三島由紀夫は〈現代日本の精神的危機の明確にして洞察力に満ちた光景〉[*3]と評した。

秋山は自分の力だけで自分であろうとする内部からの欲望と、あらゆる風景あらゆる規範を奪い取ったうえで、お前はお前だけでお前であれ、と挑発してくる外部からの強制とを、共振させる。その時、彼は、いっそう深い孤立の中に立て籠もる。

彼は、外部の世界を遮断し、自分の内部のみに目を向ける。その結果現れる存在を、彼は「内部の人間」と呼んだ。あるいは特別な意味を持たないということから「普通の人間」、また外部に向かっては無効であることを主張して「無用の人間」とも言った。そしてこの人間の居場所を「地下室」あるいは「ディオゲネスの樽」に喩えた。彼はただ意識する存在でしかなく、しかも自分が存在していることだけにその意識を集中する人間である。〈内部とは、いわば、己れの意識である〉と彼は書きつける（「抽象と現実」、六四年）。彼は外部を失っているゆえに、その生は極度に還元されたものとなる。この切り詰められた生のことを、秋山は「抽象的な生活」あるいは「簡単な生活」と名づけた。この遮断された存在は、どんな必然性をもって出現するのか、彼はどのように生きるのか？　生きるためには、世界ともう一度関りを持たなくてはならないのか？　だとしたら、接触はどのようにして可能であるのか？それが彼の問いであって、その問いはどこまでいっても、彼の根底に居座り続ける。

秋山のエッセイの中心にあるのは、簡単かつ裸形になったこの存在と生活に関する記述である。彼は自分の視線の動き、事物の手触り、心理の動揺について微細に語り続ける。語るというわずかな確実性によって、自分を存在させようとする。しかし、自分だけで自分として存在する、というような同語反復的な存在の仕方は、本当はほとんど不可能なのだ。少なくとも安定しないし、持続もしない。あらゆるものからの切断は、存在の自己抹殺であって、彼を架空の存在と化してしまう。それは夢のような世界に入ってしまうということだ。しかし、そのような変容は、生存することを根本的な存在理由とする人間に対してはついに許されることのない様態である。したがって彼は、その不可能をバネとすることによって、もういちど存在することの方へと身を転じるほかない。「内部の人間の犯罪」（六三年）に次のような記述がある。

夢のような行為から一歩ふみ出す。あいまいな夢の世界に忍耐し切れなくなったために、とにかく一歩をふみ出す。その動力となるものが、思考の作用であるか、自慰行為の発展であるか、それはどうでもいい。この一歩が兇行となってあらわれる。

兇行として行なわれたものは外部である。しかし、彼は、自分の内部から一歩をふみ出しただけなのだ。事件の全体のどこに自分に意想外な新しい現実の一片があるのか。全体はその細部まで一つ一つ、想像のなかの事柄と同一の状態であり、等質の性質ではないか。もう一度同一のことがあるにすぎない。これはやはり夢のような行為であって、一つの新しい現実の体験ではない。どうか自分に、それが一つの恐るべき行為であり、一つの異常な経験であることを、強く実感させてほしい。わからせてほしい。これが内部の人間の弁証法である。彼の心を致命的に刺すものは、それがいまもって夢のように感じられてならない、ということである。そして、この夢のような感じこそ、兇行という行為のその発端になり、真の動機となり主役となったものである。

少年が、本当に自分のしたことのおそろしさを実感したい、死刑になるという恐怖を実感したいというとき、そこには何かしら壁のような自分の性質に頭をうちつけているものの姿がみえてくる。

夢幻的な世界に陥った人間は、その曖昧さに耐えきれなくなって、そこから一歩を踏み出そうとする。それが彼の第一歩である。だがその第一歩は、踏み出し方によって様相を変える。右の記述はその一方の極を示す。この一歩が犯罪、しかも殺人事件――小松川事件――という形を取って現象した場合の記述である。

内閉しきった人間が、ついにそこに居続けることができなくなって外部に向かい、それに触れようとする。しかし、それは容易なことではない。なぜなら彼において内部と外部はすでに深く切断されているからだ。彼は手を伸ばすが、外部に触れることができるのだろうか？いったん切り離された以上、この外部はすでに越え難い懸隔を孕んでいて、その回復は容易ではない。それはさまざまの齟齬を引き起こすだろう。接触の意志は、媒介を持たないために、いきなり外部に衝突する。そして外部を傷つけ、同時に自分を傷つける。そのとき犯罪という様態が形成される。切断され失われた外部に再び渉ろうとするとき、そこには同意も認可もなく、ために接点は理由も根拠も持たないものとなるほかない。彼は破壊することによってしか外部に触れることができない。その試みは外部にとっては、犯行となる。

右のエッセイは一九五八年に起きた小松川女高生殺し事件を主題としたものだが、その中で秋山は事件が起きたとき、〈私は、これは内部の人間の犯罪であると直覚した〉と書いている。そこから始まって、秋山には犯罪者への関心の系譜と言えるものがある。彼の関心が捉えるのは、狭山事件（六三年）、永山則夫連続射殺事件（六八年）、さらに金嬉老事件（六八年）である。これらの事件の要因は、貧困や差別だとされ、また犯人に対して心理学的・精神病理学的分析が施され、それらしい理由が付与される。しかし、事件がさまざまの様相を見せるとしても、秋山の関心が向けられるのは、等しく、社会から切断されてしまった人間がもう一度社会に触れようとするときに、その接点を調和のとれたやり方で獲得することができず、いわば斜めに衝突してしまうありさまである。たとえば小松川事件の少年が、警察にたびたび挑発的な電話をかけるのも、この接点を求める動きの一つなのだ。

こうした関心に動かされるとき、秋山の助けとなったのが文学だった。犯罪について語ることは文学の特権のようなもので、文学は犯罪を、外部的な要因の分析だけでなく、心理的な起伏の中で捉えて来た。最大の功労者はドストエフスキーであって、とりわけ『罪と罰』のラスコリニコフである。この青年は、貧困と懐疑に苛まれ、何もかもをめちゃくちゃにしてしまった、名ばかりの大学生で、自分にはもう行く先がなくなったという思いにうちひしがれている。その彼が世の中に再び出ようとするとき、金貸しの老婆とその妹の老婆を殺してしまう。この犯罪の経緯を描くドストエフスキーの記述を、秋山は執拗に辿っているが、その追跡から浮かび上がってくるのは、内閉状態の底にいる一人の人間が外の世界に触れようとするとき、接点はどのように見出だされるか、という関心である。殺人というのは当然ながら、接触のもっとも鮮烈な様態である。

あらゆる属性を自分に拒否したとき、人間はいかなる限定もない夢のような世界に生きることになる。それは彼の望んだものだが、彼はそこで呼吸をすることさえできなくなる。彼は溺れる人が必死になって水面に戻ろうとするように、現実に向かって手を伸ばす。しかし、そこに通路を付けることができない。外側の世界に触れようとして、現れるのは、不安で刹那的な接触でしかない。半ば夢のようなそのもがくありさまは、息詰まるような思いをさせる。秋山の記述は確かにある魅惑を持っていた。

3　語ること・書くこと・歩くこと

夢と現実の間のこのような落差は、しばしば殺人という激発すなわち破滅をもたらすのであって、ついにそれを逃れ得ない場合があるとしても、できるなら避けるべきものには違いなかった。外界に通じるための方法は、ほかにないのか、人はそう考え始める。この転換の試みを秋山は、いくつかの場所で語っている。〈突然、強い光が私の内部を照した。／現代的なノオトをさぐらねばならぬ〉というのは「抽象的な人間」（六七年）の印象的な一節である。

「私は出発しない」（『歩行と貝殻』、六九年、収録）にも同じ文章がある。あるいは秋山はモデルとして、ドストエフスキーの今度は『白痴』のムイシュキンの独白を提示する。〈ああもう新しい生活がやってきてしまった。まだ何一つ知らず、何一つよくわからないうちに、もう新しい生活がやってきて自分がその中央にいる〉（「コップを満たすもの」、六九年）。だが、彼自身に即していてもっと分かりやすいのは、最初に挙げたエッセイであろう。彼は、自分の確信した意識の厳密な流れというものが言葉だけの仮定だったのか、それとも、この流れに対して自分こそ偽りの存在なのか、あるいは、これらを考えるその度ごとに間違って考える、それほどにも自分が壊れた人間なのか、という三つの中から、自分のありようを選ぼうと考えて、次のように選択する。

簡単に言おう。ぼくは第三の道を選んだ。生きるという権利も資格もないままに、その意味も知らず、また判然とした意識をも持ち得ぬままに、ぼくはもうすこし生きて、もうすこし考えてみたかった。なんというインチキな人間か、と君は笑ってよい。ぼくは君を笑い返す舌も、打ち返す拳も持ってはいない。ぼくは現在、そういう人間らしい理由のある行為を禁止された、本当に空しいあいまいな男として生きている。もう一度いうが、どうかこの不器用な滑稽な状態を笑ってくれ。君はその資格をもっている。だれかが本当に笑ってくれたとき、実にその時ぼくが回復するということもあり得るのだ。ただし、一つの条件がある。この毎日のなかの一日を通行するために、ぼくは嫌悪という正貨を支払って辛うじて通過しているのだ。この嫌悪だけは本物だということをほんのすこし認めること。

こう考えて彼は生活の中へ、生きることの中へと入ろうとする。あるいは彼はすでに学校を出て社会生活を始めているのだが、右のように考えることで落差を繋ごうとする。その時、彼はいくつかの方法を見出す。いくつかと言ったが、多くはない。私が見るところ、「語ること」「書くこと」そして「歩くこと」の三つである。まず「語ること」については、彼は極度に抽象的なものとなった彼の生活のうちに、語ろうとする衝動が働くことを何箇所かで明らかにしている。代表的なものは、「簡単な生活」(六六年)の次の一節だろう。

私は、この簡単な生活をしている簡単な人間として、ひどく何かを喋りたいのだ。人間はお喋りな動物だ。喋るということには、何かしら打ち克ち難い忌わしい快感への要求があるのだ。もし、何処からか、汝も起て! というような恐ろしい声が聴えて、墓場から甦える人があるとしての話だが、彼がこの光ある地上に出てきてまず第一に感ずる要求が、滑稽な哄笑とともに、喋って、喋って、喋り抜いてそれでおしまい、というような、猛烈なお喋りの断つことのできぬ衝動であろうということは、絶対に間違いないことだ。

まず語ることだ。語る内容は何でも良い。足元に転がっている何の変哲もない石塊を拾い上げ、それについて語ろう。石は触媒となる。するとそのリズムに乗って、書くことが可能になるだろう。興味深いのは、この転換を促すのが〈何かしら打ち克ち難い忌わしい快感への要求〉と言われていることだ。そこには生のうちにある不可解な作用が触知されている。この作用に促されて彼はノートを書きつける。それが冒頭に挙げた「私は一つの石塊を拾った……」となる。『地下室の手記』（七四年）のあとがきで、彼は次のように記す。

どんな哀れな人間にも、生の困難というものは一様に強制されている。私は、自分が生き難いと感じたとき、ほぼ一千日か一千五百日くらいのあいだ、確かに何事かをノートに記し続けた。——小さな、密かな、練習と実験の意味で。

すると語ることから書くことへの中で、運動は少しずつ力を持ち始め、現実性を強めるだろう。そういう増幅作用があり得る。それは今度は歩くという形を取る。彼がこの種の拡大の例を見出すのは、中原中也においてである。秋山は中原の「詩的履歴書」の〈大正十二年より昭和八年十月迄、毎日々々歩き通す。読書は夜中、朝寝て正午頃起きて、それより夜の十二時頃まで歩くなり〉を引用し、「詩人の秘密」（七三年）で次のように述べる。

歩行。すなわち、自分の内部を歩くこと。すなわち、日記を書くこと。そこに彼の生のドラマの場所があった。彼の現実のドラマは、多くはこの内的ドラマの模倣による。だから、むろん現実的にも、彼は歩行する人間であった。意味もなく、理由もなく歩行することは、ことによったら、詩の制作よりも純粋に、彼の生の構造をなぞる行為の何かであったかも知れない。

中原は一人で、あるいは小林秀雄や大岡昇平と連れだって、終夜町をさまよい歩く。その姿に秋山は共感する。ランボーもまた、中原にとってと同じく歩行における秋山の先達だったが、十九歳の時の彼自身の振る舞いについては次のようである（「歩いていた十九歳」、七一年）。

歩いていた、歩いていた、歩いていた。毎日、私はただもうわけもなく歩いていた。舗石が光る。歩道は蜒々とうねりながら果てしもなく続いている。この道には行き着く場所がない。とそう思いながら、私は自分が、なぜ、どういう理由で、いつもこんなふうに歩いていなければならないのか、よく分らなかった。

こうして、秋山のテキストの中でもっとも印象の強い「歩行」という行為が現れる。この行動は、語ることより現実味の強い試み、つまり詩の制作よりも純粋に生の構造をなぞる行為だった。それは簡単にして最初の行為である。自分の足で地面を踏むことであり、身体に備わったこの機能に従うことで、外界に、そっと、しかし持続的に触れ続けることが可能になると考えられた。もう一箇所引いてみよう。右の引用が十九歳——この年齢での経験が彼の原点であるようだ——の時の彼の姿だとしたら、今度はもっと年齢を重ねた彼の姿である。一九六九年から七〇年にかけて『歩行と貝殻』の題名で一連のエッセイが書かれるが、その一つで、彼は内部にとどまることを望みながら、同時に歩行の必然性にも従おうとすることを述べる（「舗石の上を歩け」、六九年）。

私は歩行する。歩行こそ、私の見出した普通の、本当の、あるべき生の形なのである。舗石が一つの思想を語っているように感ぜられた。それは単純なものである。平凡なものである。沈黙しているものである。堅いもの、無味乾燥なもの、ただ土台であるものである。その思想は簡単を極めたものである。それは、舗石は歩行する人間の足に踏みしめられるものだ、ということだ。私はなぜかこの声に自分の内部を貫かれる。もう一つある。それは、この舗石はそのまったくの単純な存在のために、ただその上を歩行することを私に強制するのみであって、倒れたり、起き上がったりする人間的為事を、おそらくまったく等しい沈黙をもって黙殺してしまっている、ということだ。私は、この舗石の声に撃たれ、あらゆる身振りを拒まれて、裸にされる。私は思う。舗石は判断する！　舗石はその単調な存在において人間を判断する。

彼は外界との接触の困難を確認した上で、暴発を避け、自己という内部から出ようとする。歩行とはその試みである。秋山の好む引用からすれば、『罪と罰』のマルメラードフの〈分りますかな、もうこの先どこへも行き場のないという意味が？　だって人間は誰にもせよ、たとえどんな所でも、行くところがなくちゃ駄目ですからな〉（「意識のリアリズム」、六四年、での引用）という囁きを受けたかのように。彼はどんな場所であるにせよ、どこかに向かって歩き始める。内部を出て、地下室を出て、自分の小部屋を出て、焼け跡のままの街路を歩き始める。

秋山の文章の中で私にもっとも印象的だったのは、このようにして始まる彼の歩行の記述だった。それは緩やかに、しかし途絶えることなくどこまでも、ただ歩行自体のリズムに耳を傾けるために、そして歩行自体を持続させるためにだけ行われるのだった。復活してきた戦後の生活になじめないとしても、彼は歩き続ける。

4　懐疑

地下室の内部からそっと立ち上がり、破滅を意識しつつ語り始め、書き、そして歩行によって外部へ出ようとする人間の姿は、確かに説得力があり、私はそれに強く惹きつけられた。しばらくの間、彼の本は私のひそかな――自分の内部にばかり関心を持っているのを他人に知られることは憚られた――耽読の対象だった。彼の本が出ると、すぐに購入して読んだ。しかし、ある時から、彼の新しい書物にうまく適合できなくなっていった。異和感が起きるようになって来たのである。うまく言えないのだが、今の時点から振り返ってみると、彼の歩行はどこに向かい、何に達するのだろう、という疑問が起きてきたのだったように思う。彼はどこかに達することなど考えていないと言うかもしれない。しかし、彼の歩みそのものがはっきりとは見えなくなっていった。それは彼の内的な経験や歩行の記述にある種の緩みが見えてきたということだったかもしれない。自分だけで自分であろうとすること、自分への意識にすべてを集中することは、極度の緊張を必要とする。秋山のある時期のエッセイは、たしかにその集中を達成していた。だが、このような緊張を人間がいつまでも保持できないことは確かだった。その時彼は細心の注意を払いながら、その緊張を「語ること」から始めて「書くこと」へ導き、さらに「歩くこと」へと転身させた。しかし、その歩くことの緊張感もかつてのようでなくなりつつあるように思われた。

どうしてだったのだろう？　まず次の点が挙げられるだろう。彼の「知的クウデタ」について、年齢と社会の二つの要因を見たが、これらが二つとも消えていったことは否めない。彼は年を重ねる。確かにいつまでも少年のような張り詰めた意識は持ち得ない。彼は自分の食い扶持を稼ぐために、外に出て職に就き、社会と関わりを持たなくてはならない。また戦後の焼け跡には建物が再び築かれ、高度成長期が始まろうとしていた（彼よりも二十年あとの私の世代にとっても騒乱の時代は終わり、石油ショックを乗り越えながらバブルの時代が来ようとしていた）。それらの事情は、「内部の人間」に好都合ではなかった。しかし、それだけではなかった。「内部」から「歩行」へという道筋に、ある種のすれ違いが生じていたようにも見える。彼は今度は『内的生活』と題したエッセイの連載を一九七四年に行い、翌年本にする。標題からして主題が「内部の人間」から発していることは推測がつくが、彼はその冒頭の「心の中の壁」で、十九歳の時の自分を振り返った上で、なぜ自分はこんなふうに記憶を遡るのか、と自問して次のように言う。

私が十九歳より徹底的に堕落したからである。すでに解体すら始めつつある人間的水位の低下を横眼に睨みながら、私は、この十九歳を、自分の内部で喚起したいと思う。そこには、どんなに微量とはいえ、私だけの言葉、私の考え、私の物というものが、あったはずだから。

実際、この十九歳にあっては、なんと一つ一つの物が、私に直接して存在したことだろう。ほとんど切迫感すら漂わせてすべての物が、それはそこに在った。一つ一つの物の、その形、その現実性、その存在、その不思議さなどが、私の肌を通り越して直接、内部のもっとも深い処へ食い入るように、私には感覚された。どんな小さな物の毀れた一片も、それを取る手が思わず違和感に焼けるような、ひりひりする現実感を与えた。その圧倒的な印象は、ほとんど私を恐怖せしめた。この物達のその存在性の強さは、私という一点のあいまいな存在性など、たちまち溶解して、これらの物へと同化せしめてしまうのではないか、と。私は絶えず、この私というもの、すなわち自分が、なくなってしまうのではないかと恐怖し、産毛を逆立てて緊張していた。

彼は自覚している。彼は自分が堕落したのだと考えている。十九歳の時の自分だけの言葉、自分だけの考え、自分だけの物があるという自律性と、それと一体になったひりつくような現実感が消えてしまったことを認め、それを堕落と言っている。それは分からなくはない。消滅の意識と裏腹になった純化された自己の意識の経験は、青年期にあって二度とはあり得ない経験であるからだ。けれども、それが持続し得ない経験であることも、また確かである。それを大人になることだというふうに言って切り捨てることもできないわけではないが、それはまた違うことだろう。秋山が書き残したノート類は、私には今でもなお魅力を持つ。ただ、彼が外側の世界に再び相渉ろうとした時、その様態にある種の取り違いがあったとは言わねばならないかもしれない。秋山は人間とは自己についての意識だと考えるが、その考えの中には、混じりけなしの自己に対して、現実的なものはすでに誤ちであるという考えがあり、それが堕落という捉え方を引き出しているように思える。だが、この現実的なものは、本当は最初から自己の一部を構成していて、必然として引き受けねばならないものである筈だ。そしてそのように引き受けることが、この現実と相対する緊張を持続させる唯一の道だったのではないか？

それに「歩くこと」から「書くこと」に遡り、さらに「語ること」に遡るなら、彼はそこに〈猛烈なお喋りの断つことのできぬ衝動〉がはたらいていること、それが忌まわしいとしても共感への要求であることを認めていた。「語ること」、ひいては「書くこと」とは、すでに、聞く人・読む人としての他者を求める欲動であったはずだ。そしてそうであるなら、「歩くこと」を支える舗石の下に現れる現実の世界を忌避する理由は、どこにもなかったはずだ。

しかし、現実に関わることを堕落だと考えたとき、彼は現実を捉えるきっかけを取り落とした。そこから彼の文体は空転し、弛緩し始めたように思える。『内的生活』の頃は、かつての緊張は、追憶というかたちであれ、なお強力に残存している。しかし、そのあと少しずつ、この緊張は溶解してゆくように見えた。歩行の律動は跛行しはじめたようだった。私は彼の本をかつてのようにすぐ買うということがなくなっていった。現実においては、彼は批評家として認められ、作家論を書き、対談をこなし、時評も担当するようになる。それらを読むと、時に痛々しい気がした。それは彼が社会となんとか折り合いを付けたということだったろうか？　柄谷の言う「文壇批評家になる」とは、この時期のことだったろう。

この変化について、思い出すことがいくつかある。一つは先に触れた『地下室の手記』である。これは私にとって、彼の本のうちもっとも印象の強いものの一つだった。そこには七冊のノートが収められているが、記載によれば、それらは一九五四年から七〇年に至る時期、秋山の年齢としては十九歳—三十五歳の頃のものである。このノートを通読すると、変化の起きていることが明らかに感じられる。最初期、つまり彼が十九歳の時だが、その時期のノートでは、極度に内向的となった彼自身の姿が切迫感をもって現れてきて、そのまま彼の初期のエッセイにつながるのだが、しばらくすると、外の世界に対するそれこそ総毛立つような恐怖が徐々に和らいで、この世界についてのそれなりに安定した受け止め方に向かって変化していくのが見えてくる。通常の受け取り方とまでは言わないが、最初期の緊張ぶりと比較すると、変化は明らかである。彼が「堕落」と言ったのは、たぶんこの変化のことだろう。それは確かに一種の楽園喪失であった。そこからある反動が起きる。

秋山は批評家になる前に、当然ながら多くの作家を読んでいて、当然耽読する作家もあり、その一人は小林秀雄だったが、その小林の戦後について、小林はこの時期になって自己を回復したのだという見方を明らかにする。そして〈彼はもう「私を社会化する」などということは断じて言わない。「私」とは「私とは何か」と問う声の唯一の実質である。断じて社会化などされぬ、生存の深処にある或る単純な不可分の一点である。彼はそういう〉(「小林秀雄の戦後」、六七年)と書く。彼は小林を介することで、再びあの「私」——社会化を拒否する「私」——に戻ろうとした、と読まねばなるまい。

これは後に見るように、戦後の小林に対しては多くの評家が批判的であったのに対して、小林の特異な姿を明らかにしたことで魅力的ではあった。しかし、「社会化」——その意味は多様だが——の放棄を肯定する点については、次第に疑問が強くなっていった。語ることがすでに聴き手を求めることであるからには、他人の世界は不可避ではないのか、という疑問である。

もう一つ思い出すのは、もっと後になってのことだが、九六年刊行の『信長』のことである。賞を貰ったとかで、彼の本としては久しぶりにこれを購入して読み始めたが、どうにも納得がいかなかった。かつて彼のエッセイを満たしていたあの歩行のリズムといったものが、感じられなかった、というよりは、歩行がないわけではないが、無理に作り出されているように感じられたからである。それで途中で放棄してしまった。彼がこの本で『プルターク英雄伝』を真似てみたかったのは確かだろう。〈私は自分の一番苦しい時期をただプルタークを読むことで過していた、という記憶がある〉（「私は一つの石塊を拾った……」、六五年）と彼は言っている。信長は戦国の英雄だったが、彼はこの人物をプルターク的に読み直そうとしたのだろう。私はプルタークを読んでいないから、比較する力を持たないが、『信長』のあとがきに、彼は、一度は天才について書いてみたいと思った、と書いている。だが秋山の本来の関心は、普通の人間の普通のあり方とはどんなものであるか、普通の人間が送る簡単な生活とはどんなものか、ということだったのではないか？

だから、秋山の見方からするならば、天才あるいは英雄とは、個性や才能などではなく、人間の普通のあり方を普遍にまで拡大する能力だったはずだが、信長を普通の人間にまで読み込むことができなかった、ということだろうか？　普通の人間からいわゆる天才への間には、何がしかのずれを認めなければなるまい。そのような異和感から、私はこの本を読むのを止めてしまった。

七〇年代から八〇年代にかけての時期の記憶をもう少し拡大しておこう。冒頭で、同じ頃に私が読んだ批評家として吉本隆明と江藤淳の名を挙げたが、私は彼らを秋山と対比的に読んでいたように思う。秋山の「内部の人間」に類する経験は、二人にも見受けられる。吉本には、『初期ノート』から『固有時との対話』（五二年）にかけて現れる硬質な意識の劇がそれに該当するだろうし、江藤が最初の『夏目漱石』（五六年）から、ロンドンの漱石に、つまり「天」の下に各自に応じて位置を与える朱子学的世界から放逐された漱石に着目し、この経験を作家の出発点と見なすのは、そこにあらゆる有意味性を失った人間の姿を見ていたからである。二人の批評家はこの転換について多弁ではなかったが、経験を棄却するわけではなかった。彼らはともにその地点から、経験を保持しつつ、方向を転じる。吉本は『転位のための十篇』（五三年）で、言葉遣いそのものまで変容させて現実に向き直り、他者との関係によって構成される世界を見出だし、そこから「悪」がもたらされることまで見届ける。江藤は、漱石を生活への強力な意志を持った作家として取り上げ直し、他者の間と明治という歴史的現実の中に位置させる。遡るなら、もうひとり坂口安吾は「堕落論」（四六年）で〈人間は生き、人間は堕ちる。そのこと以外の中に人間を救う便利な近道はない〉[*4]と言った。秋山は、自分が堕落したことを嘆いたとき、戦後間もなく書かれたこのエッセイを思い出さなかったろうか？

反面で彼らは戦後の小林については、批判的である。坂口は、「堕落論」と同じ年に書かれた「教祖の文学」で、骨董に勤しむ小林を揶揄した。吉本は「小林秀雄の方法」（六一年）で、小林が自分の自由を保障してくれる相手を歴史的現実から美へと置き換えてしまったと批判し、江藤は評伝『小林秀雄』（六一年）を、敗戦期までで中断する。柄谷は、これも今正確に出典を思い出せないが、自分は戦後の小林秀雄には無縁だと言った。こうした言説が心中に浮かび上がってくるのを見るとき、私は、自分がいちばんこだわってきたのはこの転換の部分であったことを、改めて思い知らされる。

彼らのこうした批判が妥当かどうか、ついで彼ら自身のその後の試みが成功したかどうかは、また別の問題である。だが、私の関心は以後、こうした転位を試みる批評家や思想家に引き寄せられていき、結果として秋山の著作からは遠ざかった。今彼のエッセイについては、魅力を感じつつも入り込むことは難しくなっている。しかし、彼の執拗に問い続ける文体、現実の手触りを繰り返し自分に納得させようとする文体が、ある時期の私をいかにも強力に捉えていたのは確かであり、私は今でもその痕跡をまざまざと感じる。彼の訃報を最後の機会として、私はそのことを書き留めておかなければならなかった。[*5]

＊1　秋山の最初の著書は一九六七年の『内部の人間』で、そのあと多数の刊行物があるが、できる限り『秋山駿批評Ⅰ―Ⅳ』（小沢書店、一九七三―八一年）を参照する。四巻はそれぞれ「内部の人間」「歩行と貝殻」「壁の意識」「内的生活」と題され、八〇年までの彼の既刊の著作中の重要なものを収録している。各エッセイについては、その時代と密接に関係しているので、分かる限りで初出年を付記する。

＊2　『地下室の手記』（徳間書店、一九七四年）。一九五四―七〇年の日記である。「百五十日」の記述は、一九五五年の頃である。二〇―二一ページ。

＊3　「簡単な生活」は、三島由紀夫によって編集・翻訳されたペンギンブックス*New Writing in Japan*, 1972に収録された。その序文での評価。『批評Ⅰ』の解題から。

＊4　『日本文化私観』（講談社文芸文庫、一九九六年）収録、二〇九ページ。

＊5　実を言うと、秋山駿が早稲田大学文学部文芸科に非常勤講師として授業を持っていた七〇年代の終わり頃、私は助手をしていて、授業の準備など実務上で接することがあった。ダッフルコートを着ていた彼の姿を思い出す。しかし、十分に話を聞く機会を持たなかった。今ではそれをとても残念に思う。同じ頃、文芸科の主任教授であった平岡篤頼氏に、秋山駿はいちばん興味のある作家の一人だと話したところ、じゃあ彼について何か書いてごらん、と言ってもらったことがあるが、結局書かなかった。自分に近すぎるように感じていたためだったに違いないが、この遅ればせの拙い文章がいくぶんかでも平岡氏の厚意への御礼になればと思う。二人とも鬼籍に入られた今、この思い出も補記しておきたい。

詩と歴史——堀川正美詩集『太平洋』

1　汎神論を感受性に

見たり聞いたりという日々の簡単な生活。他者や事物との反撥し同意しあう交感。生きていることに伴うこれらもっとも基本的な行為の中には、私たちの総和が世界であり、私たちが世界の一部分である以上、世界の運命がかたちを変えつつも関わってきているはずだ。そして詩を書く——文学を実行する——とは、これら日常の中に世界から絶えず投げこまれてくるメッセージを明らかにすること、その解明を通じて、閉ざされがちな生活を世界の方へ向けて開放することである。その途上で生活はどのように変化し、詩はどんな姿を取るのだろうか？　私にとって堀川正美（一九三一年生）の詩集『太平洋』[*1]（六四年）ほど、右の試みの姿をまざまざと見せてくれるものはなかった。

『太平洋』は堀川の最初の詩集であり、一冊の詩集としては大部で、それぞれかなり長い八十篇近い詩が収められている。それらは三部に構成されているが、あとがきによればおのおの単行の詩集として計画されたことがあるからだと言う。この言明を証拠だてるように各部の見出しには執筆年代が記されていて、第一部「航海と探険」が一九五〇年から五五年、第二部「声そのほかの詩」が五四年から五六年、第三部「太平洋」が五五年から六二年となっている。一部分は重なりながらほぼ執筆順に並べられたと覚しいこれらの詩篇を読んでゆくと、持続された意志が数々の試行錯誤ののち、ついに標的を撃ち抜いたような強い印象を受ける。

この印象を追求するための出発点を、私は彼の詩の汎神論的心性というところに置いてみる。昆虫、植物、鉱物の名の頻出、自然現象を喩として使うという現れ方をするこの傾向は、もっとも広範囲に、つまり彼の詩作のいずれの時期にも見出だすことができる。最初期に分類された第一部の、そのまたおそらくは初期を示す第一章「初期の詩」の四篇の中にすでに、オパール、ダイアモンド、サファイア等の鉱物名が現れるし、また『太平洋』以降、七〇年の『枯れる瑠璃玉』を経て、現在読みうる最も新しい詩は「こおろぎ」と題され、そこにはサケ、マス、タラバガニ、ヒグマ、キンバイソウ、ウサギギクなどの動植物名が使われる。この現象は、世界のもろもろの存在と交感したいというのが彼の基本的な欲求であることを示している。

堀川の探究は、この欲求をどのように実現してゆくかというかたちで開始される。最初の試みは、インド神話への接近であった。第一部第三章「蓮の花の宝石を讃えよ」の詩篇がそれを示す。仏教成立以前の古代インドは、神々と人間の分離以前の世界であり、堀川はこの梵我同一性の様々の形象を借りて彼の感性を展開しようとする。しかし汎神論的志向の基底にあるのが世界との直接的交感への欲望であるならば、右の方法は距離と時間の遠い距たりを含むものであるゆえに、本来の志向と相反する。おそらくこのような反省に捉えられて、第二部になると、インド神話の語彙と雰囲気は拭い去られ、彼は自分の欲求の実現の時と場所を、彼の時代とその現実のうちに求める。

堀川の本来の探究が始まるのは、ここからである。では汎神論的心性は現代的にはどんなふうに実践されるのか？　彼の場合それは感受性として捉え返された。この語はのちの彼の詩（「新鮮で苦しみ多い日々」）から採ったものだが、事物や他者との交感は、作用の対象の側に着目すれば汎神論となり、実践者の側においては感受性となる。感受性とは事物を受け容れることであるからだ。これら二つのうち後者の立場を選択することによって彼は、試みをより自分の方へ引き寄せ、現代的なものにしようとした。ついでこの感受性に課題が与えられる。すなわち、汎神論があらゆる対象との関わりであるなら、感受性はあらゆる対象を深く無限に受けいれねばならない。

この試みの行方を正確に問うために、まず汎神論から感受性への転換によってどのような変化が現れることになったかを検討しておきたい。変化を促されるひとつは自己という概念である。自己の意識は、日常の中で分析や批判の拠り所となって一人の人間の個性と存在を保証している。しかし反対側から見れば、こうしたあり方によって、押し寄せてくる世界を拒絶する役割をも果している。だから感受性によって立とうとする時、このあり方は放棄される。彼はすべてを受けいれようとする。本当の自己といったものがあるかどうかは定かでないが、このすべてを受容する存在を自己だと決心しなければならない。

続いてもうひとつの変化が引き起こされる。それは時代と社会の登場である。おそらく背後で次のようなことが起こっている。感受性の拡大は自己意識の解体として現象する。とそれは現代社会に特有な事実、少なくとも私たちの時代に顕著になった事実、つまりどんな人間も大衆社会の一単位にすぎなくなり、確たる存在感を持てなくなってしまったというあり方と符合する。一方は望んで試みられたもの、他方は無理強いされたものという違いはあるにせよ、共通点は確かにある。感受性の練磨と拡大は、時代が奥底に隠し持つところのある意図に触れてしまうことになる。この合致は堀川の心を強くとらえる。詩人は時代と社会の子であり、それらに対して責任をとらねばならぬとは言い古されてきたことだが、その最初の手がかりを彼は見出だしたのである。

2 魂と歴史

だが右の発見は端緒にすぎない。問題がすぐさま現れる。もし合致が個人のうちでの欲望と時代の要請との合致にすぎないならば、後者の圧倒的な力のゆえに前者は押し流され、せいぜい時代の追認者になるか、また翻弄された敗残者になることしかできないだろう。だからこの合致を引き受けたところから出発して、それに引きずられることのない契機をつかまなければならない。この契機を堀川は恐るべき決断力でとらえる。

ちからをふるいおこしてエゴをささえ
おとろえてゆくことにあらがい
生きものの感受性をふかめてゆき
ぬれしぶく残酷と悲哀をみたすしかない。

（「新鮮で苦しみおおい日々」）

すなわち感受性をいっそう拡大すること。時代と社会の中で解体してゆく自己に先立って、しかもいっそう徹底的に自己を解体させ、それによってこの解体を、強いられた衰弱であることから能動的な行為に転換させる。そしてこの転換を通して、改めて交感の中で世界を受けとめながら、詩人の存在を、ひいては人間の存在を新たに作り出す。深められる感受性をついには時代よりも広大なものとし、それによって時代を了解する。これは危険な試みである。緊張が一瞬でも緩んだならば、時代は彼を呑み込んでしまうからだ。

三部構成のうちの一部でありながら、分量的には全体の三分の二を占める「太平洋」の詩篇が示しているのは、このような試みである。右に見た生成の過程によって、試みは二つの側で、つまり感受性の側の深化と、それに応じる世界の側の変化として眺めることができる。二者は最後には融和されるべきであるとしても、とりあえず個別にとりあげよう。それらの変化の過程の上で、指標となり得るような表現を、詩とエッセイを問わず、堀川の言うところから取り出してみたい。

まず感受性についてだが、感受性はそもそも汎神論的心性の所産であることを念頭に置くと、次の段階に位置するのは想像力という言い方であろう。事物を受けとめ、よりいっそう深く取りいれる時、感受性という言い方で一般に連想される即座の忠実な反応という様態は、変化する。対応する心理はより複雑になり、事物の印象は重なり合う襞をかいくぐり、再び表に浮上する時は以前とは姿を変えて現れるからだ。堀川は次のように言う。〈オブジェ（事物・対象）の印象を受け入れてそれを内組織中の一片の異物のように意識内部を運搬してゆき、その間直覚と感性のあたりをたまり場としてむかってとびあがってくる他の潜在印象と衝突して暗い火花を散らし、多方向に不規則な運動をしるしながらやがて感覚と思考の境い目に現れ出て始めて意識的なものと感じられるようになり、外界に関わる手段として表現をえらぶ自我主体の活動に急速に吸いこまれてくるその自我エネルギーこそ想像力の生命であろう〉(「一九五九年前半での『詩論批評』」、五九年)。

続くのは、〈魂といえるほどの感受性の深みと領域〉(「暗い鏡の上の洗濯板」、六二年)という言い方だろう。注目すべきは感受性と魂の同一視である。感受性は普通、判断力とか理解力とかと並んで心的な能力のひとつとみなされている。それが魂という人間の中心にある最重要なものと等価とされる。感受性は深められ、その結果人間のありかたそのものを意味することになる。

感受性の右のような変化に呼応して、世界の様態も変化する。かりに世界と総称するとしてそれは、精神が汎神論的心性の段階にある時は、見てきたように、基本的であるにはちがいないが自然的なものである。この様態は感受性が想像力を経て魂へといわば人間化されるに応じて変化する。有機化される、というふうに言って良いかもしれない。自然的世界は組織され、構造を与えられ、具象化される。自然は人間となり、人間は共同体を作り出す。エッセイの中で共同体は、伝統、民族、階級などの語彙で語られているが、詩においてはもっと直截に表現される。それは第二章「時間とヴィジョン」にまとめられた核の恐怖を主題とした一群の詩篇である。原水爆とは単なる時事問題ではなく、あらゆる共同体——日本だけではなく地球全体の——が等しなみに受けている試練であり、堀川はそれを引き受けることで共同体という問題意識を可能にしようとする。いくらか視点を変えれば、核の恐怖はその圧倒的な力のゆえに人間の個別性を無意味にしてしまう最たるものであって、それは現代の問題の象徴でもある。だから核について書くことは、時代の本質的な問題への接近のひとつである。

共同体から時代へという展開はけっして偶然ではない。それは身近なものから発して世界が避けがたく総体化されてゆく過程である。この過程を、詩人は水準の差を越えて駈け昇る。

明日はどんな十二月か、一月か。
来月はどんな年か。
来年は、どんな時代なのか。
（「アメリカの男たちに」）

時代への問いは、時代というあり方への問いを導き出す。次に来るのが歴史である。歴史という表現は、「太平洋」のしかも最後の第四章「斜面の上で」の詩篇と、それと同時期に書かれたエッセイの中でのキー・ワードである。だがなぜ歴史なのか? 人間は共同体を作ることで空間を得るが、さらに時間を得て歴史となる。こうして歴史とは時代の総和であるばかりでなく、世界のもっとも全体的な様態、世界が実現されるための本当は唯一の様態なのだ。

3 出会いから同化へ

魂という段階に達した時、世界を受けとめる詩人の姿勢は最高度に鋭敏なものとなり、同様に世界は歴史となって最高度の全体性を獲得する。しかし、詩である以上、概念の使用が優先されるのではなく、さまざまな表現が試みられる。魂についてはもっぱら感受性という言い方が、歴史についてはしばしば時代という言い方が採用される。けれども今や達成をふまえ、汎神論的心性や自然が対象となる場合にも、それらはあらゆる高度な意味合いを備えて現れる。

この時新しい局面が拓かれる。二者の交差と同化という出来事である。詩人と世界の間には、冒頭に見たように、はじめから汎神論的な照応関係がありはしたが、今回それははるかに強められ、融合にまで至る。堀川の詩が較べるもののない輝きを放ちはじめるのは、この時からである。この出来事の最初の徴候は、求心性である。

空のおおきな渦は
絶壁をあるいてゆくものを
しぶく霧の中心へいざないつづける

（「海峡」）

中心化が感受性と世界のそれぞれにおいて行われてはじめて、両者の一致と同化という出来事が可能になる。なぜなら中心を自覚するとは、自己の全質量をそこに負荷することであり、それを通じてはじめて他者に出会い、自己を委ねることが可能になるからだ。接近はまず次のようになされる。

やさしさをもとめるやさしさ
中心にちかづく中心
それはいつも動くもののなかにあり
動くものの支配はひろがる

（「混沌に捧げるオード」）

そして接近は出会いとなる。

こころがすべての部分をひとつの音にする時
べつなこころのすべてにであう

（「行為と実在」）

すべての部分が集まるところとは中心にほかならない。この出会いはたぶん一人の異性を相手に行われているが、背後にはまぎれもなく世界のすべてが積み重ねられている。

だが求心性は、二者の出会いによって目的を果し終えるのではない。反対に中心を求めるものが合致することで、希求は自乗されいっそう強められ、中心の中にさらに中心を求めようとする。そのことは中心の魅惑がきわめて強いものであると同時に、中心とは到達されても同定されることのついにないもの、つまり先の引用にすでにはっきり述べられているように〈動くもの〉であることを予告している。しかしそれは将来のことだ。その前に見ておかなければならないことが、まだいくつかある。

そのひとつは遍歴である。堀川はエッセイの中で、遍歴する聖者と、階級の中を移動しながら組織してゆく革命家と、さらに時代を彷徨う詩人という三つの像が重なり合うありさまを空想している（「感受性の階級性その他」、六二年）が、この場合の遍歴および移動とは無論、中心へむかう詩人の運動のことである。

きみの底なしの春から
生あるものは施しをあたえられて遍歴してゆく
そのうしろで
放たれた原子はぶっつかりつづけ
力をひき放してべつな使命を生みだす

（「混沌に捧げるオード」）

詩人は、その感受性をいっぱいに開放しながら、もろもろの事物の間を横切ってゆく。そしてあらゆる時刻とあらゆる場所で、反応を引き起こし引き起こされ、語りかけ語りかけられる。「混沌に捧げるオード」「黄金時代」「貝殻草」等に現れるこうした現代の汎神論的風景というべきものの中で、世界は新たな遠近法を作り出す。

見ておかねばならないことのもうひとつは、相反する二つの力の共存という現象である。一見矛盾とすら見えるこの現象は、汎神論的傾向と同じほど広範囲にわたっており、彼の詩の最大の特徴のひとつであろう。たとえば、

きみを発見してゆくこと　それは

われわれが生のうちでなんども
死なねばならないことだ
の生と死。

（「混沌に捧げるオード」）

こうしてわれわれは遍歴し
出発と帰還をつないでゆく
の出発と帰還。

（「想像力の休暇」）

恐怖と愛はひとつのもの
だれがまいにちまいにちそれにむきあえるだろう。
の恐怖と愛。

（「新鮮で苦しみおおい日々」）

われわれがひとつの

終りそしてひとつの始まりに
なるためにどんなスポーツシャツがどれくらい必要なのか

（「去った夏の物語」）

の終わりと始まり。あるいは、

ねえ、何にでもなれるし何にもなれない
今日も勤めにゆくこととときみの
あまい乳くびを愛していることと
どちらがどうだ？

（「感動が無感動になるとき」）

の形態と不在。こうした対比的な思考に支えられた詩句の例は、必要とあればさらに拾い出すことができる。

これらの表現は恣意的と言われるかもしれない。けれどもその中に、単なる詩人の個性を越える問題が現れるのを見ないだろうか？　中心と中心が接近して、世界が感受性に投げかける作用と、感受性が世界に投げ返す反作用は目まぐるしく交代し、ついに重なり、同化し、どちらがどちらかわからなくなってしまう。その時、こうした表現が現れる。世界のあらゆる事象を受け容れることは、既成のものとしてあった自己を解体させることであるために死と不在であり、感受性への事物の逢着であるために帰還と終わりであり、世界の圧倒的な現存のために恐怖である。他方反作用とは、この世界を受けとめた詩人の意志を再建することであるために生と形態であり、出発と始まりであり、愛であり得る。だからこれら相反する二者を同時にとらえようとする表現は、長い遍歴を経てきた詩人がついに中心に、中心の中の中心に到達しようとしていることを示す。そしてこの中心は、常に探究の指先から逃れながら、逆にそのことによって探究を誘ない続け、生と死の間、恐怖と愛の間という広大な領域の内で活動する力を与えるものとして自らをあらわにする。

4　融和と分離

詩人と世界の照応関係は同化にまで押しつめられる。だが両者の間で緊張が高まってプラズマが形成される時、一瞬の閃光のように走って二つを貫くこの融和の本質をさらに見抜かなければならない。この閃光がもっとも明瞭に観察されるのは、「新鮮で苦しみおおい日々」においてである。

時代は感受性に運命をもたらす。
むきだしの純粋さがふたつに裂けてゆくとき
腕のながさよりもとおくから運命は
芯を一撃して決意をうながす。けれども
自分をつかいはたせるとき何がのこるだろう？

感受性は深められ、世界は歴史へと総体化される。するとこれら二者は、各々の中心に各々のすべてを集中し、その重みによって、ちょうど地球の中心に重力が集中してマグマを生じさせるように白熱して溶解し、融和現象を可能にする。この時歴史は、「現在」という一瞬の時刻のうちに収束して、そこに生きる者の感受性の上に出現する。けれどもこの出現は、融和の中では、かつての抗争相手である感受性を押し潰すためでなく、表現されようとして自らを感受性に委ねるためのなのだ。一方感受性は、この出現を肯定し、想像力の回路を巡らせつつ受け容れ、時代のもたらす意味によって歴史を把握し、押し返し、詩人の、つまりは人間の存在を確認するように作用する。むき出しの純粋さとは融和状態のことだが、それは時代と詩人に再び裂かれなければならない。その際時代は、自分の作用を感受性の上に刻印して運命とする。この刻印の行為は同時に、詩人に出立を決意させる背後からの一撃にほかならない。
融合したものが再び分離する時、感受性は詩人へと返される。この情景をも見届けておかなければならない。それがとらえられたのは、「新鮮で苦しみおおい日々」と同じく第四章「斜面の上で」の最後、つまり詩集『太平洋』の最後に置かれた「へんなひとがやってくる」においてである。

へんなひとがやってくる
やってくるのはわたしだ
へんなひとがやってくる
でむかえるのはわたしだ
へんなひとがやってくる

重要なのは第一に、あの融合の中から誰かが「やってくる」ということである。やってくるのは詩人にほかならない。重要な第二の点はそれが「へんなひと」だったという発見である。この奇妙さは、やってきた詩人が、「私」であって「私」でないというところから来ている。「私」は到来しつつ、この到来する「私」を出迎えるという引き裂かれた様態にある。この様態は何を示しているのか？　奇妙さは、最初は詩人の自己意識が解体されてしまったことに発しているが、今度それは、自己意識が時代に見合うために詩人の能力を越えるほどに拡大されて返却されたためである。

彼は今や、鍛えられてはるかに強固になった自己意識を持ちながら、持っているのは「私」と言って安心していることはできない類の自己意識である。より詳細に言うならば、この新しい自己は、本当は時代の全体に対応するゆえに普遍的な自己であり、そのため詩人とはもはや固有名を持つことのない無名の人間であって、この自己は決して自己とはなり得ない。しかし詩人はこのような自己を委ねられて、自分の上に引き受けねばならない。これが新しく鋳出された〈へんなひと〉としての詩人の姿なのだ。

他方歴史の姿も新しく鋳直される。同じく「斜面の上で」の中の「行為と実在」に次の一節がある。

だから出発させてくれたものがすぐさま
強固な敵にもなるのだ。歴史が敵だ
それが愛だときみはいわねばならない。

詩人は歴史によって出立を促されるが、それは歴史が再び詩人に対立しはじめるということだ。だが両者の間には、融合の中で獲得されたかつてなく強い紐帯が存在している。それゆえに詩人が歴史に対して抱く感情は、愛でもあれば敵でもあるのだ。だが詩人と歴史については、もっと広範かつ正確に見届けなければならない。

5　詩の生起

歴史とは世界が有機化され総体化されたもっとも高度なものだ。総合を言うことは簡単だが、実行するとなるとこれほど困難なものはない。時代と社会を切開して見せること、一断面を提示すること、それだけならさしてむずかしくはないし、例にも事欠かない。私たちがある時代と社会に生きているならば、そこに含まれている諸要素のいずれかに拠って生きているのだから、それを顧みれば一片の真実を示すことはできる。だが真実とは、現れ方は幾通りもあるにせよ、本性上ひとつでしかありえないのではないか。そしてこの真実は全体というものが持つ真実であるほかない。なぜなら全体とは存在する唯一のものであり、そのために真実の担い手として唯一適格なものであるからだ。

ではどのようにしてこの真実は開示されるか？　そのためには中心が明らかにされねばな

らないだろう。全体を全体のままにとらえることは限られた個人の力では不可能だし、現代のように社会が複雑となった場合にはますます不可能となる。だが、各部分への個別の対応を加算するのではなしに、全体に対応する方法がある。それが中心を突くことだ。なぜなら、ことが人類と地球に関するものである限り、中心にはすべての重みが集中してくるはずであるからだ。この集約された重さを担うことで全体に対応することができる。

同時に、そのことによって重要な転化が起きる。すなわちこの集中によって、地球の質量がその中心に重力を生じさせたように、人類の中心にもある惹引力が生じるのだ。どんな時代のどんな社会にもこのような地点は存在する。諸々の事物は、地上のものである限り、どれほど分断され無関心に見えようとも、そこからくる磁力に反応せずにはいられぬ感覚を備えている。そして詩人とは、この魅惑にもっとも敏感で従順であろうと決意した者のことであり、さらに自分がこの地点に赴く途上に出会う様々の事物と人間に反応を誘発し、出発を促すところの者である。堀川が、

ああいつだってきみは反応でいっぱいだ

（「混沌に捧げるオード」）

と言う時明らかにしたのは、詩人のこの性格である。そもそも全体が現象してくるのは、中

心が措定されるのと平行していた。つまり全体は、その中心で自身を一人の人間に委ねるために現れてくるのだ。

『太平洋』に繰り返し現れる遍歴と中心のイメージは右の試みから来ている。中心に立つことで時代と社会の全質量を担い、かつ対抗することができる。必要ならば質量を再び像に変えて、どんな遠い事物にも触れることができるし、反対に身近な何の変哲もない事物に触れる時にも、その関係の中に時代と社会のすべての意味を浮上させる回路が作られる。詩が普遍的なものとなるのはこの時である。たとえば堀川が愛という時がそうだ。前節の引用のように、歴史は愛の感情を促す。けれどもそれは漠然とした比喩ではなく、もっと具体的な事実を意味している。なぜなら、世界は人間の方へ引き寄せられて共同体となり歴史となったが、この人間という最初の条件に着目するならば、歴史意識の根本にあるのは、人間すなわち最初の他者としての愛人への意志であるからだ。歴史と愛人は、世界のあり方の極大と極微である。だから一人の女に対する愛という個人的にすぎない行為の中にすら、歴史を透視することができなければならない。愛を語ることが歴史を語ることになり、愛を引き受けながら歴史を引き受けねばならない。

歴史という全体性が現れたことは、もうひとつ重要な帰結をもたらす。全体とは有無を言わさぬものである。先の言い方を受け継いで言えば、部分にかかわる時、私たちは欲するならばそれを嫌って、別の部分に乗り換えることができるだろう。しかし全体にかかわる時には、それが唯一のものであるために、私たちにはこのような恣意は許されない。私たちは不可避なものの前に立たされるのである。不可避であるとは何か？　それは出現してきたこの全体に向かって、そこから力を委託され促されながら、何かを言わねばならぬということだ。歴史を前にして詩はもはや責任なのだ。

この責任は第一節でその端緒に触れた詩人の責任とつながっている。それは最初、右のように何か発言せねばならぬというかたちで始まるが、すぐさますべてを言わねばならぬというかたちに展開される。なぜなら全体を負荷されてそれに応えようとする時、それは全体に応えることでなければならず、全体に応えるためにはすべてを言うほかないからである。だがまた、中心というこの位置で何かを言うことは、それが片言隻句であるとしてもすでに、すべてを言うこと、言い得ることへと確固として結ばれているはずでもある。

この時詩の言葉は不思議な強さを得る。詩の言葉とはあのむきだしの純粋さ、感受性と時代が一瞬化合して形成した唯一の物質のことである。堀川は、

化合しあうもののなかでしか
われわれの希望はとりだされなかったと。

（「アルコールii」）

と言うが、希望とは詩人にとって詩の言葉以外の何物でもない。だが火中の栗を拾うような
この作業が困難であることは言うを俟たない。彼はそのことを良く自覚している。

海は失敗し、また失敗し、沖では船がしずみかかっている。
の失敗。そして、

（「失敗の海」）

渦は渦にかさなりあい、海草はパチパチはじけて
海底から、きみの胸から火の蟬がいちどにとびたった。
の成功。失敗と成功の加速される反復の中で、詩の言葉は生起し、また消滅し、

（「伝説の一章」）

プラズマのなかで変貌する夢

（「黙示録」）

となって比類のないきらめきと強靭さを持ちはじめる。すべてを言うことが責任であるとは

詩にとって何か？　それは詩がすべてを可能にする権能を獲得したことであり、すなわち詩の根拠が触れられたことである。詩の力はここからしか汲まれ得ない。とすれば歴史の中心を目ざして遍歴してきた詩人の探究はまた、詩自体の源泉の探究でもあった。

6　円熟から変容へ

中心と源泉が到達せられたらそのあとはどうなるのだろう？　堀川は探究をそこまで届かせる。『太平洋』の最後から二番目の詩「貝殻草」は次のように始まる。

死がきみを受けいれてくれるところまでいつかはゆきたまえ。
許されるあいだそこにとどまっていてくれ
ここになるべくちかく――なるべくながく！

死が受けいれてくれるところとは中心のことであり、必要なのはそこに可能な限り近く長くとどまることだ。しかし中心に達することと以上に、そこにとどまり続けることは困難である。中心は動いて止まぬものであり、動揺は中心の中心においていっそう甚だしいからだ。とどまるべき場所が、中心そのものでなく、近くと言われていることがこの事情を物語っている。第三部「太平洋」はさらに四節に分けられていて、最後の節は「斜面の上で」と題されている。この命名から分かるように、最後の地点は磨きたてられ揺れ続ける斜面であって、ほんのわずかな油断で取り返しがつかないほどに滑り落ちてしまう。均衡はただ、のしかかってくる時代の力を、栄光と悲惨とを問わず、すべて引き受けることによってのみ可能となる。

ならばとどまり続けるとは何か。とどまるという言い方からは保守的な姿勢を連想されようが、事実は正反対である。中心での詩人のありようについては、堀川の詩から二つの語句を拾いあげることができる。ひとつは「円熟」である。あの「新鮮で苦しみおおい日々」の最後の一連で彼は次のように言う。

円熟する、自分の歳月をガラスのようにくだいて
わずかづつ円熟のへりを嚙み切ってゆく。

円熟とは豊饒な内実を持つことであろうが、世界総体の意味を獲得することができるのは、中心に立った時のみであり、この点からすれば、円熟は中心に達した時のみ可能となる。だが同時に、強いられ引き受けねばならぬものでもある。そのとき、円熟のもうひとつの様相

が現れる。〈くだ〉くとか〈へりを嚙み切〉るとか言われているように、それは苦汁に満ちたあり方でもあって、この言葉で普通考えられている落ち着きや安定とは全く異なる。

円熟のこの様態は詩人のもうひとつのありようにつながる。それは「変容」である。変容についてはすでに、これまでの引用で十分見えている。私たちは堀川の詩の中に、対になった表現があるのを見た。変化はまず、これら対立する極の間の往還である。しかしさらにこれらの間にあるのが、動いて止まぬものであるのを知ったならば、中心が変化としてのみ実現されることが、すぐさま了解されるであろう。堀川の詩にしばしば現れる海のイメージ、そして詩集全体が『太平洋』と名づけられたのは、このどこまでも揺れ続けるものの経験から来ている。

変化とは中心そのものである。だから変化するのはまず第一に、中心に形成される唯一の物質としての詩の言葉である。だがこの変化の及ぼす力は強烈なものであって、変化を演出した者すら、それを逃れることはできない。感受性の担い手である詩人は〈へんなひと〉となり、歴史は時代から時代へと移ろってゆく。詩こそすべてのうちで変容の先頭を行きつつ、他者と世界に向かって変容を呼びかけるところのものだ。逆に、もし私たちが、そして私たちの詩と時代が変わり得るとしたら、それはこれまで見てきたようなすべての過程をくぐって中心に達することによって以外には可能でない。

円熟と変容は同じものだが、前者は次第に後者のうちに吸収されていったように思われる。なぜなら、感受性の底に見出だされたのは、私たちを存在させ、詩を可能にし、歴史を発見させる根本的な力の生起だったが、この生起をとらえるためには、円熟と言うよりも変容と言った方が似つかわしいからである。力は変化そのものとして現象する。それは、堀川があたうかぎり簡潔に次のように言った時、鮮かに捉えられたのである。

変わってゆけ　変わってゆけ　変わってゆけ！

（「波」）

＊1　堀川正美『太平洋』は、思潮社、一九六四年。現在は『堀川正美詩集』（思潮社、現代詩文庫第二九巻）に全篇が収録されている。以後の詩集としては七〇年に『枯れる瑠璃玉』（思潮社）、七八年に全詩集『堀川正美詩集1950-1977』（れんが書房新社）がある。次に触れる「こおろぎ」はこの全詩集に収録されている。彼は以後詩作を絶っている。ほかに評論集『詩的想像力』（小沢書店、一九七九年）がある。引用はこれらによる。

万華鏡の世界——築山登美夫[*1]の二つの詩集

同意と拒否——『異教徒の書』

1　水準器としての言葉

言葉とは一種の水準器のようなものだろう。それはつねに僅かな傾きを示す。その傾きは言葉が組み合わされることで増幅され、ほかの言葉を呼び寄せ、重ね合わせ、一つの強いイメージ、その社会と時代を集約するイメージを結ぼうとする。そして目に見えないこの作業を担い加速させるのが、詩人だろう。そして詩人であれば、大詩人であろうが、マイナーポエットであろうが、また、時代を意識することを心がけていようが、私事にかまけることを宣言していようが、この動きに足下をすくわれ、よろめきながらも、この集約の方向ににじり寄っていくように促される。

詩人の仕事に対するこの考えと敬意は変わらない。しかしながら、かつて考えていたことから変化した点がひとつある。それは、この集約に現れるイメージを、私はどうやらひとつの明確なイメージ、そのゆえにどこかしら美しいイメージとして頭に描いていたらしいのだが、それは過ちであるらしい、ということだ。そう考えさせたもののひとつは、築山登美夫の詩の仕事である。一九八二年の最初の詩集『海の砦』（弓立社）以来、八九年の『解剖図譜』（七月堂）を経て、彼の仕事は、試行錯誤を含みながら、集約点へのこの降下を試みてきたが、九七年の『異教徒の書』（砂子屋書房）は、一種の奇怪な万華鏡的な世界を提出するにいたったように思える。

この詩集中には、さまざまな物語あるいは素材が侵入し溶融している。誰もが知っている社会的事件から、読書の覚え書、新聞の三面記事にまで至る多様な切片が、あらゆる方角から侵入し、衝突し合い、乱反射する。読む者は、それらを抽象して一つの意味を引き出すことを誘われるだろう。だがしばらくするうちに、そのような意味づけが第一義的な重要さを持つのではないこと、何か別の次元に向かう運動があることがわかってくる。それをとりわけ強く思わせるのは、詩集中で一番長いが未完の作品、野心的な「悪魔の詩」である。

この作品のうちには、作者自身が詳しく注記しているように、「悪魔の詩」事件、歌手岡田有希子の投身自殺や中森明菜の自殺未遂という芸能界の事件、SF映画『ゼイリブ』、それにスポーツ新聞の風俗欄から取り出された出来事までが侵入している。だがこれらの諸事件は、言葉に乗せられることで、時事性を剝ぎ取られ、読み変えられ、地下室の壁から滲み出る水のように、詩の空間の中に浸潤してくる。それは時代とのもっとも密かな、しかしもっとも内部的な交渉となるだろう。

だから、言葉に乗ってやって来るこの侵入に関してまず重要なのは、その正体の探索であるよりもその様態の把握であり、その中からこの侵入の意義が現れてくる。意義は時代的なものであり、それは事件が個別性を剝ぎ取られていったときに、よりよく見えてくる。第Ⅱ節で「悪魔の詩」事件――イラン最高指導者ホメイニによってサルマン・ラシュディの『悪魔の詩』がイスラムに対する侮辱だと判断され、それを日本語に訳した筑波大学の五十嵐一《ひとし》助教授が殺害された――が導入されるが、その「聖地」から来る「真理」が他人から売り渡された真理でしかなく、つまり真理とはいずれそんなものだと揶揄される。「真理」の導入の不能さがこのように暴かれた後で、今度は別方向から不可解な現象が起ころうとする。それは第Ⅲ節の冒頭部である。

ジー、ジッジッジ、ジー

ジー、ジッジッジ、ジー

その日から地球の自転する音が聞こえはじめた。

ジー、ジッジッジ、ジー
ジー、ジッジッジ、ジー

それは耳鳴りのやうでもあり、
放送がをはつたあとに持続するＴＶの発信音のやうでもあるが、
まぎれもなく地球の自転音であり、
同時にそれは、〈かれら〉がわれわれに送つてくる電波でもあるのだ。

不意に侵入してくる音は、地球の自転音のようでありながら、テレビの発信音のようでもある。前者であるなら、それに耳を傾けねばなるまい。しかし、音に耳を傾けると、後者の性格に乗って、実際にテレビで放映された映画、しかもエイリアンの侵入という主題を持ったＳＦ映画が侵入してくるのだ。この複層性に注目しなければならない。音はそれを耳にする者たちに変調をもたらす。「なんだか頭がいたいわ」「なんてをかしな海賊放送だ」「どういふことか説明してくれ」。聞いた者たちは一様に、不審を表明する。不審はなぜか？　それは最初からはっきりと読み取られている。地球のこの自転音が〈われわれ〉ではない〈かれら〉から送られてくる電波でもあるからだ。右の発言は実は映画のせりふの引用である。〈かれら〉が何者であるのかは分からない。わかるのは、〈かれら〉はどこかから地球にやってきて、〈怪物〉と化して住み着いている、ということだけだ。

〈かれら〉はわれわれのあひだにまじつて生きてゐる。
〈かれら〉はふつうのニンゲンにみえるやうに整形してゐるが、
この特製のサングラスをかけると、
溶けたチーズをまぶしたやうな、メタリックな、皺だらけの顔がバレてしまふ。
それはまるで神話上の怪物のやうだ。

だがこの侵入は一例にすぎない。ほかの例を証明し、繰り込まなくてはならない。その証明によって侵入が広く異和をもたらすのを明らかにすることが、この詩の最初の任務である。侵入は、いく通りにもとらえられている。まずは詩人自身を押して、その口から言葉を溢出させる。彼はすでに第I節で、この信号音に無意識に反応し、自分だけの脈絡によって路上で、「まつたくそのとほり！」とつぶやいている。するとその言葉は、前を歩いていた二人の女子中学生を驚かせ、〈ダッと駆けだ〉させる。あるいは第V節では、言葉は反対に遠くから彼に向かってやってくる。それは彼の股間にしゃがみ込んだ風俗嬢からの、「お客さん、まだ出ませんか？」という問いかけである。〈ふいに下のはうから、くゞもつた女の声がたちのぼつて、／*White out* した頭蓋の膜をとほつて、滲入してきた〉。また未完の第Ⅸ節では、意味不明な声が彼の耳に届く。〈――エーエーエーエーエー／甲高い声がいつまでものびている。ただ一心に、／――エーエーエーエー／きちがひ女、盲人たちの祈る声だ〉。侵入の例をこうして拾い上げてみると、聴覚から来るものが多いことに気づくが、それは視覚は目をつぶってしまえば塞ぐことができるが、聴覚は耳を覆っても断ち切ることが難しいからだ。

ではこれらの侵入に対して、詩人自身はどんなふうに追従するのか？　駆け出した女子中学生に対しては、次のようである。

もうぢきあの中学生のひとりはマンションの屋上からとびおり、ひとりはふろ場でてくびをきりおとすことになる。

ひらめいた啓示のいなづまにわたしはうちのめされ、つぎにすばやくたちなほつて、早足でふたりの女子中学生のあとを追つて行きました。

彼は自分が引き起こした混乱を修復しようとはしない。反対に、相手の反応を利用して、混乱を加速し増幅する。すると、ひねくれにも似た悪意が彼にこみ上げてくる。

さう、あなたがたの考へは根本的にまちがつてゐます。
あなた方が自分であやまりに気がつくことはどうもなさそうですから、
このわたしが変へてさしあげませうね。　（以上第Ⅰ節）

侵入者たちはいったい、何を引き起こすのだろう。代表の一つはエイリアンたちだが、〈かれら〉と私たちについては、次のように語られる。

《かれら《ゼイ・リヴ》》は生き《アンド》、《われわれ》はねむる《ウイ・アー・スリープ》〉　（第Ⅲ節）

〈かれら〉と〈われわれ〉は反対の様態で存在する。他方で風俗嬢からの問いかけに対しては、詩人は答えることができない。時間切れとなった彼は放置され、答えようとする彼の動きは彼自身のうちへと屈折する。〈わたしはいつたいどこにゐて何をしてゐるのだ?〉(第Ⅴ節)。明らかになるのは混乱である。そしてもう一つの主要な主題である「聖地」の「真理」は、最後の節に復帰してその不能を露わにする。

　環状の死が散乱する土の外に、
　　ベドウィンの生きる砂漠
といふものがあることを想像せよ。
　そこでは死は生と連結せず、
沙の中で乾いて断ちきられたまゝ
なげだされる。
(第Ⅷ節)

生と死の連結とは、私たちの存在の一体性の根底をなしているだろう。その連結は、詩人の砂漠においては断ち切られてしまう。連結は、さまざまな異質なものの侵入を防ぐための最後の防壁であったはずだ。それが切断されるとき、生も死も単独のままそこに投げ出され、疑問、反撥、嫌悪だけが渦を巻くことになる。これが最初の様相である。

2　常を越える光

この不和と離反は、いったい何の徴候なのだろう？　それは詩人の力不足なのか？　それともこのように侵入してくる力とイメージはつねに詩人あるいは人間一般の力を越えてしまうものなのか？　ここは、力を尽くさずしては到着し得ない場所だろうが、到着した後でもさらにいっそう力を消耗させる場所だろう。だが詩集『異教徒の書』は、すくなくとも一度はそこに達し、とどまろうとする意志を見せる。別の作品だが、この意志をもっと明瞭に見せているところがあるので、参照しよう。踊る男を描いて「超常光」と題された作品である。その冒頭の一節は次のようである。

超常的な光に照されて男は踊つた
多様な次元のできごとの複合を
男は踊つた
多様な次元のできごとの複合した舞踏を

超常的な光に照されて
多様な次元のできごとの複合をビリビリひき破る舞踏を

それが男の生の全体だつた

多様な次元は複合する。その動きを司るのは、男の舞踏すなわち運動である。けれどもこの接合は同時に、やはり舞踏によって引き裂かれる。複合とは融和ではない。多様な次元は非対称的に結び合わされることしかできないし、そうだとしたら、引き裂かれることは必然であり、そのことがさらに男に舞踏を促す。複合とそれを引き破る動きとは、逸脱と破綻とそれを修復する作業を繰り返すこと、舞踏を通して運動に同意し拒否することだ。けれどもこの運動の中で彼はなにか特異なものを探り当て、それによって常ならぬ光を自分の上に引き寄せ、今度は自らが輝き始める。この作業を自分の生の様態として引き受ける者が詩人となる。

3 分裂と相互浸透

詩人の本来の仕事が始まるのは、おそらくここからである。彼は彼の集約点に集まってくるイメージとさまざまな力の浸透とせめぎ合いを、そこで均衡を取り、イメージとして表現することに満足するのではなく、それらをより深く、詩の内部、言語の内部にむかって導き入れようとする。このいっそう深い侵入は、これらの力そのものに本来備わった作用であり、彼はそれを受け入れる。すると詩と言語は内側から動揺しはじめる。

この運動には、いくつかの段階を観察できる。それは「超常光」での言い方に似せて言えば、まず詩の複層化を引き起こす。現象は、「書記機械と女」「二重の視覚あるひは夜のサーカス」等、『異教徒の書』のいくつかの詩篇に現れているが、今は「悪魔の詩」に対象を絞って追求してみる。複層化がはっきりと現れるのは、第Ⅳ節である。

讃へあれ、アッラー、万世《よろづよ》の主、
あんたはほんとに気狂ひじみた話をききたいと思ふかね。
慈悲ふかく慈愛あまねき御神、
細い穴から、ものすごい勢ひでイヤな臭ひの霧がふきだしてきて、わしはそのひろがる
霧をしたゝかにあび、
審きの日の主宰者。

わしの横隔膜は赤熱した鉄になつたやうで、わしは照りかゞやくその横隔膜のドームにはひつていつたんぢや。

一、三、五行目はコーラン冒頭からの引用である。ここでは、詩句がコーランの読誦の侵蝕を受けている。侵蝕してくるのが宗教性だということの意味は重要で、強い緊張をもたらすが、同様に、反対側に悪臭を放つ細い穴（排泄器のことだろうか？）が現れることの意味も取り落とされてはならない。緊張は、コーランを読誦する声と悪臭を浴びて語り続ける声の間で、つまり聖なるものと卑俗なものの間で、極度に強化される。その結果、どちらが侵蝕し、どちらが侵蝕されているのかの区別も、またそれぞれの正体を突き止めることもさほどの意味を持たなくなり、ただ分裂したものの間の相互浸透を示しているだけだと言えるほどに至る。その時響き続ける二つの声は、無数の声の任意の代表に過ぎない。そしてこの氾濫する複数性に促され、相互浸透はいっそう加速されて、今度こそ言語そのものの内部に侵入する。第Ⅶ節でこの侵入が見えてくる。

ママママ空中を、超高速でモモモとびかふ、おびたゞしい精霊のむれ。
ぶつかりあはないのがミミミ、ふしぎなくらいだママママ。

ワタシは頭からすつぽりとヌヌヌ、衣をかぶつてノノノ、地に伏し、
空が千々にナナナ裂け、山々がヌヌヌとび散る光景を、掌のなかのいなづまにノノノ視てゐる。

〈マママ〉以下の音は、最初の〈ジー、ジッジッジ、ジー〉という音と類似している。しかし、冒頭の音は、まだ音として認められ、信号音という一つのイメージをなし、その本性が問われ得た。しかし今回、音は、何のイメージも与えることなく、ただ音として現れる。それは単純な振動音となり、そのために言語の基底にまで浸透することができ、その結果、言語を内部から動揺させる。

　これらの音は、詩句の中にやすやすと滑り込み、ほとんど異和なしに浮上してくる。そのことは声に出して朗読してみれば、よくわかるだろう。音は言語そのものとなる。しかし、それはまた異様な音として言葉を聞く者の耳をそばだたせ、異物としての存在を次第に強めてくる。書きとめられた言葉の裏には、それらを分断しようとする不可解な音が反響し、音の下では意味が押し流される。

　言葉はこのように複層化され、不可解な音は、言葉をその外部へと繰り拡げようとする。

けれども、言葉は、終わりなく変転するとしても、言葉である以上、言葉以外のものになることは難しい。そして言葉に携わる者の生は、言葉の中に位置し続ける。だから、詩人は言葉のうちにとどまり続けながらも、言語の限界を否応なしに確認することに追いつめられる。そこに詩の問題の最後の転調が現れる。第Ⅶ節の終盤はそのように読まれなくてはなるまい。

ワタシは詩人——プププあの奇想、狂言綺語をもてあそぶポポポきつねつきどもの末裔ではない。
その証拠に、ワタシのコトバはすべてピピピ預言であり、見てのとほりポポポすでに実現してゐるではないか。パパパそれでもアナタガタは、それが視えないと云いはるつもりなのか！

わたしはなにごともなかつたかのやうにアタッシェケースを右手に提げ、信号待ちをし、四谷見附を曲つて、外濠を右にみながら、わたしの交渉相手の待つビルへと、歩いていつた。

彼はもう自分は詩人ではないと告白するに至る。なぜなら、狂言綺語は彼の制御を逸脱して、預言となってしまうからだ。だがそれは実現されるとしても、誰の目にも見えない以上、けっして実現しない偽の預言でもある。言語の中で起こることは、本当は誰にも見ることができない。詩人すらも見えたかと思ったときに、それを見失う。このとき、詩人は沈黙し、発語を切り替え、詩人であることを止める。ゴチック体と散文の採用がその徴だろう。彼は〈なにごともなかつたかのやうに〉ビジネスマンへと変身する。彼は信号に従い、通りを横断し、曲がり、新たな交渉相手の待つビルにはいる。だがこの交渉相手とはふたたび彼に言葉を二重にすることを強いるあの侵入者たちであるかもしれない。多分そうなのだ。なぜなら、この詩は、未完だとしても草稿が書き継がれ、公開されてもいるからだ。彼は再び詩人となるに違いない。詩のありようはその変容を強く予感させている。

詩の傍らから――『悪い神』

文学作品とりわけ詩を読むとは、どんな経験だろう、とずっと思ってきた。小説も詩も評論もそれなりに読んできたから、その経験がどんなものであるか、ある程度は想像できる。それらは、ある時は手本であり、またある時は反発の対象だった。多くの人の場合も、そのようであるだろう。しかし、まれにではあるけれども、そのような接し方のできない場合がある。作者が現実の友人、しかも長期にわたる友人である場合だ。その時、私たちの読み方は少し変わってくる。私たちはある作品を内側から、そして寄り添うようにして読むように促される。その結果出てくるのは、あれこれの判断ではなく、近くあれまた遠くあれ一種の共鳴現象のようなものだ。もちろん異和感が先行する場合もあるが、それとて内部からのものだ。そのような場合、読み方は公正なものではなくなるのかもしれない。だがかまわない。ほかには得がたい経験があるからだ。

築山登美夫を知ってからすでに長く、彼を最初の詩集から読んできたが、今『悪い神』（七月堂、二〇〇九年）を前にして、私の中に浮上してくるのは、この小さな共鳴現象である。詩集の中には、彼とともにした経験が反映しているらしい詩篇がいくつかあって、それらは特別な作品だとして、まず取り上げたいのは、〈いきなり、「だから、だから、」と始める男のゐて〉という副題の付いた、冒頭の「だから、だから、」である。全六節の前半部を引く。

だから、だから、
　ザラザラと、耳にさはる音がつゞくさ、
だから、だから！　と、きみは書きつけ、

途轍もなく、道をまちがへてしまつた、と思ふ、

そんな、さらさら、
ほつれた蟲の流れをまき、つまづいて、
そんな、さらさら！　と、きみは、
堰きとめられた聲が、わづかにあふれてゐる地帯で、

すべては交替して行つたさ、
人も、国も、心も、技も、
さはれ、さはあれ、焼かれた鱗、
混淆した翅の、堆積にまみれて、

ここに見えてくるのは、ある年齢に達した人間の踏み迷う姿だろう。これまでに為してきたこと、為し得なかったことが背後からずっしりと負荷されて、歩もうとして前方は、ただその負荷に押されるようにして、つまり、つんのめるようにして踏み出した足先にしか、現れてこない。それが自分をどうにかして前に押し出そうとする男の〈だから、だから〉とい

う口癖の理由である。彼はすでに遠い昔に道をまちがえてしまったことを、そして以後、〈ザラザラ〉と〈さらさら〉の——おそらくは〈さはれ、さはあれ〉にまで及ぶ——反響が示すように、そのまちがいは増幅されるばかりであったということをよく自覚している。これは彼の姿であり、また私の姿でもある。

けれども、それがまちがいであったかどうか？　世界と社会が変わっていくとは、まさにこのようなまちがいを通してであるのではないか？〈そんな、さらさら！〉というのは〈ザラザラ〉というあり方への反論であるのかも知れない。だがこんなふうに反論することは、何かの勇気づけになるだろうか？　まちがいを犯した人間に、行き場所はまだあるのだろうか？　私たちに、間違いを犯す以外に世界や社会に触れる機会はあるのだろうか？

そのような後悔と疑念に苛まれる時に、ほんのときたまにであるが、人を慰めるようなイメージがやってくることがある。それが「聖女よ」である。

聖女よ、聖女よ、

渋谷のスクランブル交叉点で
向うから横並びに渉つてくる人々のうへで

波線形に流れる鏡の反射の中を
ゆつくりと昇天していつた

聖女よ、聖女よ、

風に巻き込まれた禁欲の黒髪は
体の奥へ畳まれた漆黒の性器は
波線形に流れる鏡の滑り台を
滑りのぼつて行く

渋谷駅前のあの交叉点で交錯する人々の群の上に、一人の女の像が現れ、浮遊する。それが始まりである。長い詩なので、全部を引用できないが、最後の部分は印象が強いので、加えておきたい。

聖女よ、聖女よ、

渋谷のスクランブル交叉点で
　まはつてゐる生命の束から飛び散らばつた欲望の卵たち
　　殻を脱ぎ棄てた男たち、女たちの分身

あなたがたは情緒のぬかるみを踏んで
　あなたがたは照り返す午後の光束を踏んで
　　あなたがたは弓なりに撓んだまゝうねつて行く

光、光、唖の川、唖の性愛
光、光、唖の川、聖女よ、聖女よ、

この詩の背景になった経験については、彼から聞いて知ったが、実は私も関わっていた。二〇〇七年の一月、知り合いである舞踏家居上紗笈さんが、渋谷の公園通りクラシックス（かってのジァンジァンである）で、公演をするというので、同じく詩人である清水鱗造さんと私の三人で落ち合って見物し、そのあと夜のセンター街を横切って円山町まで散歩したが、その時のことが背景にある。築山はバタイユも読んでいたから、聖女という言葉はこの思想家から来ているのだろうし、[*2]また聖女が昇天していくありさまは、つい先ほど見てまだ脳裏に生々しく躍動していた舞踏の記憶から来ていたに違いない。

渋谷という街は、駅前からどこに向かっても、昇り道となる。この街で、聖女は男たち女たちに寄り添い、彼らの欲望とあこがれと——それにおそらくは後悔も——を身にまとって浮上し、道に沿って彼らの頭上を緩やかに飛翔し、その欲望とあこがれが尽きても、また坂が尽きても、さらに上方へと昇っていく。

しばらくしてこの作品を見せられた時、一夜限りの平凡な経験——私にとってはたしかにそうであって、もう忘れかけていた——から、空しく終わるに違いない男たち女たちの欲望とあこがれを贖う女のイメージの浮上するのが鮮やかに捉えられていることに驚かされた。そしてそのようなイメージが生成する発端の場に立ち会ったという幸運も確認した。これはたぶん得難い経験だったのである。

＊1　築山登美夫には、この論考で名前を挙げたもののほかに以下の著書がある。詩集『晩秋のゼームス坂』（開扇堂、二〇〇五年）。評論集『詩的クロノス』（書肆山田、二〇一一年）。詩と評論集『無言歌』（論創社、二〇一五年）。一九四九年生、二〇一七年死去。

＊2　築山はかつて「なだぐれあ」という雑誌を主宰していて、ポルノグラフィの特集をやるというので、バタイユに未訳の短編があるよ、と言ったところ、それを訳して解説を付けてみないかと誘われた。私は第六、第七号（一九八九年一一月、九〇年四月）に「シャルロット・ダンジェルヴィル」を訳した。すると彼はこれを出版社に紹介してくれ、「聖女」を加えて『聖女たち』（書肆山田、九三年）として本になった。これは私のバタイユに関する最初の仕事となった。

Ⅲ　集約と横溢と

言葉から詩へ――リルケ『マルテの手記』[*1]

1　死

一九〇二年、リルケ（一八七五―一九二六年）は、彫刻家クララ・ヴェストーホフとの結婚生活を解消し、ロダン論を書くためにパリへと出発する。彼女との間には一女があったが、わずか一年余りの短い共同生活であった。この生活は、ヴォルプスヴェーデが若い芸術家たちの集団生活の場であったということも含めて、リルケが他人との共同生活を試みた最初で最後の例であった。以後彼は多くの人々との、ことに女性との接触を繰り返しながらも、ひとところに住居を定め、他人と生活するということをしない。

この旅行はまた、以後幾度となく行われる彼のパリ滞在の最初のものである。旅行という点について言えば、彼には以前にも、最初の外国旅行であるイタリア旅行や、ルー・ザロメと共にした二度にわたるロシア旅行がある。それらの経験はいずれも作品に結晶しており、そのことは彼が旅行という行為に多大の意義を認めたことを示している。いやそれより先に、プラハというドイツ人にとっては異郷である都市に生まれたリルケにとって、特定の地に属するという感覚はもともとなかったのであり、旅行は生来のものとも言えた。にもかかわらずパリへ旅行し滞在した経験は、特別なものであった。なぜなら、彼はそれまで自分の生存に疑問を持つと、それを現実との親和がそもそも奪われている彼の個人的な条件によると考えてきたが、パリにおいて、その不安な感覚は単に彼に固有な状況であるにとどまらず、時代が世界全体にもたらしたものであることが見えてきたからである。彼はパリに到着するや、抱き続けてきた不安な感覚がこの都会の醸し出す不安と合致し、増幅されるのを感じる。彼は異国人だが、パリのもっとも深い雰囲気と共鳴する。ところでパリとは、この時代の世界の文明の中心であった。ということは、彼の以前からの感覚は、時代と文明の中枢の部分に通じるものだった。だから彼は後にも、その都度逃げ出すようなことになりながらも、そこが生存の中心であるかのようにこの都市に立ち帰ってくることになる。

個人的な問題から時代と世界の問題へという拡大は、当然のことながら、リルケ自身にとって重要な転機となる。変化は彼の作品史の上に明瞭に見ることができる。一九〇二年に『形象詩集』および『ロダン論』の第一部、〇五年に『時禱詩集』、〇七年に『新詩集』と続くが、一〇年に『マルテの手記』を刊行したのち、著書をまとめるという仕事はふっつりと途切れてしまう。次の刊行は、十三年後の『ドゥイノーの悲歌』と『オルフォイスへのソネット』まで待たねばならない。その間わずかばかりの詩作と翻訳があるばかりだ。有名なこの沈黙は、何のせいだったのだろう？　それはどこから生じ、どのようにして『悲歌』や『ソネット』のような絶頂を可能にしたのだろう？　書簡については、彼は文学上の沈黙を補うかのように夥しく書き残している。それららからは、二進も三進もゆかなくなった有様を訴えている箇所をいくつも拾いあげることができるが、それからは、事情が十分に説明されているわけではない。この時期に彼には自分でもよくわからぬ深い変化が起こっていたことは間違いない。

パリ経験から直接生まれた作品としては、普通『新詩集』と『マルテの手記』があげられている。二著作のそれぞれには、詩と散文という違いから、前者は芸術意志の実践の成果、後者は詩人をそのような実践へ駆りたてた心情の反省記録という解釈が与えられているようだ。二つは、かたちこそ違え、同一の思索の表裏をなしているというのが一般の見方であるらしい。しかし、私には、そうとばかりは思えない。簡単に言えば、『マルテの手記』は、『新詩集』あるいはリルケのこの時期の芸術観を端的に示していると言われる『ロダン論』等のすべてを包含しながら、それらから逸脱するものを持っているように感じられる。『手記』こそパリ体験をもっとも深く引き受け、沈黙を呼び寄せ、『悲歌』と『ソネット』に通じる道を準備した。『新詩集』の刊行と『手記』の刊行の間には、三年の差がある。それは『手記』に何か新しくより深いものを付加することを許したろう。いや時間的な配列など何ほどのこともない。『手記』の格別な意義を思わせるのは、ほかならぬ『手記』の行文そのものである。

『マルテの手記』は、一九〇四年ローマで書きはじめられ、六年にわたって書き継がれたものである。とはいえこれは、明瞭な始まりと終わりを持った作品らしい作品というわけではない。『手記』と名づけられたように、日記、感想、手紙、散文詩風の叙述等、様々の形式の断章が雑然と集められているからだ。またある断章は〇四年よりも溯るものである。たとえば〈九月十一日トゥリエ街にて〉という見出しで始まる最初の断章は、パリ到着直後の覚え書きをそのまま引き写したらしい。一方出版後もその一部らしい断章が時おり書かれたとのことだ。この作品は、時間の上でも輪郭の上でも、厳密な形態からはみ出してしまう。しかし全く恣意的な集積であるかと言えば、そうとも言い切れない。『手記』は最初二冊本として刊行されたが、一部と二部という区分は出版上の都合によるとしても構成的な意図を感じとることができるし、ある主題を取り出すことは不可能ではないからだ。『手記』はたぶん二通りの読み方、つまり断章の集積として読むことと、持続的な探究の過程として読むことの二つを許容する。

主題ということであるならば、『手記』の中でもっとも印象的で読む者の目を最初に引くのは、不安と死だと言ってよいだろう。この二つの言葉、それに類する表現が『手記』に溢れていることは、誰にもすぐ見てとれる。またリルケがパリ以前から生存について漠とした不安につきまとわれていたことは、のちの作品と較べては十分な水準に達していないとしても、初期の詩篇からうかがうことができる。彼は、原因を理解できないままに生存の諸条件から距てられてしまう、という感覚に幼年時から苦しむ。身近なものが突然思いがけぬ様相を見せ、見慣れた情景が不意によそよそしいものとなり、世界への彼の信頼は揺すぶられる。わずかなきっかけで起きる変動は、彼の異様なほどに鋭敏な感受性によってとらえられ、生地においてすら異国人であったという境遇によって強められていたが、パリという彼にとっていっそうの異郷の地を舞台とし、主人公をデンマーク人に仮託することによってより明瞭となる。〈空気の一つ一つの成分の中には確かにある恐ろしいものが潜んでいる〉とマルテは言う。ついで不安はいたるところに飛火する。〈毛布の端から飛び出ている小さな糸くずが、ひょっとしたら鉄針のように堅くて危ないのではないかという不安な気持。ピジャマのボタンが、ひょっとしたら僕の頭よりも大きくて重たいのじゃないかと思ったりする恐怖〉。

このようにして開始され、〈ありとあらゆる不安、心配、気がかり〉にまで拡がった不安の達するところが死なのだ。なぜなら不安は、事物との親和関係が齟齬をきたすことによって引き起こされるが、死は生のすべてを現実から掠奪するために、不安をもたらす最たるものであるからだ。死に接した時ほど生が不安定になることはない。死は較べるもののない恐怖によってあらゆるものから安定を奪い、不気味なものに変えてしまう。逆に不安な生は万象の中に死を嗅ぎ当て、翻って生をいっそう不安なものにする。

視点を変えるならば、不安の原因である事物との乖離とは、時代が変化することによって私たちと世界の間の関係が流動的になることから生じるとも言える。とすれば、不安が凝縮する死という部分に、時代の変動もまた集中して経験されることになる。そして時代とは、先端においては動いてやまぬものだ。リルケがパリで死を見出だすことになるのはそのゆえでもある。『手記』は、前述のように、パリ到着直後のリルケの感懐そのものである次のような一節から始められる。

人々は生きるためにこの都会へ集まって来るらしい。しかし、僕はむしろ、ここではみんなが死んでゆくとしか思えないのだ。

マルテは街路を歩き、いたるところに死を見出す。彼の目につくのは、病院、舞踏病に冒された老人、石膏店のデスマスク、壊れかかった家屋というように崩壊と死に瀕した物象ばかりだ。

けれども死は、生の不安を象徴するものというにはとどまっていない。リルケにおける不安と死の関係の変転には興味深いものがある。『手記』以前に遡るが、不安が死とつながりを持っているらしいと気づいた時、彼は二つを通じ合うものというよりは、対立するものと考えた。生の不安は、彼が自分の生を意味づけるべき出来事や物象から切り離されているところから生じているが、その不安に抗するために、彼は死に意味を与え、この意味づけによって生の不毛を補償しようとした。死に意味を与えるとは、死を固有のものにすることだ。〈おお主よ、各人に固有の死を与え給え〉と彼は歌う(『時禱詩集』)。

固有の死への憧れは『手記』の中にも入りこみ、マルテにそのような死を死んだ人々の話を語らせる。彼の父方の祖父である老侍従ブリッゲの死が典型的な一例である。〈彼の「死」は水腫病であれば誰でもが持つという「死」ではなかった。侍従職が一生かかって自分の中で育て、はぐくんできた、暴逆的な支配者の死であった〉。それは取り換えの効かない死だった。マルテは、〈僕は直接僕の見た人々や噂にきいた人々のことを思い出したが、みんなこの祖父と同じであった。彼らはいずれも自分だけの「死」を持っていた〉と考える。彼は彼らに倣って、死を自分のもっとも重要な本来性が現れる機会としたいのだ。

しかし、自己が自己たりうるための最後の根拠となるはずの死の固有性も、マルテの時代の不安に対して持ちこたえることはできない。不安は、生を蝕み無名のものと化したと同じやり方で、死を冒す。というよりはやはり、死がその本来の力を発揮して、あらゆる意味を振り落としはじめるのだろう。死自身、自分の持つ力の作用を逃れることができない。死もまた無名のものとなろうとする。

固有の死から無名の死への交代は次のように辿ることができる。マルテは死がいたるところで無造作なものになっているのを見る。〈自分だけの死に方も、自分だけの生き方と同じように、この世の中から跡を絶つだろう〉。そのような趨勢の先頭に立つのは、貧しい人々、ことに敗残者だ。だが富裕な人々さえ、死に対してだんだん物臭さで冷淡になってゆく。リルケはかつて貧困の持つ内面の偉大さを語ったが、けれども貧困が底なしのものとなるにつれ、恐怖を覚えるようになる。

この貧しさは、ワイシャツの清潔さや関節の美しさなどでは覆いきれないのだ。マルテの中の貧しさを読み取って、この大都市の貧民と敗残者たちは、すれ違いながら仲間の合図を送ってくる。〈分かるか分からぬ程度ににやりと笑い、目をぱちぱちして見せる〉。マルテの傍らに立った小柄な老婆は、握りしめた不具の手の中から鉛筆を少しずつ押し出してくる。それは鉛筆を買ってくれという合図だけではなく、敗残者仲間からの合図、ひいては時代と都市の深みからの合図なのだ。〈このような場面はいつか僕が出くわさなければならぬものだったという感じから、僕は奇態にのがれることができなかった〉。そのような出来事が重なると、彼はたとえば図書館へと退避し、草原や娘たちについて語った詩人——フランシス・ジャムのことである——の詩集を読む。また逃げることがあまりに惨めに思えてくると、〈いや僕は自分を彼らからわけへだてたいと思っているわけではない。だが彼らと同じようになりたいと思うならば、それは思いあがりであろう〉と弁解してみたりする。

けれども詭弁や忌避が破れる時がくる。それは彼が医者の診察を受ける場面だ。彼は待合室で歯齦の腐った娘の横に坐り、落ちつかない気分になる。不安は、別の片側に一人の老人、〈人間というよりか、顔と手のある、無気味な、動かぬ塊り〉を発見することで決定的な段階にはいる。彼に自覚がくるのだ。

僕は注意深く観察した。すると、かえって僕は、急にここが僕のすわる場所だという気がした。ついに僕は、僕の人生の中で、腰をおろすべき場所へ来てしまったのだと思った。運命というのは実に奇妙な行路をたどるものだ。

彼は否応のない無名性の中にいる自分を発見する。人生の成功から見離され固有の価値を持つことのできない人々の間にいて、それが自分の場所であることを深く納得する。

しかし、ことは固有性から無名性へという交代では終わらない。交代は、より根本的な変化の発端である。変化はすでに起こったことに、より深い意味を与えつつ現れる。右の断章では変化はまず、老人の全身不随によって仄めかされる。不随とは生の変質と崩壊である。そして老人が縺れる舌で何か言うのを壁越しに聞いて、マルテは、幼年時代の〈最初の深い恐怖〉を甦らせる。それは腫物の幻想を引き起こし、死のイメージを育み始める。〈生きているうちは、たぶん僕の手か、僕の腕だったものが、死んでから急に途方もなく大きな動物になってしまったと言ってよいかもしれぬ〉。それは彼の血を変質させてしまう。〈第一、血液は「大きなもの」の方へ流れてゆくことを嫌がったし、一度流れてゆくと、腐敗したようになって帰ってきた〉。

不安と死に関するマルテの経験の一番底部に現れたこの変質は何か？　そこはかとない不安の感知は、死に焦点を結ぶ。ところが見出だされた死は、もはや単純に生に対立する死ではない。生を不安にさらすだけではなく、死自体まで何か不安なものにされてしまう。不安の中に原理として死があるのと同様に、死の中に原理として不安があるとも考えることができる。では、死の中に見出だされる、より深い原理としての不安とはどんなものだろう？

マルテはそれを、たとえば「意味」をめぐる問題としてとらえる。彼はなぜ不安に陥るのか？　それは彼が支えを失うからだ。支えとは、彼が世界との間に持つところの関係である。

この関係が意味だろう。私たちは世界や事物に意味を発見し、あるいは与えて安心する。世界や事物の方も、私たちとの間に適度な親密さと距離が設けられることによって安定する。けれどもこの関係が世界の変化と私たち自身の重心の踏みはずしによって揺らぐと、私たちには不安が生じ、世界は意味を失って見知らぬものへと変貌しはじめる。マルテは、ミルク・ホールで出会った男について、まさしく「意味」という表現を使って次のように書いている。

彼は今人間たちから離れているだけではなく、ほとんど自分があらゆるものから離れていることを意識しているらしかった。もう少しのところであらゆるものがその意味を失ってしまう瀬戸ぎわである。

マルテは窮乏を、無意味化という一点にかけて感受する。最初意味の中で暮していた彼は、それが揺らいだ始めには、郷愁のように、失われようとする意味に縋りつく。〈僕は僕にとって安心のできる世界の「意味」の中で暮したかった〉。この希望のために彼はしばしば、幼年時代の思い出を語る。幼年時代とは、意味を失うのではなくまず獲得する時代、また両親らによって彼の周囲で意味がよく保持されている時代であるからだ。しかし結局のところ、彼は世界との間に安定した紐帯が失われてしまっていることを認めざるを得ない。〈僕があの男をいくらか理解できたというのも、所詮僕の内部に、あらゆるものから自己を切り放し遮断するあるものがすでに芽ぐみ始めているせいでなければならぬ〉。

無意味は生を揺さぶり、ついで死が作用し始める時、その力をいっそう強める。死はあらゆるものの意味を失わしめ、そして自らに対しても意味を拒絶するに至る。死自身の意味とは何か？　それは死の理由と結果である。だから意味のある死とは、固有の死のことであった。固有の死は遠くから育まれ、そのために深い理由を所有し、消し難い結果をもたらしていたからだ。

けれども時代は変わり、死もまた変化を余儀なくされる。病院はベッドの数を増やし、巨大な機構の中では、ひとつひとつの死などものの数にいれられなくなる。すべてが出来合いのものになり、死も病気が持ってきてくれるのを受け取るだけである。なるほど今や、どんな死にも原因のあることが明らかにされ、病気は解明され名を与えられている。しかし病気であるだけならば、それは正当な死の理由にはならない。そして理由のない死は固有の結果を与えない。死の意味は、各々が自己のうちで育てるほかはない。それを病名で括ってしまうことは、育まれるべき意味の扼殺であり、また意味の不在を糊塗することでしかない。

マルテがパリで見るのは、死から意味が失われる光景である。たとえば病人を病院へ運びこむ辻馬車がある。どんなつまらぬ病人とて大貴族の馬車を止めることができる。死はそれほどの権力を持っているが、それと裏腹に乗物は一時間二フランの辻馬車であり、つまりは〈死んでゆく一時間がたった二フランという勘定〉なのだ。ひどく安く、また交換可能で、もはや誰の死とも特定することができない。そして死から意味が奪われてしまうと、死の方も、到来するのに理由も結果も必要としなくなってしまう。蠅は晩秋になると、盲滅法に部屋の中を飛び回ったあと、音をたてて落ち、愚かしく死んでしまう。

彼はこのような死に対して、初め恐怖し、不当なものと考え、固有の死を取り戻そうとする。だが死が意味を失う姿がどんなふうにも疑えないほど明瞭になる時、彼の態度は変化する。彼はもはやそれを不当だとは考えない。彼は魅入られたようにこの死の方へ惹き寄せられてしまう。死の変化のうちに、何かより大きなものが現れるのを感じるのだ。真夏の陽光の下で腐乱していく死体を見つめる、ボードレールの散文詩「死体」[*2]に言及して、彼は次のように言う。

あんな出来事が起こった場合、彼はいったいどうすればよいのだ。この恐怖の中に（ただ嫌悪としか見えぬものの中に）あらゆる存在を貫く存在を見ることが、彼にかけられた負託だったのだ。選択も拒否もないのだ。

生と死はもはや対立しない。意味の喪失は、二者を共に襲う。つまり不安というかたちをとって、生と死を抱括する何かが現れたのだ。それは何か？　あらゆる存在を貫く存在と呼ばれたように、それはまさしく存在のことだ。生や死よりも大きいものにはこの名を与えるほかないではないか。存在は不安を通じて見出だされる。マルテの辿ってきたこの過程は、存在を発見するための、目下私たちの知る唯一の方法であるのかもしれない。不安とは存在の本質的な属性、否本質そのものなのだ。不安を通じて私たちは存在に至る。不安は生の不安、ついで死の不安となり、存在を呼び起こす。死において不安はより強力なものとなっていっそう存在に近づく。それが死の特権的な意義である。

たとえば、マルテはリュクサンブール公園で、貧困を剝き出しにしながら日曜日の帽子とネクタイを身につけた盲目の新聞売りを見る。それは貧しさの中に神が現れたこと、すなわち神の証明なのだ。〈おお神よ、と僕は不意にわきたつような感動を覚えた。これはやはり、神のための装いに違いない。……今突然、神の証明がはっきり僕の目に映ってきたのだ。これは神の趣味に違いない。おそらく神は、この盲目の男に日曜日の帽子とネクタイを与えて微笑んでいるだろう。僕たちはただ耐えて、軽率な判断を急がぬようにせねばならぬ〉というふうに。神のこの証明は、いずれ存在の証明に読み変えられるだろう。

さらにこの発見と共に逆転に近い認識がくる。というのは、これら不安と恐怖は、存在のものである以上、肯定されねばならないからだ。

……僕たちは恐怖よりほかに、人間内部の力を見ることができぬのかもしれぬ。この力は到底僕たちにわかりっこない力なのだ。無理にそれを考えようとすれば、すぐ僕たちの脳髄が粉砕されてしまうような恐ろしい力である。しかし、やっと僕はこのごろになって、それが僕たちの力であることを信じ始めた。僕たちにとって、死の恐怖は強すぎるに違いないが、それでも本当は僕たちの最後の力だと、僕はそんなふうに考えている。

死の恐怖が最後の力だというのは、存在の発見へ通じているからだが、逆に存在の問題の全体を引き受けて、マルテのうちに死の問題がある。不安は死のうちに凝縮されて、死から理由をも結果をも振るい落とす。すると、あらゆる属性から純化された死自体の現実性が現れる。だがこのもっとも現実的な死、死の本来の姿はどんなものだろう？　私たちは理由や原因なしに死ぬことはできない。とすればこれは到来することのない死だ。またどんな死も結果をもたらさないということはない。なぜなら死とはすでに半ば結果であるからだ。だから結果なしに死ぬとすれば、それは死ぬことをどこまでも引き延ばすこと、無限に死ぬこととなる。死は到来せず完結することもない。だが不断に現存する。それは幾層にもわたって序々に変質し、可能性の根拠を確かめるのではなく、不可能性の空虚に向かって開かれることとなったのである。『手記』の最後の放蕩息子の章で主人公は、没落の底で「きっと死なない、死なない」と何度も自分に誓約する。それは生きることへの希望から来ているのではなく、どれほど苦しくとももはや単純に死ぬことはできないこと、死ぬことがつまらぬ裏切りになってしまうような経験のうちに彼があることを示している。

理由がないとは何ものにも先立っているということであり、結果がないとは決して終わり得ないものだということだ。つまり不可能性とは、何よりも大きなもの、存在の問題であり、そのゆえにすべてに優越し、何処においても何時においても遍在し、不安となってマルテを衝き動かす。彼はパリの市街を、世界中をさまようのをやめることができない。死の変容の中で許されたあり方は、ただ持続することだけだ。死を避けることはできない。なぜなら、変化してしまった死に対して目下なすすべを知らないとしても、それは正しい動機と追求の上に必然的に現れたものであるから。彼はそれに耐えなければならない。パリとの最初の出会いの時、彼が自分に〈生きることが大切だ。とにかく生きることが何より大切だ〉と言いきかせるのも、放蕩息子の誓約と同じく、持続と忍耐の表明である。また彼の経験が絶頂に達したあとには、静かだがより強い決心がくる。〈自分ではもはやどうにもならぬ事柄を、少しもその事実を悲しみもせず、ましてなんの判断もしないで、ありのままじっと身に受けとめておくというのはたいへん立派なことに違いない〉。

死の変質をめぐる彼の経験は、苛酷な過程を昇りつめたあと、持続の状態に流れ入る。だがその状態は決して単調でも平穏でもない。たえまないせめぎあいがあるからだ。深みから来る力は、正しく受け止められ表象へと高められることによってしか耐えることができず、また保持されない。この表象とはマルテにとってはパリ彷徨であり、リルケにとっては現実の漂泊であろう。だが中でももっとも鮮明なのは、ほかならぬ『手記』の様態自体である。冒頭で触れたように、『手記』は作者の再三の試みにもかかわらず、ひとつの物語にまとめられなかったが、それは不可能性の無際限さによる。始まりも終わりもないものは物語になりえない。この拒否が彼の書くものを最下部から動揺させ、手記以外のものたらしめなかった。彼は終わりなく『手記』を書き続けなければならない。それが忍耐のもっとも有効な方法なのだ。

2　愛

パリでの見聞を綴った断章は、主に第一部に集められており、ことに死についての切実な思索はその冒頭部分に集中している。死という主題は、その強さと深さの故に作品の中心軸であると言ってよいのだが、けれども不思議なことに、『手記』は、展開されるにつれ、この中心から次第に離れてゆくような様相を呈する。死の想念は、幼年時代の思い出や、読書から得た挿話の間に滑り込み、マルテ自身の直接の経験からは遠ざかってしまう。それは、彼が死のうちに見出だしたのが、とりつくことの不可能なものであった、ということの証明である。

だが一見忘却のように見える死をめぐる態度とちょうど反照しあうように、もうひとつの主題が現れ、『手記』の前面を占め始める。それは愛という主題だ。いきなり現れ、強い焦点を結んだのち背後に身を隠してしまった死の主題とは対照的に、愛についての思索は、始まりから頂きまで、見え隠れしながらだが、『手記』の進行に従うかのように、順序正しく展開されている。それは、断片の集積というかたちをとらざるを得なかったこの作品の物語化への試みの中心を、あるいは逆にあり得べき物語が断片へと崩壊してゆく局面を表しているかのようであり、私たちはそこに、『手記』における思考の方法をつぶさに見ることができる。

愛についての思索は、死についての思索と同じほど古く、リルケの詩作の初期からうかがうことができるが、それは死の場合と同様に、『手記』に至って、それまで緩やかに変化してきた過程を早め、行きつく所まで行きつく。マルテは「結婚」という戯曲を書こうとして失敗したことを思い出し、次のように反省する。これが出発点である。

互いに不幸をもたらす二人の人物の運命を描くために第三者というものを持ってこなければならなかった僕は、模倣者で道化者でしかなかったのだ。やすやすと僕は落し穴におちていた。僕はあらゆる人生の中にいる、そしてあらゆる文学の中にいるこの第三者、しかしほんとうは決して存在したことのない第三者の「幻影」が、無意味なものであるのを知ることができなかった。こんな第三者こそ否定しなければならぬのをまだ知っていなかった。

これまでどんな恋愛も、ただ他の人物他の事象と結びつけられてのみ意義づけられてきたことの虚偽が突かれている。恋人たちが愛を確かめるのは、たとえば社会の騒動を背景にしてであり、また邪な情欲を燃やす人間を介在させてであった。このような場合、愛の証明は他者に依存しており、曖昧である。そうではなく、自らに内在する理由によって自らを認識するべきである。だから、愛のかけがえのない姿を見ようとするならば、この第三者を拒絶しなければならない。〈思い切って肝心の二人だけを書くこと〉が課題となる。

かかる時、世間の人々の間に立ちまじって生きるのは、例の第三者ではなく、ただ二人きりの人間でなければならぬ。二人だけについて、あらゆることが書かれねばならぬ。しかも、もっとも肝心なものはまだ何一つ書かれなかったのである。二人は悩み、行為し、お互いにどう生きてよいのか知らぬのだから。

愛を二人の問題に限定するという試みのうちには、先の死の場合と同じ論理が働いている。最初愛は、死における理由と結果がそうであったように、第三者に及ぼしまたそこから来る波紋によって意味を持つ。けれども同じ不安が愛をも襲い、この意味を奪ってしまう。あるいはマルテは愛についてはより強い執着を持つゆえに、不安に抗しようと愛そのものを追求し、無意味となる危険を冒そうとも、愛の自律的な意義を求める。促されまた意図して彼は愛の本来のあり方を求め、外側から与えられた意味を拒絶しようとする。

このようにして始まった愛の探求において、第三者の拒絶は始まりにすぎず、以後愛の様相は抗し難く変わり始める。断章を順に追ってゆくならば、今引用した章からかなり間を置き、第一部の終わり近く、死についての思索が数々の思い出の中に紛れ込もうとする時に、それに交代するようにして次の展開が現れる。それはアベローネのことが初めて語られる一節である。彼女はマルテの母の一番下の妹で、彼にとっては年若い叔母にあたる。彼女に会うのは母の死後のことである。彼は彼女に初めての淡い愛情を寄せることになる。二人の間に特別なことが起こるわけではない。だが彼女の思い出は彼の心に強く残され、愛についての彼の思索の背後に常に揺曳し、のちに彼に〈天上界の扉を開いてくれ〉ることになる。

アベローネの愛の経験については、ただ〈おまえは一生忘れえないただ一人のひとを、その時から愛していた。おまえは愛せられる女ではなく、「愛する女」だ〉と言われているだけだ。だがこの中に、二人だけの問題に限定され、無言の葛藤を強いられた愛を、さらに突き動かすべく生起してくる新たな劇の始まりを見出だすことができる。愛の中で愛されることよりも愛することに重きを置くことによって、次の変容が始まるのだ。この選択を示す言葉は数々見出だすことができる。〈愛せられるための、いささかの技巧や才能があったとて、所詮それは灯の消えた冷たいランプにすぎぬ。愛を待つことでは、決して救われはしないのだ〉。あるいは〈愛されることは、ただ燃え尽きることだ。愛することは、長い夜にともされた美しいランプの光だ。愛されることは消えること。そして愛することは、長い持続だ〉。この確信が愛を変える。

ただ人から愛せられるだけの人間の生活は、くだらぬ生活といわねばならぬ。むしろ、それは危険な生活といってよいのだ。愛せられる人間は自己に打ち勝って、愛する人間に変らねばならぬ。愛する人間にだけ不動な確信と安定があるのだ。愛する人間はもはや誰の疑いも許さない。すでにわれとわが身に裏切りを許さぬのだ。

驚くべきことは次の段階に起こる。愛することの重視は、愛人を乗り越え拒否することにまで達するのである。なぜなら、愛することをどこまでも貫くためには、愛は愛人のところで停止してしまってはならないからだ。しかも愛人はその存在だけで、愛の中に愛されるという不実な要素を持ち込むではないか。愛の本質にとっては、愛人すら不純な存在なのだ。ただ愛するという行為のみが、障害もまた目的すらも越えて遂行されねばならない。愛に帰結はなく、愛人というのも躓きの石にすぎない。

　しかもリルケに特異なのは、彼が愛のこの過程を担うのをもっぱら女性と考えたことだ。この時「愛する女」という彼に特有の像が現れる。なぜ女性かと言えば、女性には捨てられるというかたちで愛人の不在に直面することが多かったからかもしれない。捨てられた女性には愛することだけが残される。彼女はそれのみによって自分の愛を支えねばならない。すると愛のすべては愛することで満たされ、愛人は越えられ忘れられてしまう。マルテの関心はアベローネに導かれて、このような愛の女たちに惹きつけられる。たとえばガスパラ・スタンパ[*3]やマリアンナ・アルコフォラド[*4]である。

男を呼び続けながらついに男を克服したのだ。去った男が再び帰らなければ、容赦なく心でそれを追い抜いていったのだ。

また女性がより強い意志を持つ時には、愛人は彼女自身によって拒絶されてしまう。それは〈最後まで愛を貫かねばやまぬという堅い決意に燃えた心〉の持主サフォー[*5]の場合である。

彼女は抱擁の暗い闇の中で直接な満足を求めず、むしろいっそう悲しい心の憧憬へひかれていったのだ。二人の人間のうちで、あくまで一人が「愛する人」になり、他が「愛される人」になることをきらったのだ。彼女は卑俗な「愛される人」を自分の寝床に連れていったかもしれぬ。しかしお互いの体の灼熱の中で、彼を新しく「愛する人」に焼き直し、潔く別れたのだ。

愛人という唯一で最後の制限を越えた時、愛はもはや何ものにも遮られることなく宇宙に浸透し、無限のものと化す。マルテが次に考えるのは、その書簡集を読んでいたアベローネに導かれて、ベッティーネ[*6]の場合である。彼女の愛は、最大の詩人ゲーテすら凌駕する。その愛は自然のエレメントのままであり、詩人がそれに答えるならば、〈かえってこのような愛を諌止すること〉にしかならなかった。なぜか?

このような愛はいまさら答えなどを求めていないのだ。このような愛は一つの誘いであるに違いないが、すでに答えは自分のうちに秘めているのだ。おまえの愛は自分だけでそれを受けいれることができるのだ。

この一節には重要な問題が現れている。愛は自分だけで自分を受けいれることができる。すなわち愛は自身のうちで充足する。すでに第三者はなく、愛人も消え、愛は外側へむかってはどんなふうにも意味づけられることを拒絶し、ひたすら自己の内から発し自己へ帰ってこようとする。今や愛はそこにある。けれどもこの愛はどんなものだろう? 充足したと言ったが、現れるのは空虚だ。愛することは目的のない空しい行為となることを強いられ、自律的な意味とはまた、無意味にほかならない。マルテにとって愛は、ますます増大する魅惑をそのままに、ほとんど不気味なものに変質してしまうのである。

この変質が、前章で見た死の変質と軌を一にしていることは容易に見てとれよう。死において理由と結果が失われるように、愛から契機であると同時に帰結であるはずの愛人が失われる時、それは終わりのないものとなる。この愛は愛のあらゆる試みをぎこちないものと化し、愛することの不可能へと陥れる。女たちにはもはや、ほとんど不毛と同義であるこの無限に延ばされた愛に耐えることしか残されていない。愛とは持続だ、というマルテの直観にはすでに、不可能性の経験が顔を覗かせていたのだ。

愛の問題はもっぱら女性に関して展開されるが、当然のことながら男性の側にも反映する。マルテは女たちが男の我儘の犠牲になってきたことを反省し、〈いつも受身にばかり立っていた「愛」の仕事を、本当の最初から自分の手で始め〉ようと考える。彼自身の愛についての経験と思索を記した断章はそれほど多くはない。常にアベローネの思い出が投影しているのが特徴で、クリュニー美術館の「女と一角獣」を彼女に語り伝える、第一部末尾の断章は特に印象深いが、それらは最後にひとつの長い断章に集約される。断章が『手記』全体の最後に置かれていることから、その重要さは十分に推測されよう。それはルカ伝福音書にある放蕩息子の物語の翻案であって、次のように始められる。

誰がなんと言おうと、僕は聖書にある「放蕩息子」の伝説は、あくまで他人の愛を拒もうとした人間の物語だと考えている。

一般には信仰の問題として解されている挿話を、愛の遍歴の物語として取り上げたことがまず特異だが、注目すべきなのは、愛が最初から愛することに限定されて帰趨を問われていることである。愛から愛人という枷が取り払われるという出来事は徹底され、愛されるという要素は初めから拒絶されている。

違いがないわけではない。大きいのは、女は〈一生忘れないただ一人の人〉を愛するのに対して、男は表題が示すように、蕩児として多くの女を愛したことだ。一人の女を愛し次に別の女を愛するのは、愛される機会をより多く持つことであり、何よりも愛の不実であるように見える。だが愛の対象を取り換えるとは、それを偶然のものと化すことだ。男は放蕩によって愛人を越える。放蕩とは拒絶でもある。そこからは愛するという行為だけが浮び上がってくる。放蕩息子は家族の愛を捨て、女たちの愛からも逃れる。〈彼は一日一日、自分の愛に相手が身をもたしかけてくるのが不安にな〉り、どんなに悲惨な境遇に落ちたとしても、〈よく考えてみると、自分の愛に答えられることが彼のいちばん恐ろしい恐怖だった〉。放蕩息子の愛の経験は、愛の女たちと同じ論理で動かされている。次から次へと交代してゆく女たちは愛のうちから消えてゆき、彼の愛は目的のないものとなる。それは極度に内在化し、愛人を含めてどのような現実からも離れ、ただそこに現存すること、すなわち存在することに近づいてしまうのである。

彼は生存への愛のほか、一切どのような愛も持たなかった。羊たちの低俗な愛情などに、彼はひどく無関心になっていた。

これは愛というかたちで持っていた世界との関連の全面的な崩壊を意味する。彼は孤独となり、ただ生存を維持するほかを願うことができない。女たちの経験がそうであったように、彼の経験もまた存在することの持続へと変質したのである。

もうひとつ注目しなければならないのは、愛の過程のこの地点において、神の問題が現れることだ。正確に言うと、神の姿は、愛が二人の問題ではなく単独者の問題とされた時にすでに浮かび上がっている。愛の女たちの場合、そして男の場合も含まれるのだが、去った愛人に追いすがりながら、〈しかし、彼らは最初の数歩でやすやすとそれを追い抜いてしまうのだ。彼らの前にはもう神があるばかりだ〉と述べられる。放蕩息子の場合も同様に、彼が生存への愛しか持たなくなった時に神が現れている。〈すでに彼は、その時から神への遠い愛の道を踏み出していた〉というように。

なぜ愛が愛人を越えた瞬間から神が現れるのだろう？　私たちは、愛が自己へ帰着し、外へ向かっては無意味となりながら自律的な意味を持ちはじめるのを見た。ところで、それ自身において充足した意味を持つというのは存在の定義だろう。とすればこの時、愛の経験は変質することによって存在の経験へと通じたのである。そして存在の中でもっとも良く右の特性を備えたものに神の名が与えられるとすれば、愛の経験が深められる時、神が呼び起こされるのは当然ではある。先に引いた盲目の新聞売りの一節で、窮乏のうちで死の経験が追求されることによって神が証明されたのも同じ理由による。愛は家族の愛から異性愛へと変わり、さらに人間の問題にすぎない愛の問題が、存在を経て神の問題にまで到達する。論理はいくつもの異質な次元を、踏み外しの危険を冒しながら貫く。奇怪な論理と言えば言えようが、それほどまでに最初の衝動たる不安がリルケにおいては強く切迫していたのだ。

神の名が言われる時検討しなければならないのは、信仰の問題であろう。だが右のような推論の経験は、キリスト教的信仰と神の概念を大きく変えてしまう。重要な点の第一は、盲目の新聞売りの例にせよ、愛の例にせよ、神の現前がきわめて直接的であるということだ。つまり神と人間を結ぶ仲介者としてのキリストが介在する余地がなくなってしまう。

まず次のことが言えよう。人間から神へ向かう時の困難を助けるためにキリストがあるとするなら、神への志向を内部に潜めて愛の問題が存在の問題と化そうとする時、キリストという段階に打ち当たらなければならないはずだ、と。事実この出会いは起こる。〈ただ愛する女のみがイエスを誘い寄せる〉とマルテは言う。

だが〈ひよわな人々にとって救済者であったものが、このような意志の強い女たちの心には、かえって不当な障害になってしまう〉ともマルテは考える。キリストのことを語るこのあたりのマルテの口調には、すでに皮肉なものがある。障害だというのは、〈長い無限な神への道を唯一の目標と定めたのに、最後の天国の入口で、再びキリストの姿が現われ、それが懈怠な心の休息所になって、最後の「男性」として彼女たちの心をかき乱す〉からである。一方アベローネは、〈神への長い道中でキリストのために引止められるのを恐れ……、キリストのために自分が「愛せられる人」にならねばならぬのを極度に警戒した〉。彼女やほかの女たち、もちろん男性も含めて強い意志の持主たちは、仲介によらずとも神を現前させ直接の絆を持つことを願う以上、仲介者は不要なのだ。かくしてキリストは乗り越えられ、神の問題はキリスト教を離れる。

だがそれ自体以外のものを振り捨てようとする推論は、引き続いて神をも捉える。キリストの補助が不用とされたように、神の恩寵もまた拒否される。この場合においても、導き手はアベローネである。〈なぜアベローネはあのような大きな感情の熱量を神にむけなかったか〉とマルテは考える。それは〈誠実な彼女の心は、神はただ愛の一つの方向であって、愛の目的でないことを見抜いていた〉からだし、〈神から答えられる愛までも恐れた〉からだ。

引用の中で神と呼ばれているのは、キリスト教的ではないとしても宗教的な神、実体のように考えられた神である。アベローネはそれを拒む。彼女にとって唯一重要なのは、愛するという行為をどこまでも貫くことだからだ。出会うのが神であれ志向は停止してはならない。そしてこの力が神のあり方を変える。神からあらゆる宗教的な属性が払拭される。神はもはや神として存在しない。最初の引用がすでに、アベローネは神を認めていないと読むことができよう。

では現前してくるのはいったい何か？ それは今やただ存在と言うほかないものだ。人間は古来、それ自体で意味を持つために人間にとっては無意味で恐るべきものであったものに、どうにかして関わりをつけようとして、神と名づけ、固定し、仲介者をたてて恩寵を引き出した。今このような術策はすべて捨てられる。存在の中の存在と考えられてきた神は存在一般へと還元され、存在はそれだけ強められ普遍的なものとなる。そして存在は、あらゆる方向からの接近を誘いながら、自分が無限な活動を生ぜしめ、けっして捉えられることのない動的なものであることを明らかにするのである。

同じ発見が放蕩息子においてもなされる。彼も愛することに専念して、愛人を越え、神を見出だそうとするからだ。神を存在へと戻すことも欠けてはいない。〈彼ははるかな神に近づこうとする日々の苦しい仕事に、ほとんど神を忘れてしまったらしい〉。忘れるとは名前を変えてしまうことだ。すなわち神は存在となる。けれども注意深く読むならば、彼の試みの様態には、女たちの場合とはいくらか違ったところがある。女たちの愛の経験は、逡巡のない一途な展開を見せるのに対し、マルテの語る放蕩息子の場合には、言ってみれば何か不透明なものが感じられる。たとえば愛人を拒否しようとする愛の本質的な変容の瞬間において、ベッティーネは、先の引用から感じとれるように、誇り高く確信に満ちてそれを遂行するのに対して、放蕩息子の場合は、〈ああ、わびしい夜々。彼は自分のあふれる愛情の贈物を、一つ一つまた自分の手で受取るほかはなかった。そのうえ無情なはかなさを付け添えて〉である。あるいは彼は家族の愛を〈みえすいた虚偽〉と言い、女たちのそれを〈羊たちの低俗な愛情〉に喩えながら、振り捨てた故郷に舞い戻る。その時家族から、〈偽らぬ愛の表情〉を受け取るが、すぐさまそれを〈虚栄〉だと断じる。しかし、そのあと彼が再び故郷を出たと言い切ることはできない、と仄めかされている。

この曖昧さはどうしたことだろう? それは神が問題になった時、より明瞭に現れる。女たちが神をひたすら信じ、次いで拒絶したのに較べる時、放蕩息子の神とのつながりは屈折している。神への道を歩み始めた最初、彼は神による〈愛の受容を願〉い、〈神が透明な美しい光明の愛で自分を包んでくれると信じ〉る。だが先程の引用のように、彼は神を忘れてしまう。彼は神を見出だすことができない。事情は神の側から見るといっそう明らかである。

彼は右に見たように神を求めながら、〈いつかやがて神の手から授けられるのは、ただ「一人の人間の魂をわずかに我慢してくれる神の忍耐」だけだ〉と考える。だがこれほどの謙譲さにもかかわらず、神は彼に報いることがない。物語の最後、したがって『手記』にとっても最後となる箇所は、彼と神との、そして人間との癒し難い乖離を確認している。

彼がどのような人間であるか、人々はちっとも知らなかった。すでに彼を愛することは、途方もなくむずかしい行為になっていたのである。ただ神だけが僕を愛することができるのだと、彼はそんなことをほのかに思った。しかし神はまだなかなか彼を愛そうとはしないらしかった。

この一節には、最後的な状況が明確に述べられている。まず人々が彼を知らないとは、彼が意味を失ったということだ。意味のないものを認知することはできない。彼を愛することがむずかしいとは、彼が内在的な理由によって存在と通底する者となり、人々から離れはじめたということだ。一方存在することは、先に見たように神を呼ぶ。神だけが彼を愛しうるはずとは、彼にとって存在を許容し得る唯一者である神に近づいたこと、神から認知されて彼自身も存在する者たろうと欲していることを示す。けれども神は彼を愛さない。神は沈黙したままだ。それは彼には人間を越えることはできない、ということでもある。彼はこのような不透明で中間的な地点に取り残されたのである。

放蕩息子と神との距離についてはしばしば触れられている。〈神への無限の距離〉〈はるかな神〉というように。だが神への階梯を一途に馳せ昇ったように見える女たちの場合でも、実はこの距離はあるのだ。アベローネについてさえ、〈どうしたら神と、直接な、つつましいつながりを作ることができるか、アベローネは晩年そのことばかりを静かに考えようとしたらしかった〉と述べられている。彼女すら神を十分に見出だすことはできなかった。違いを言うならば、彼女の場合いわば次第に押し上げられるようにして、つながりを願うところまで達したのに対し、放蕩息子の場合は、一歩進んですでに神は試みられ、沈黙は確かめられていると言ってよい。彼はその上で、神からも人間からも拒絶された不確実な存在の仕方を自覚せねばならなかった。そして彼がことの始めから曖昧なあり方をしなければならなかったのも、たぶん究極のところで明らかになるこの不確実さのせいである。彼は女たちより一歩先からことを始めたと同様、一歩先まで踏みこまねばならなかったが、その一歩先に現れるものを予感したことが、始まりの地点から彼の歩みに、あたかも結末をおそれるかのように曖昧であることを強いたのである。

けれども、この不確実さはひとつの力なのだ。存在することの不確実さは、常に存在たろうとしながら拒絶されることで、存在を逆説的に証明し続け、かつ存在が神となって固着してしまうことを阻み、神を存在へと解体し続ける。そしてこのように存在を存在たらしめる作用のために、放蕩息子の不確実さは、本当は存在の外に位置しているにもかかわらず、存在の経験に通底し、ついでは経験そのものとなる。そこには極度に矛盾した何かが潜んでいる。しかもこの何かは、神が沈黙したように、不可能なものとして現れる。すると彼にはただそれに耐えること、また自分をより良く納得させようとするならば、存在を存在たらしめるためにと言葉を変えて言いきかせても、矛盾を持続させることのほかに術はない。彼は「きっと死なない、死なない」と自分に言いきかせた、と書かれている。放蕩息子の物語、ひいては『手記』がどこか中途半端なままに、けれども動かしがたい切迫感を伴って終わるのはこの理由による。愛の経験もまた、力の限りを尽くしたあと、不可能性の不断の現存へと逢着したのである。

3　言葉

この袋小路、終わりのなさ、活動があるにしても反復にすぎず、拮抗の結果であるにせよ停滞するほかないという還元し尽くされた状況が『手記』の見出だしたところのものである。

この書は不可能を証明して終わったように見える。生きることの不可能だけではなく、死ぬことすら不可能となり、マルテのありさまはもはや絶望ですらない。しかもこの不可解な状況は絶対的な力を持ち、どんな犠牲を払っても支えられねばならず、主人公と作者のすべての力を吸いつくし、けれども見返りに何物も与えることがない。『手記』は、どう見ても終わりとなりえない終局的な状況をあらわにして突然終わる。

だが『手記』が示したのは、不可能ということにとどめをさすのだろうか？　ほかには本当に何もないのだろうか？　私たちはこの曖昧さを究極として引き受けねばならないのだろうか？　しかし、そもそも曖昧さというのは引き受け得るものなのだろうか？　不可能が『手記』の主題ではないとは一般的にも言われている。絶望の哀しさと没落の美しさを描いたと言えば、すでに通俗に堕してしまうからだが、また『手記』をそのように読むことを戒めたリルケ自身の書簡が残ってもいるからだ。加えるに彼の作品史の上で、後年『悲歌』や『ソネット』は、全的な肯定を歌うことになるからである。

右のような推測は外側から示唆されたものにすぎなかろう。だがそれらをすべて排除した上で、まさしく『手記』のうちに、何か不可能と無限の反復から起ち上がってくるものを感知することができるのではないか？　できると私には思われる。とはいえ何かが生起するということは容易ではない。忍耐は終わりのないものとならねばならないとは、すでに確認されているからだ。この生起は、『手記』の中に明瞭なかたちを持っているわけではない。それはまだ予感の如きものにとどまっている。放蕩息子の話には、すでに屈折が現れていた。変化はこの屈折に重なり、それを展開するものとなろう。だがほとんどリルケ自身のものである遍歴を語るのに、マルテという架空の詩人の手記というかたちを借り、さらに伝説をなぞり、あたかも他人の物語のようにして語らねばならなかったのは、屈折が現実のものでなく、まだ半ば以上未来に属していたせいである。だからこの屈折を受け継ごうとする時、それは伝説の物語よりももっと微妙に予感のように語られるほかない。

私たちは『手記』を、主要と考えられる二つの主題、死と愛という視点から取り上げた。だがもうひとつの見逃すべからざる主題がある。それは言葉、詩、あるいは書くことという主題である。この主題についての記述は、私の知る限りでは、『新詩集』などの裏付けとして取り上げられる程度であって、『手記』のものとして十分に検討されたことはない。まして一番重要な主題とみなされたことはない。けれども私には、むしろそれが『手記』のうちでもっとも抱括的で深い主題だと思われる。

死あるいは愛については、先に見たように集中的なまた段階的な表現がなされている。一方詩については、叙述はもっと拡散し、いわば混乱したままで提示されており、多くの場合、死や愛についての考察に付き添って現れる。たとえば、放蕩息子は詩を書こうとする若者であることが仄めかされる。それよりも、マルテ自身が若い詩人として設定されているではないか。それは単にリルケが自分の姿を投影したためではなく、詩を書くことが放蕩息子やマルテの経験に深く関与しているためである。詩についての断章がもっとも断片的に現れるというのは、詩が物語を断片と化すこの作品のいちばん深い秘密にかかわっているからだ。言葉を使うこと詩を書くことの経験は、死や愛の経験と重なるところを持っており、その部分では背景に退いている。だが後者が限界に打ち当たる時、言葉は前面に現れ、死や愛の経験を受け継ぎ集約しつつ新しい方向を与える。詩とは、適当な代りの手段というのではなく、様々のかたちをとったマルテの探究の中心なのだ。

言葉および詩という主題は、一方で問題をより簡潔に提示するという利点も持っている。私たちは死や愛が不安に襲われた時のあり方を、意味の喪失としてとらえた。だが意味ということを言うならば、死などよりもはるかに意味に近い、いや意味そのものであるのが言葉ではないか。だから不安による意味の喪失という出来事が起こっているとすれば、それは言葉の上にもっとも鮮明に見ることができる。私たちは事物と出会い、それを表象し、またそれに働きかけるために言葉を所有する。であるならば、言葉を問おうとする時には、意味を与えるものとしての事物から始めねばならないだろう。事実『手記』には、事物についての考察を数多く見出だすことができる。事物とは、ある点では特別な経験である死や愛に較べて、日常茶飯のもののである。言葉はもちろんそうだ。不安はごく平凡な日常の中にまで浸透し、私たちは言葉の中でそれを経験する。

私たちは言葉によって名ざし、名ざすことによって事物をとらえる。事物の方からすれば、名づけられることによって位置を得て、安定する。安定のためには幾世代にもわたる親密な交渉が必要であり、そうして意味が成長するのだが、今日この親和的な関係は崩壊しようとしている。マルテは混乱は人間の側から起こり、次第に事物に波及してしまったと考える。〈無邪気な物までが今はその自然な静かな用途へのたしなみを喪失して、自分の周囲で行われている人間たちの放恣な振舞を見習う結果になってしまった。彼らもまた自分たちの正しい用途から、ともすればそれてゆこうとするようになってきた〉。これが最初の認識である。

安定を失いかけた世界にあって、マルテは当然まず安定を取り返そうと願い、様々の試行を重ねる。試みには幾つかの段階を見分けることができる。最初の試みは「見ること」である。見ることの強調は、『手記』の始まりの部分において強い印象を与えるもののひとつだ。第三の断章で、それが自分のパリにおける課題であると述べられる。〈僕はここで見ることから学んでゆくつもりだ〉。見るという行為の効能は、現実を確かめ、堅固な視野を獲得し、世界を安定のうちに存在させることにある。しかし彼がこの方法を学ぼうと考える時、それは世界の構築のためでなく、すでに必死の防御の感がする。日頃親しんだ日常は揺らぎ、事物は定められた位置から転落しようとしているからだ。彼は構築し修復するために見る。けれどもこの試みは、開始された時点から困難が明らかである。〈どうもうまくゆかぬ〉と彼は洩らす。

うまくゆかないのは、事物が見つめられるままにはなっていないからである。事物は不安定になっており、視線によって見る者のうちに取り入れられたとしても、保持されず、所定の位置から脱落してしまう。そして次のようなことが起こる。〈なんのせいか知らぬが、すべてのものが僕の心の底に深く沈んでゆく。ふだんそこが行詰りになるところで決して止らぬのだ。僕には僕の知らない奥底がある。すべてのものが、いまその知らない奥底へ流れ落ちてゆく。そこでどんなことが起るかは、僕にちっともわからない〉。転落する事物は、マルテの心をいっそうの深みへと開いてしまう。

見るという方法はこのように不全を起こすが、さらにそれを包み込むような変化が起きている。彼は次のように言う。〈やがて生活に一種の変動が起って、最初、うちから外へ出ていたものが今度は逆に外からうちへはいってくる〉。見るということは内から外へという流れに乗っていたが、今度は外から内へという流れを受け止める行為が見出だされなければならない。「聞くこと」というのが次の行為である。

目で見ただけなら、本当に毒にも薬にもならぬと言ってよいだろう、ちらっと見ただけでもうすぐ忘れてしまうのである。しかし、それが目で見るのではなく、ふとどこかから耳の中にはいってくると、急に大きくなりだし、いわば鼬を破って出て来る昆虫のように、耳の中を縦横に這いまわったりするものだ。やがて、それが脳の中へ這いこみ、犬の鼻から忍びこむといわれるプノイモコクス（犬の肺炎菌）のように脳髄の中で猖獗をきわめる場合が少なくない。

このような前置きのあと、マルテは、詩を暗唱する低い声、ブリキ鑵の蓋の落ちる音等、耳について離れぬ物音から隣室の住人たちの生活を想像のうちに紡ぎ出さずにはいられない様を語る。その前に彼は街上の騒音にひどく苦しめられている。侵入してくる現実の抗し難さは、視覚によるよりも聴覚によってより良く表される。なぜなら視覚の場合、目をつぶれば現実を拒否してしまえるが、聴覚の場合、どれほど強く耳を押えても、物音は侵入し鼓膜に達するし、視覚の届くよりも遠くから、また隠された場所から来ることがあり得るからだ。

見ることから聞くことへという変化は、事物の現存によって引き起こされるが、事物と人間の関係は、見るという能動的な行為においてはもちろん、聞くという受動的に見える行為においても、人間の側になお作用の余地がある。聞こえてくるものへ注意を向けるのは人間であるからだ。けれども事物の存在がいっそう切迫の度を増す時、そのような配慮をものともしないかたちで侵入が行われるということが起こる。関係は逆転してしまう。変化はそこまで行きつかねば止まぬだろう。

マルテにはこの倒錯と言うべき事態への鋭い感覚がある。彼の演劇への関心の中にはそれが覗われる。演劇とは現実を仮構し現実に新しい解釈を与えることのようでありながら、本当はどんなふうにも解釈される以前の現実、解釈を越えてそれ自体としての力を持つ現実を作り出すことだ。すぐれた俳優、たとえばエレオノーラ・ドゥーゼ[*7]の舞台は、この力によって観客を不安に陥れさえする。彼女の舞台が終わると、人々は割れるような拍手を送る。だがそれはほとんど恐怖からなのだ。マルテは次のように書く。〈人々は何かとんでもないものが迫ってくる不安を感じていた。強いて自分たちの生活を一変させずにおかぬ容赦の無い強い圧力から、やっと最後の瞬間に、我が身を救おうとするかのような必死な狼狽の拍手であった〉。

マルテ自身の例に留意しよう。ひとつは、〈この時、すでに、あるものがその後の僕の生活の中へ押し入ってきたのだ〉という、経験と呼ぶべき最初の経験である。まだ幼かった彼は、絵を描いていて落とした赤鉛筆を拾うために、机の下の暗闇を手さぐりするうちに、壁の中からもうひとつの手が出てくるのを見る。〈大きなひどく痩せ細った手〉とはたぶん彼の手の裏返し、つまりそれ自体として存在する力を持ってしまった手だ。この手は彼の手を〈取返しのつかぬ何か奇態な事態の中に巻きこ〉もうとする。だが彼は突然恐怖でいっぱいになって、自分の手を力ずくで引き戻す。

しかしこの事態の惹引力がより強力になると、彼はもう引き返せなくなる。やはり幼年時代のことだが、仮装の思い出の断章がある。彼はある日屋敷の中で古い仮装舞踏会用の衣装を見つけ、いたずら心から身に纏い、鏡の前に立つ。すると彼の主体としての力は、衣装と鏡によって二重に奪われ、彼の動きに従っていた映像が、今度は逆に抗い難い力を彼に対してふるい始める。鏡は復讐の機会をとらえたのだ。

鏡は不思議な力で、僕にある映像を——いや、ある奇態な現実を演出させるのだった。僕は自分の意志で極力抵抗しながら、その異様な、得体の知れぬ、怪奇な現実の中に、ずるずると引きずりこまれてしまった。今や鏡が命令者になり、僕が一種の鏡に変っていた。僕は目の前のこの偉大な恐るべき未知の存在をじっと一途に見つめねばならなかった。存在はさらに圧倒的になり、マルテの存在は消去されてしまう。彼は彼でなくなり、この存在から逃げようと声を上げて屋敷中を走りまわり、あげくの果てに気絶してしまう。

事物と人間の関係の倒錯にいたるこのような変質は、言葉の中に反映する。なぜなら言葉とは前述のように、まず事物に関連をつけるものとして与えられるからだ。私たちは世界の構造が揺らぎ始めたのを、言葉においてもっとも基本的かつ広範に感知する。それが言葉の最初の効用だ。私たちは『手記』の中に、事物のあり方の変化を正確に受けとめながら、言葉が変化するありさまが記述されているのを見分けることができる。

事物は用途から逸脱し、意味を拒絶する。すると言葉は意味を失い、達すべき目的を奪われ、虚空に直面する。マルテはこの発見を静かに、珍らしいものを発見したように語っているが、それは書くことの根拠に深い傷を負わせたのだ。最初の報告は次のようである。

そうだ、あのころ、僕は初めて一人の女についてすら何も書けないことがわかってきた。一人の女を書こうとすれば、かえってそこがまるで空白なのだ。人々はほかのものを持ち出して描写する。ただ周囲を書く。土地を説明する。小道具類を並べる。そして、一ところだけをあけておくのだ。すべての線はそこへ来て、すうっと消える。線は柔らかく、繊細な注意を集めて消えてゆき、女を包む軽いタッチの、決してえどることを許さぬ輪郭だけが残っている。

この出来事が、理由と結果を失うことによる死の変質、および第三者と愛人を拒絶した愛の変質に対応していることは容易に見てとれよう。また私たちは先に、死と愛の主題が統一された物語に作り上げられることができなかったのを見た。この不可能は主題の変質によるとしたが、根本的には言葉の問題から来ているとせねばならない。言葉は意味するという能力を失ってしまう。そのような言葉を使っていったいどんな物語をすることができよう? 不可能は深いところまで及んでおり、マルテは変質をはっきりと自覚している。

物語。人々が本当に物語をしたというのは、まだ僕などの生れぬ遠い昔のことだろう。僕は人の物語るのを聞いたことがない。アベローネがママンの少女時代の話をしてくれたときも、彼女はもはや物語ができそうもなかった。ブラーエ老伯爵あたりがあるいは物語のできた最後の人だったかもしれぬ。

物語の崩壊のこの進行のうちで、マルテとその映像の関係が転倒されたように、事物と言葉の地位も逆転する。これまでのところ、言葉は事物の変動の鏡にすぎない。けれども言葉はその明晰な構造のゆえに、変動をよりよく受けとめ了解し、その了解のうちで事物を追い抜き、変動を導くものとなる。それは反映ではなく、事物の変化を集約するものとなり、それ以上のものとなる。今度は言葉が作用すること、すなわち名づけることによって事物が動揺するということさえ起こるだろう。また観点を変えれば、言葉の方が事物よりも一歩人間に近いために、変容はより切迫し、明瞭な疑い得ないものとなる。すると事物が倒錯と見えるほどに自身の現存を示したように、今回は言葉が道具でも記号でもなくなって、一切の倒錯を含んで現存しはじめる。言葉は意味を失い、拒絶し、無意味となり、その余のあらゆる無意味を抱括して現れ、人間を圧倒し、支配するようにさえなる。これがマルテにとってもっとも切実な経験である。

僕はもう少し書こう。もう少し書いて、何もかも言ってしまいたい。いつか、僕の手が僕から切り放されて、何か書けと命令すれば、僕の考えもせぬ言葉を書くようなことがあるかもしれぬ。全く変化してしまった解釈の時間が始まるだろう。もう言葉と言葉とがまともに続かなくなってしまうのだ。一つ一つの言葉の意味は、雲のようにつかみどころがなくなり、水のように流れてしまうのだ。僕はしかし、おそろしい恐怖にもかかわらず、結局何か偉大なものの前に立たされた人間だという気がする。何か書いてみようという気持をちっとも持っていなかった時分から、僕は時々、そんな気がしたのを覚えている。しかし今度は、いわば僕が書かれるのだ。僕が何かを書くというより、むしろ僕が何かに書かれてしまうのだ。

無意味は言葉を解体する。あるいは逆に言葉が続かなくなってしまうという明らかな出来事によって無意味が捉えられる。だが無意味とはまた、意味の全体でもある。なぜならそれは較べるもののない意味、つまりあらゆる意味の総体であるからだ。だからそれは絶対的な意味でもある。〈何か偉大なもの〉とはこれを指している。そしてこの命名によって私たちは、マルテのそれぞれの経験の頂点でなされたいくつかの発見を思い出す。死の場合、ボードレールの「死体」に触れて〈この恐怖の中に……あらゆる存在を貫く存在を見ること〉が語られ、マルテ自身の経験においては、死の恐怖は〈僕たちの最後の力〉だと述べられていた。愛の場合最後に求められたのは〈はるかな神〉だったし、事物は倒錯のうちに〈偉大な恐るべき存在〉を浮上させた。これらは同じものをさしており、言葉における経験のうちに現れる〈何か偉大なもの〉もそれらの例のひとつなのだ。けれどもこの発見は、先に見たような言葉の特性によって、他の発見を収斂させ、すべての問いを代表し、どの場合よりも強く応答を迫るところのものだ。存在は言葉を通して彼の前に厳然と立ちはだかる。マルテは彼の経験のもっとも厳密なかたちに達するのである。

4 詩

リルケにおける言葉の意義について考えようとする時、心に留めておかなければならないのは、それがある種の詩の場合のように観念的な虚空へ消えてしまうのではなく、背反しながらではあるにせよ、常に現実との関係を保持していることだ。しかしそれは、事物が表現されるものにいつまでもとどまるということではない。言葉は、見ることよりも聞くことよりもはるかに強力な関連を打ち立てる。私たちは先に、事物が視覚と聴覚を架橋にしてマルテの脳髄にまで侵入するのを見たが、言葉は、名づけるという行為が行為のうちでの最初の行為である——少なくとも詩人にとって——ゆえに、事物をいっそう深く呼びいれる。一人の女が描けないとは、彼の言葉が女を越え、彼を空虚へ導いたことであると同時に、女を彼の側にあまりに深く拉し去ったということでもある。

世界と私たちの関係は、もはやかつてのように、見るものと見られるもの、主体と対象、そしてそれらを結び合わせる言葉という安定した関係のうちにあり続けることができない。言葉は拡大し、起点としての主体と目的としての対象を逸脱する。そしてあらゆる二元論的構造を解体してしまう。もはや名づける人もいなければ、名づけられる事物もない。ちょうど死から理由と結果が失われて、死ぬという無限の出来事が現れ、愛から愛される人が排除されて、愛するという永遠の試行が現れたように、言葉は名づけるという最初の行為の永続的な顕在化となる。

事物はといえば、言葉の動きに攫われることによって、個々の事物であることをやめる。それは今や普遍的な事物となって存在を直接に呼び起こし、現前させる。マルテが現れ出たものに、偉大な、恐るべき、異様な等の形容を与えるのは、それがすでに存在の総体であるからにほかならない。同時にかつて主体と考えられた「僕」も、言葉の動きに拉致されることによって、変容のうちに入る。先ほど引用した書くことに関わるマルテの経験、もっとも切実な経験だとした先の一節中の〈僕が何かを書くと言うより、むしろ僕が書かれてしまうのだ〉という部分を思い出そう。書かれる「僕」はもはや「僕」ではない。鏡の一節では、マルテは恐怖して屋敷中を駆け回る自分について、〈僕は逃げるように走った。しかし、もはや走っているのは、僕ではなくて彼だった〉と言っていたが、それと同じだろう。書かれる「僕」というのは、もはや「彼」である。彼というのは三人称ではなく、否定態として誰でもない者のことだ。「僕」は事物がそうであったように、存在の中に解体する。こうしてあるのはただ存在だけ、しかもほかにどんな事物も人間もないとすれば、空虚と同義である存在だ。

この状況は長く続くだろう。出現したこの不安な存在は、較べるもののない強さで居坐るからだ。マルテはそのことを良く自覚している。すでに数々引用したように、彼は忍耐を繰り返して説く。じっと待ち、救われることを願い、何を願っているのかわからなくなり、願っていることすら忘れてしまうまで待たねばならない。忍耐の強調は、『手記』の中で個別の主題として取り出すことができぬほど、あらゆる箇所に浸透している。

けれどもただ一箇所、この混沌とした存在と虚無の世界から何かが動き始めるのを予感したところがある。一箇所だけだが、私にはそう感じられるところがある。新しい動きのためにこの部分は、ほとんど『手記』から逸脱していると言ってよいほどだが、そこから発して何か重要な動きが続いて引き起こされるのであって、そのためにこの部分は作品中でいちばん重要な部分であるとさえ私には思える。動きはまだ予感にすぎない。そのことはこの一節が、冒頭近くに、つまり死の不安の真只中に置かれていることによく現れている。だが確かにひとつの兆候ではある。見逃してはならないのは、この一節が言葉をめぐってのものであることだ。言葉がすべてを集約するとすれば当然のかたちだろうか？　言葉は集約のためにはるかに強められ、詩の言葉となろうとしているようであって、一節は次のように始まる。

僕は詩も幾つか書いた。しかし年少にして詩を書くほど、およそ無意味なことはない。

詩はいつまでも根気よく待たねばならぬのだ。人は一生かかって、しかもできれば七十年あるいは八十年かかって、まず蜂のように蜜と意味を集めねばならぬ。そうしてやっと最後に、おそらくわずか十行の立派な詩が書けるだろう。詩は人の考えるように感情ではない。詩がもし感情だったら、年少にしてすでにあり余るほど持っていなければならぬ。詩はほんとうは経験なのだ。……

詩とは感情ではなく経験であるとされる。この考えは注目に値する。だがなぜ詩は経験なのか？　経験はどのようにして詩になるのか？　私たちは経験という言葉を無造作に使ってきたが、それはマルテの言う経験とどのような関係にあるのだろう？　詩は経験だと述べたあと、彼はそのありさまを夢のような文体で繰り拡げる。一行の詩のためにはあまたの都市、あまたの人々、あまたの書物を知らねばならない。空飛ぶ鳥の翼を感じなければならないし、朝開く小さな草花のうなだれた羞らいを究めねばならない。また一夜一夜が前の夜に少しも似ることのない夜ごとの閨の営みを知っていなければならない、等々。だがこれらは、多様さの違いがあるとはいえ、通常の経験の概念に収まるだろう。私たちはこれらの経験の記憶を持つことができる。しかし、特異な点はこのあとに現れる。〈いや、ただすべてを思い出すだけなら、実はまだなんでもないのだ〉と彼は続ける。

しかも、こうした追憶を持つだけなら、一向なんの足しにもならぬのだ。追憶が多くなれば、次にはそれを忘却することができねばならぬだろう。そして、再び思い出が帰るのを待つ大きな忍耐がいるのだ。思い出だけならなんの足しにもなりはせぬ。追憶が僕らの血となり、目となり、表情となり、名前のわからぬものとなり、もはや僕ら自身と区別することができなくなって、初めてふとした偶然に、一篇の詩の最初の言葉は、それら思い出の真ん中に思い出の陰からぽっかり生れて来るのだ。

マルテは、かつての自分の詩を省みて、〈そういうふうにできたのではなかった〉と認める。彼は方法を変えようとする。だが予測された行程を十分には踏むことはできていない。彼が実際に達したのは、たぶん追憶を持つという段階まででであろう。もしかすると忘却へ一歩はいりこんだところかもしれない。彼は〈根気よく待つ〉あるいは〈大きな忍耐〉というように自覚していて、忍耐の果てには忘却がくるはずであるから。

けれども、忘却を経て〈思い出が帰る〉とは何か？　〈一篇の詩の最初の言葉は……生れて来る〉とはどんなことだろう？　最初の言葉が思い出の真ん中にその陰から出てくるとすれば、言葉が生じるとは思い出が帰ることと同義だと言えようが、これらの出来事はいずれにせよまだはるか先のことだ、と彼は考えている。だがこの変化はいったい何を意味しているのだろう?

忘却から甦るという出来事についてなら、『手記』の中に符合する箇所は多い。たとえばマルテは一二、三歳の頃、父といっしょに、死んだ母の実家ウルネクロースタアを訪ねてクリスティーネの幽霊を見る。その時祖父のブラーエ伯爵が興奮したマルテの父に言った言葉、忘れるどころかほとんど聞き分けることさえできなかった、「侍従職ブリッゲ、おまえさんはどうも感情が激しくて、無作法なものだ……」という言葉を、後年突然思い出す。〈しかし、その言葉はやはり僕の耳の中に深く食いいっていた。およそ二年ばかり前、僕は何年ぶりかにその言葉を思い出した。それからというもの、その言葉は一日も不思議に忘れられないのだ〉。

あるいはこのブラーエ伯爵は、回想録を口述しながら、人々が期待する彼の政治的経験の話ではなく、幼年時代の思い出にばかり執着し、批判する人があると、〈そんな人々には、どんなつまらぬ思い出話も、本当にそれが身につけば深い意味が生じる、ということがまるでわからないのだ〉と叫ぶ。彼は小さいときに会ったベルマーレ侯爵――別名サン・ジェルマンで一八世紀ヨーロッパの有名な詐欺師――のことを語るのだが、その侯爵は、何ものをもその内部に引き入れてしまう目を持っていて、引き入れたものをいつでも取り出すことができた。〈たとえばそのベニスだが、侯爵の目はそれをすぐこの部屋の中へ持ってくることができたのだ〉。ブラーエ伯爵もその系譜に連なろうとするかのように、時代の順序などは無視して、〈一度記憶にとどめた人間は、そのまま実在する〉ようにしてしまう不思議な性向を持っていた。あまつさえ口述を筆記する末娘のアベローネが会ったことがあるはずのないベルマーレ侯爵を思い出させさえする。〈なぜかアベローネは不意にベルマーレ侯爵を見たことを思い出したのである〉。これらは思い出と忘却の虚空から何かを取り出してくるという例である。

マルテはこれらの人々に、追憶と忘却と蘇生という出来事がもっとも純粋なかたちで起こっているのを認める。思い出はいかにも易々となされる。これは彼の羨望するところだ。また蘇生が問題であるならば、先ほどのクリスティーネやインゲボルク、また火事で焼けてしまったシューリン家の屋敷等、しばしば語られる死者や消失してしまったものの話もその例証である。彼らあるいはそれらは、忘れ去られようとする記憶の底から、忘却が完全になった瞬間に立ち上がり、私たちに思い出を促す。

マルテがことあるごとに語り、『手記』の大きな部分を占める彼の幼年時代の思い出話も忘れるわけにはゆかない。それらは死の想念を隠蔽する役目を持ちながら、一方で右の諸例と同じ意義を持っている。重要なのは思い出された内容ではない。思い出すこと自体である。

マルテが思い出すのはたとえば固有の死だったが、そのような死も、忘却の中から呼び出されたために、無名の遍在する死を伴って浮上してくる。彼が書物から得た物語についても、ことは同じである。祖父のブラーエ伯爵のように、彼の心では、一度記憶にとどめられた人物や出来事は、たとえ実際に見聞していなくとも実在してしまう。忘却という試練を経たのちではなおさらのことだ。〈それが最初読んだ時にすぐ僕の心に深い印象を残したかどうかはわからない。しかし十数年後の今になって、僕は……という話をまざまざ思い出すのだ〉。忘れられて甦ったものは不思議な強さを持つ。マルテはまざまざと思い出し、思い出したのちは、それを一日も忘れられない。

だがなぜ言葉なのか？　詩とは経験であるのなら、逆に経験とは詩だということであろう。すなわち経験は言葉となった時、もっとも良く経験たり得る。ではどんな理由から経験は言葉でなければならないのか？　忘却を経るとしても、単に思い出すだけでは不足だとして、どうして言葉となることが必要なのだろう？　それは経験が言葉に結晶すると明瞭な了解しやすいものになる、といった理由によるのではない。また死や愛の経験が言葉に集約されるのは事実だが、だからといって、それだけで最初の蘇生が言葉を通して起こるということが十分説明されるわけではない。もっと積極的な理由がある。

私たちは死と愛が存在の経験へと通じるのを見た。だが存在とは、その響きから普通想像されるような実体ではない。それは何か力の如きもの、あらゆる方向へ働く動的なものだ。それだからこそ存在は、死や愛が無限の出来事となった時に出現したのだし、もっと以前に溯るならば、存在へ通じる最初の契機が不安、すなわち安定を揺すぶる動いて止まぬものであったことにその性格が窺われる。そして言葉は、事物を無限へとひきいれるこの力を、死や愛よりもいっそう普遍的に持つ。言葉は私たちに、まず事物との関連をとりもつ意味として与えられる。だが名づけるという行為が対象を見失う時、言葉も意味を越えて無意味へと逸脱し始める。存在へと通じるこの経路を、意味と無意味の対立という図式でとらえてはならない。存在は単に無意味のうちにあるのではないからだ。ちょうど死が生に対立しながらそれ自身変容であったように、無意味と見えたものは、意味に対立するばかりでなく、意味をも引き入れてより大きな変容を開始させ、自身をも変容させ始める。

この時意味と無意味を二つながら抱括するある活動が浮かびあがる。浮上するのは最初の活動であるところの関連づけるという行為そのものである。この関連は、主体と事物を失ったとき、遍在的なものとなってどんな二元論をも超え始める。それは、愛が誰をも愛さぬものであったように、何ものをも関連づけることなく、純粋な関連の力のままであり続ける。それは限界を無くし、そのことによって世界はどこまでも開放されたものとなる。現実の関連とは、関連のこの本来性に較べれば、たぶん必要だが固着したもの、その無際限さに較べれば、部分的な一例であるものにすぎず、関連の運動が現れた時には、解体され還元されてしまわなければならない。リルケはこのような様態をのちに「純粋な関連」また「開かれた世界」と呼ぶようになるが、それこそが存在の様態である。そしてこのような様態は、ほかのどこよりも、関連づけることを本来の役割とする言葉のうちに出現する。というより言葉こそがその出現を可能にし、その意味で言葉とは存在そのものなのだ。これが言葉の比類のない意義である。

言葉が言葉であるだけなら、ただ事物との関連にすぎない。だが、それはともかくも関連であることによって、純粋な関連へのきっかけを与える。経験とはまず事物とのあたりまえなかかわりのことだ。追憶を持つことはこれだけでも可能だろう。だが忘却はどのようにして起こるのか？　それは事物との関連が事物を越えて広がることによる。だから経験が深度を増すことによって忘却は訪れるのであり、この忘却の有無が、私たちが無造作に言う経験とマルテの言う経験を分ける。言葉という集約された場においては、忘却はいっそう明瞭に現れる。沈黙というのがそうだ。言葉は何ごとも語らぬ言葉となる。

しかし存在が活動であり関連であるならば、私たちはたとえ十分に存在を発見したとしても、そのうちにとどまることはできない。動的なものである限り、静止させるようなやり方で存在を経験することは許されないからだ。将来のいっさいの転換がこの性格から発する。

関連は目的を持たぬ純粋なものでありながら、関連という性格のゆえに、私たちを何がしかの関連の方へ押しやる。関連という力を保持するためには、その「純粋さ」に背馳しても何かでそれを支えることが必要なのだ。ここに存在の本質がついに本質と名ざすことのできない矛盾であることが明らかになる。この矛盾のゆえに、私たちは存在を見出だした瞬間に、そこから締め出され追放される。存在が不可能とみなされるのはこのためだ。そして矛盾は次のような劇的な現れ方をする。すなわち経験において忘却は思い出されることを求め、言葉において沈黙は語られることを求めるというふうに。そしてこの要請が単なる言葉を詩の言葉に変える。これ以上の背理はほかに存在しない。同じ様にこれ以上に強く抗し難い力で強いられるものもない。

〈一篇の詩の最初の言葉〉は、まさしくこの背理から、存在を消去しつつその実現として生まれる。思い出の真中に思い出の陰からと言うが、本当は、思い出を先触れとしながらも、思い出に先んじて生じる。言葉は最後に関連を明らかにするものであったゆえに、今度は最初に関連を与える。思い出を含めてそのほかのもろもろのものごとは、言葉に導かれてそのあとに出てくる。言葉はすべての始まりとなり、存在の動向はこの一点に賭けられる。世界や死と生の全体の肯定も、この一点からしか出発することができない。マルテの関心はすべて、来たるべきこの生起に惹き寄せられる。

言葉の再生と言うべきこの存在の生成の過程を知ることで、私たちは、最初に主題として挙げたが曖昧に使用してきた、言葉、詩、書くこと、という用語をようやく正確に使い分けることができるようになる。言葉とはそのままならただ意味であるにすぎない。けれどもそれはいっさいの始まりである詩の言葉になりうる。この変容を司どるのが書くという行為である。書かれることによって言葉は動態化され、関連は生命力を取り戻し、活動が開始されるからだ。そして書くことの持続の中で存在が経験され、屈折と転換ののち沈黙が詩となって語り始める。書くことは、行為であるゆえに、動的なものとしての存在と本質を同じくする。だから書くことの発見は、マルテにとって重大な意義を持つ。彼は不安をひとつひとつ数えあげたのち、この発見に突き当たる。〈もしこんなふうなことがそれぞれあり得るとすると、いや、どこかにそんな気配でもあるとすると——是が非でも、僕は何か書いてみせねばならぬ。……僕は書かねばならぬ。書くことがすべての終結だ〉。発見は唐突で論理を無視しているように見えるが、きわめて正しいのだ。

言葉が発せられるとは、もはや期待ではない。それは拒もうとしても拒みえぬもの、すでに責務なのだ。しかしマルテにおいて、詩の言葉はまだ到来してはいない。彼の経験のうちでもっとも重要なものであるパリ体験はなされたばかり、あるいはなお只中であり、追憶になるとしてもまだまだ生々しい。彼には無限の時間が必要だ。〈思い出を生かすためには、人はまず年をとらねばならぬのかもしれぬ。僕は老年をなつかしく思うのである〉と彼は書く。だが彼が忍耐を言うのも、それだけ早く経験が成長するのを願っているからである。彼のこの切ないほどの願いは、様々に読みとることができる。たとえば彼の数々の思い出話には、パリでの体験を忘却を経た本当の思い出として思い出す習練のため、という意味があるだろう。彼は思い出すということに熟達したかった。そしてできれば、彼の苦しい経験が常よりも早く忘却され、蘇ることを願った。また彼が自分の中で詩の言葉がまだ熟していないのを十分に知りながら、書くことが終結だと自らに言いきかせつつ『手記』を書き続けたのは、いつか来るはずの詩の言葉を、聞き逃すことなく正しく受けとめようとする用意のためだった。

けれども必然的であるに違いなく、論理的にはすぐさまのもののように見えた詩の最初の言葉がやってくるには、実際は長い時間を必要としたのである。沈黙から言葉へ至る道は遠く、中間的な曖昧さはいつ終わるともなく続いた。この間リルケは、最後の方策としてあれほど強く自分に言いきかせた書くという行為も、ほとんど放棄せざるを得ない状態に陥る。だが『悲歌』と『ソネット』は到来したのである。『悲歌』の最初の言葉は、『手記』の二年後、ドゥイノー[*8]の冬の海岸で、あたかも天来の声を聞くようにリルケを訪れたという。全体の完成はその後さらに十年を待たねばならなかったが、残っていた部分は、その時非常な速さで書きあげられる。同時に五十五篇もの『ソネット』が、やはり不意を突くように到来する。これらははるかに度は強められているが、まさしく〈ふとした偶然に……ぽっかり……〉というありさまであろう。しかしこの出来事は、突然の天恵によるものなどではなかった。『手記』の刊行後リルケは、これ以上書くことはできないという恐怖にとらえられ、生活の仕方を変えてしまおうとすら考えるが、それでも彼が待ち続けられたのは、『手記』の中で生存の下限にまで降りてゆきながら、そこに人間を生と世界の肯定の方へ促し、詩の言葉を生ぜしめる契機が存在することを確信していたからだ。彼の転機は『手記』と『悲歌』および『ソネット』の間にあるのではない。それはすでに『手記』の中に存在し、『手記』を越え、『手記』を何かより広大なものの方へ開放しようとしている。それはわずかな予感にすぎなかったが、書きとめられたどんな事実よりも強くリルケを支えた。この要請を確かめることが、彼にとって『手記』の、内密だが本当の目的だったのだ。

＊1　『マルテの手記』の引用は、新潮文庫、大山定一訳、一九五三年、による。

＊2　『悪の華』（一八五七年）に収録されている。

＊3　イタリア・ルネッサンス期の詩人。恋人であるコラルトオ伯爵への手紙や詩が有名。一五二三―一五五

四年。
＊4　フランスの軍人であった恋人への手紙『ぽるとがる文』（一六六九年）の作者として知られる。一六四〇―一七二三年。ただこの手紙は現在では、ほかの人物の創作だとされる。
＊5　古代ギリシアの女流詩人。前六一二頃―?年。小アジアに近いレスボス島生まれ。作品はほとんど散逸しているが、『アフロディーテへの歌』が知られる。
＊6　ドイツ・ロマン派の詩人アヒム・フォン・アルニムの妻で作家。一七八五―一八五九年。マルテが思い浮かべているのは、彼女が少女時代にゲーテと交わした書簡集『ゲーテと一少女の往復書簡』のことである。
＊7　イタリアの舞台女優。一八五八―一九二四年。リルケは一九〇七年頃パリで彼女の舞台を見て、「肖像」と題する詩を書き、『新詩集』別巻に収録している。
＊8　アドリア海沿岸のイタリアの都市。スロベニアの国境に近い。リルケはこの町にあるマリー・フォン・タクシス侯爵夫人の館に滞在していた。

歴史の中の記述――ブランショの三つのサド論

1　歴史という問題

何かを書きはじめるという出来事が私たちに起きることがあるが、それはどんな契機によるのだろうか？　契機は普通は個人的なものだろう。ささいな事件があったとき、またとりとめもない感情の動きがあったとき、私たちはそれを書き留めようとする。しかし書くことが持続されると、なぜそんなことが自分の関心を惹いてやまないのだろうという自分への問いかけが生じるように見える。私たちは自分がなぜ書くという行為に手を染めたのか、なぜ書き続けるかを確かめるよう促される。そしてある程度の努力の後にそのことに成功する。その時書くという行為がもう少し異なった動きに連なっていることに気がつく。そんな変化が起きるのではあるまいか？

現実的で個人的であるはずの書くという行為は、実践されることで、事件や感情の記述にとどまることを逸脱して、どこか別のところへの通路を開いてしまうように見える。別のところとは何かより大きな空間であって、そこにはこれまでとは違った動き方をするものが現れてくる。つまり、どんな微風もどこかで地球全体の自然の運動につながっているように、個人的な出来事や心理も、現実のもっと総体的な動きと関連づけられて生起していることが分かってくる。この前方に見えてくるものを、その総体性に鑑みて、歴史と名づけられるように思う。書くという個人的でささやかな実践に従う者は、歴史の運動に導かれるのだ。

そしてそこにこそ、単に個人的な感懐であるにとどまらず、交感の能力を具えたものとしての文学の言葉が現れるのではないか？　そのような言葉に出会うとき、私たちは——少なくとも私は——文学を感じる。一歩進んで言うなら、そのような言葉しか文学であり得ない。そこで私たちは改めて問いを立て直す。文学はどのようにして自らのうちに歴史が現れてくるのを促すのか？　逆に歴史は文学のどこに介入してくるのか？　またこのように文学のうちに現れてくる歴史はどのような歴史なのだろうか、と。

この関心から眺める時、ブランショの航跡はもっとも興味深いもののひとつである。彼はその著作中で現実に直接言及することが少なかったために、またその小説が幻想的とか反リアリズムとか呼ばれる類のものであるために、もっぱら「文学的」な作家と見なされてきたが、必ずしもそれだけではおさまらない様相を見せてきている。そのことは七六年の『グラマ』誌等で第二次大戦前のアクシオン・フランセーズの活動家時代の政治論文や、また戦後のアルジェリア戦争期や五月革命時の文書が明らかにされたことにもよるが[*1]、彼が著作として提出したものの中にも変化を読みとることができる。批評家として活動しはじめた戦後間もなくのころ、彼は「文学的」な考察に専念している、少なくとも文学の自律性に関心を集中しているが、六〇年代半ばに至って歴史的な現実についての発言が目立ちはじめる。たとえば六九年の『終わりなき対話』や七一年の『友情』には、マルクス、レーニン、トロツキー、毛沢東等、それまでの彼の著作とはかなり異質と見える名前が引用されている。政治はそのまま歴史になるわけではないが、前者への関心が明示されることは、後者への関心の高まりを示している。この変化はどこから生じ、何を意味しているのだろうか?

2　三つのサド論

ブランショの歴史に対する関心を問おうとする時、批評家としての彼が好んでとりあげる作家の中で歴史という問題をどのように考えているかという点に着目することは、彼の歴史観のすべてを知ることでないとしても、そのもっとも明瞭な部分に接近する道であろう。そして彼の数多い批評のうち、右の目的によく適っているのはサド論である。なぜなら、サドはフランス革命という歴史的な大変動の只中で書いた作家であって、彼の中には否応なしに歴史が介入していたに違いなく、そのためにサドを論じることは、論者自身の歴史意識を引き出さずにはおかないからだ。ブランショの場合も例外ではなく、彼の書いたいくつかのサド論の間に見られる展開は、彼自身の歴史を発見してゆく過程だと思わせるところがある。

彼のサド論は三つある。四六年の「サドに関するいくつかの覚え書」、四七年の「サドの理性」（『ロートレアモンとサド』収録）、そして六五年の「蜂起、書くことの狂気」（『終わりなき対話』収録）である。[*2] これらのうち「覚え書」と「理性」は、時期が近いこともあって内容に共通点が多く、前者は後者の素描という印象を受ける。前者は単行本に収録されていないが、それはこの理由によるのだろう。だからここでは両者をまとめて後者で代表させることにしたい。けれども前期のと言うべきこれら二つの論文をほぼ二十年後の「蜂起」と比較する時、大きな差異があることに気づく。この差異がそもそも一連のサド論に惹かれた理由なのだが、簡単に言えば、前二者ではサドにおけるフランス革命の問題がほとんど触れられていないのに、三番目のものに至ってそれが正面から取り上げられる。「覚え書」が「小説論」（『恋の罪』に付された序文）、「理性」が『美徳の不幸』というように文学的な著作を対象としているのに対し、「蜂起」が「フランス人よ、さらに努力を」という革命のさなかの政治的パンフレットを対象としている、という相違はあるが、この選択にすでに理由があるだろう。変化はサドに対するブランショの関心の移り変わりを表現している、と考えよう。

それはどんな差異なのか？　前期のサド論を検討することから始めたい。「覚え書」、ことに「理性」でブランショが明らかにしたのは、後者の題名が端的に示すように、サドの活動の中心には理性の運動があるという点である。理性とは、サドの生きた一八世紀が啓蒙主義の世紀であってみれば、平凡な主張にすぎない。けれどもブランショによれば、サドにおいては、この理性は単なる理性に終わっていない。サドの理性は過剰なものであって、すべてを理解し、さらに限度を越えて理解するために対象を超えてしまう、という類の理性なのだ。この理性は対象を逸脱し、そのために対象に対しては否定の力となって作用する。それは一般的な人間の思考を否定し、神の存在を否定し、ついには当時最高の概念であった自然という概念をも否定してしまう。そのあとに現れるのが、サド独特の「全的人間」という概念である。このような過程を明らかにしながら、サドの根底で働いているのは、〈巨大な否定作用を通して肯定されるところの至高性の要請〉であるとブランショは述べる。

これに対して「蜂起」はどうだろうか？　立論のための出発点は「理性」と同じである。というのは〈理性に対するサドの関係〉から始められるからだ。この論文は十節に分けられているが、第三節でブランショは、サドの理性の運動には三つの性格があると言う。第一は百科全書的な性格、第二は弁証法的な性格、第三は記述の運動だと言う。百科全書的とは、当時の主なる思潮であった百科全書派から受け継いだものを指し、〈人間のあらゆる可能性を調査すること〉を意味するが、この性格については、すでに「覚え書」の中に同じ百科全書的という表現を使って言及されている。また弁証法的と言われる性格についても「覚え書」の中に言及があり、ブランショは「蜂起」で、〈私はここで「サドの理性」と題した論文に立ち戻る〉と書いている。たしかに「理性」では、理性というものが分析的な作用をするばかりでなく、否定作用を伴って弁証法的な作用を持つことが論じられている。つまりブランショは第一と第二の性格の中で、かつて彼が論証したものを総括している。他方、第三の性格としてあげられた記述という運動については、先行する二論文の中で言及されていない。とすれば前期の論旨に対する「蜂起」の新しさは、記述という運動に対する着目にある、と言うことができる。そしてそれが「書くことの狂気」という副題の示すように、この論文の主題であり、ブランショが新しく見出だしたところのサドの中心をなす営為である。彼はサドの最大の関心事が、一般にそう思われているような淫蕩さにあるのではなく、書くという行為にあるとして次のように述べる。

彼のデモンは淫蕩のそれではない。もっと危険なものだ。それはソクラテスのデモン、ソクラテスが常に抵抗し、プラトンも譲歩したくはなかったデモンである。つまり書くという狂気じみた行為、無限で終わりがなく中断することのない運動である。

サドと言えば性的サディズムと考える通念にとっては、このような視点の転換だけでも十分衝撃的であろう。しかし私たちの関心にとってさらに衝撃的なのは、この小論の冒頭で「蜂起」に至って現れるとした歴史という問題が、実はこの記述の運動が明らかにされた時にはじめて問われている、という点である。これは、サドについての考察の中でブランショは、長い時間を距てて書くという運動を発見し、同時にそれが思いがけず、けれども本質的なあり方で、歴史との接触を可能にするのを認めたということではないだろうか？　またもし、サドにおける歴史意識という問題が誰にでも思いつくものであり、ブランショもこの問いを抱きながら「覚え書」や「理性」においてはそれを抑制していたとすれば、「蜂起」での記述の発見に伴う歴史を問う可能性の発見は、思いがけずなどと言うものではなく、見出だしあぐねていた突破口をついにさぐりあてたということだったかもしれない。しかし彼の見出だした歴史は、通常想像されるような類のものではなかった――とりわけ記述との緊張関係において――ように思われる。

3

記述の発見

まず記述に至る過程から問わなくてはならない。その経路を知るためには、サドの全活動を包括するとされる理性が前述のように過度なものであり、過剰さを強調することは三つの論考にすべて共通していることに注意しなくてはならない。「覚え書」では〈過剰は彼の目的である〉、「理性」では〈彼のうちにある過剰なもの、人間にとって永遠に強すぎるもの〉、そして「蜂起」でははっきりと〈理性とは過剰なものだ〉と述べられている。三論文が順に示しているのは、理性が限界を越え、知識、概念、それに矛盾すら侵蝕し乗り越えてしまうさまである。さらに「蜂起」の分析によって、このような否定的な理性の持つ作用のもうひとつの帰結が明らかにされる。先の引用にはっきり述べられているが、それは理性の運動には終わりがないというありようである。なぜなら、過剰な理性は対象を越えるが、それは停止の地点をなくしてしまうことであるからだ。この理性には、逢着すべき岸辺が存在しない。理性の否定作用はこの本性からして永続的なものとなる。

このような運動が作品の中で遂行されるならばどういうことになるだろう？　結果のひとつは次のようである。サドの作品は次第に長くなり、エピソードにエピソードが重なり、登場人物たちは議論を延々と繰り返し、推論は推論を呼び起こして、もはや何を語るかという所から離れてしまう。推論をどこまでも進めることのみにエネルギーが注がれ、あらゆる知識と理念は越えられてしまう。この運動は、すべての規範の否定の果てに打ちたてられたサド固有の全的人間という概念も容赦しない。なぜなら概念とは、内実がどんなものであれ固定された形態であり、それは終わりのない運動にとって障害にすぎないからだ。

理性の無限の否定作用は、作品の中のどんな要素にも自己の実現を見出だすことができない。逆にあらゆる要素を流動的なものにする。この時作品という形態は内側から解体され、その動きは外側に溢れ出て、作品そのものが乗り越えられてしまう。では流動化した作品のあとに現れるのは、あるいは作品の流動性そのものとして現れるのは何か？　それが記述という運動なのだ。なぜなら記述という行為は形態などではなく、運動でしかありえず、あらゆる固定が取り払われたあとではじめて現れるところのものであるからだ。またこの点から言えば、作品の中の知識や理念あるいは作品そのものも、書くという運動が停止した時生じた澱《おり》にすぎない。だから作品が突破された時現れるのは、書くという運動、しかも運動の本質としてどこまでも持続しようとする運動なのだ。この運動を発見した時、否定的理性の終わりのなさは、はじめて自己の実現を託し得るものを見出だしたと言うことができる。

記述についての関心はすでに彼の最初期から存在したと反論されるかもしれないが、関心を持つということと、把握するということは別であろう。把握は困難であって、ブランショ自身の創作の系列上では、『至高者』[*3]（四八年）の最後でのアンリ・ソルジュの〈今、今こそ私は語る〉という叫びによって、意味でも無意味でもなくただ活動としてある言語が解放されたと考えられるが、同じ探求の過程をサドについての三つの論考の間にも見ることができるだろう。

4　一致および歴史の介入

しかし「蜂起」のいっそう重要な点は、繰り返すが、書くという運動の顕在化とともに歴史が浮上するのを明らかにしたところにある。そこで次の問いが現れる。すなわち、どのようにして記述の運動の中に歴史が介入してくるのか？

過剰な理性の作用は、先に見たように、概念という形態を許さないところにある。そして人間、神、自然といった概念が次々に越えられてしまうならば、それらにはもともとさしたる重要性はないということになる。事実ブランショは、サドが作中人物に得々と語らせる思想的な主張がことごとく時代の通念にすぎないことを指摘する。ならば同様のことが、革命についてのサド自身の見解に対しても言えることになる。最初のサド論である「覚え書」でブランショはすでに、〈サドは純粋な革命家などというものではない〉と述べている。「蜂起」

では、サドの革命観をもっとも良く表現しているとされる「フランス人よ、さらに努力を」を取り上げるが、提議されていることがほとんど実現不可能なものであることもあってか、その推論のエネルギーとイロニーとしての力を評価しながらも、直接サドの歴史認識とすることは注意深く避けている。つまり歴史はその表現を、作品の中のイデオロギー的な言辞に見出だして満足することができない、とブランショは考える。では文学が歴史を受けとめることは、どのようにして可能なのか？　十節からなるこの論考のうち、これまで見てきたのは第三節までだが、そこで記述の運動を導き出したあと、第四節以下で、ブランショは、サドに寄り添いつつ次のように所論を展開する。

取り上げられる問題は、時代観、政治的意見、法、無神論といった多岐にわたる。だから主題となっているのはこれらの諸観念であるように見える。けれどもこれらをひとつひとつ分析してゆく過程で、ブランショの触手は別のものを探り当ててしまうように見える。彼はサドにおけるさまざまの具体的な問題の背後に、ある共通の現象を見出だす。それは〈一致〉という現象である。ブランショが明らかにしてみせるのは、サド自身と牢獄との、牢獄の哲学と革命の思想との、力に溢れた人間の唯一のモラルである過剰さと時代の徴候である溶解状況との、そしてサドの思考と恐怖政治の大天使と呼ばれたサン＝ジュストの思考との一致である。法とか無神論とかの語彙を使用しながら、これらの諸分析を貫く共通の主題は一致という現象であって、それぞれの観念は一致に支えられて現れ、一致の様々の様態を示すために選び出されたかのようである。ブランショは〈一致という語がもっとも正当であると私は信じる〉と述べているが、この現象がかくも多くのところに現れるのは示唆的である。それは作品の中の諸観念が乗り越えられて書くという運動に還元されようとした時、書くという運動がこれらの諸観念を相互に交感させ、ついで諸観念を運動と交感させ、運動自身が何か他なるものと交感しはじめたことを暗示している。

文学とは、現実的なものを契機としながらも、それを否定しつつ自己を想像的なものとして構築してゆくところのものであろう。とすれば文学にとってもっとも異質なものとはこの現実的なものである。それは、文学が書くという運動へと極限化される時、同様に極限化され、空間的にも時間的にも最大限の振幅を持つ。この総体化された現実は、歴史の名で呼ばれるのがふさわしく、ブランショがこの名称を採用するのはたぶん以上の理由による。そして今、もっとも一致らしい一致という条件を満たして、二つの極限の一致が生起する。ブランショは次のように書く。

サドを通して——そして逆説的な真理の極度に高い地点において——私たちは、書くこと、すなわち書くことの自由が現実の自由の運動と一致する、つまり後者の自由が危機のうちにはいり歴史の空白を引き起こす時に一致する様態の最初の例（だが第二の例などあったろうか？）を持つ。

まず書くことはなぜ自由なのか？　先に見たように、この運動は意味や概念の水準を超えたところに見出だされるものであるために、それらの制約から脱け出すことができるからである。

では〈現実の自由が危機のうちにはいり歴史の空白を引き起こす〉とは何か？　現実の自由を求める運動は、記述の場合と同じく、制限として作用するものを突破し乗り越えようとする。この作用によって法や組織は解体されてしまう。この時、現実の総体としての歴史も同様に危機に陥る。この後者の危機は、法そのほかの解体をさらに拡大して、歴史――少なくとも事件の継起とか制度の変遷というこれまでの歴史についての概念――を解体してしまう。私たちが歴史として理解していたものは、もはや残らない。歴史とは私たちが一般に信じているように出来事の羅列からできあがっているのではない。出来事の背後にあり、出来事を可能にするある匿名の力の持続なのだ。歴史がその相貌を明らかにし、私たちを揺り動かすのは、この持続される力によってであり、この力が顕在化されるのは、ただ通常歴史として受け取られているものが越えられた時である。だから本当の歴史は、逆説的に、歴史の空白と呼ばれることになる。そしてこの空白、つまり出来事の絶頂として出来事という性格が越えられようとする瞬間が革命なのだ。革命において古い意味と制度は破壊され、流動化される。それこそが歴史の空白が現象する唯一の時刻である。

右の引用が示すのは、独立して、けれども深いところで呼応して、それぞれの極限を目ざしてきた文学と歴史が、共に裸形になりながらついに出会おうとする様相である。ここで最後の問いが提出される。文学と歴史はなぜ一致することができるのだろう? 二者には同種の還元作用が施されて記述と空白が抽出される。だがそれだけならば、明らかにされるのはただ文学と歴史の並走状態にすぎない。しかしこの二重性はある交感の状態に達する。ブランショはたしかにこの地点に触れる。彼は次のように言う。

サドは、宙吊りにされた歴史が時代を作る純粋な時間のことを革命的政体と呼ぶ。時間の間隙であるこの時間の中では、古い法と新しい法の間で法の不在という沈黙が君臨する。時間のこの狭間は、すべてが中断しすべてが停止するところの言明することの間隙と正確に呼応しており、この間隙の中には、もはや禁止がないゆえに永遠に語り続ける推力が含有されている。

この中で〈時間の間隙〉と言われているのは、宙吊りにされた歴史、つまりあらゆる事件を剝奪されて歴史の空白と呼ばれたもののことである。他方〈言明することの間隙〉とは、語ることと書くことにおけるあらゆる意味作用が途絶える部分のことであり、それは私たちが記述の運動としてとらえたところのものである。〈永遠に語り続ける推力〉とはもちろんこの運動をさしている。この二つが〈正確に呼応する〉とブランショは言う。ではなぜ呼応が可能なのか？　そして呼応とは詳しくはどんな様態なのか？

歴史と文学の両者が受ける作用は同質のものであった。そうであるのを私たちは見たが、だとすると両者は同じ規定を受けることができるはずだ。この規定については歴史に関するものの方が適格である。歴史の「空白」という言い方がなされるならば、あらゆる還元作用を受けたあとの文学であるところの「記述の運動」とは、文学の「空白」であると言えるに違いない。文学は一般に、人物や事件や主張によって読まれる物語だとされているが、そうしたあり方を「空白」にしながら見出だされたのが「記述」であったからだ。ではこれら二つの箇所に現れた「空白」は何を意味するのだろう？

この「空白」とは、よりブランショ的な表現を選べば「不在」であり、もっと総体化された時には「虚無」と表現されることになる。「虚無」とは、「空白」の形成のされ方が示すように否定的なものの極限であり、すべてを否定する不可能性として現れる。ところでこの究極の否定性あるいは不可能性とは、絶対的な共通性となり得る。なぜなら、否定性とは、その形成の過程から逸脱しそれを廃棄さえするところのものであるために、文学を通して見出だされたものであれ、歴史を通して見出だされたものであれ、同じものとなり得るからだ。ただ否定性の極限としての「虚無」だけがこのように完全な同一性を持つ。ただ表現としては「不在」でかまうまい。そのためにそれぞれこの「不在」に達した文学と歴史は、「不在」そのものを媒介として呼応する。

だがこの呼応は単なる呼応に終わらない。それ以上に自由な交感である。この交感において、文学と歴史の因果関係を言うことはできない。そこでは純粋に文学的であることが、そのまま純粋に歴史的であることとなる。文学は歴史から直接に力を汲み取り、歴史は文学のうちに直接の表現を見出だす。文学と歴史の両側から形成される「空白」とはこのように何かを促し何かを受け入れる根源的な活動であって、両者が裸形になって出会うところで初めて検証され、交感状態を作り出し、その中で互いの力を倍化しあう。この交感状態こそ、サドの経験の絶頂にブランショが見出だしたところのものである。

けれどもこの絶頂は、ある意味では不可能なものでもある。というのは、絶頂は今見たように不可能性として実現されるが、不可能性とはそれ自身の不可能性でもあるからだ。ブランショは、サドがこの極点を常に目指し、時に到達することに成功しながらもそこにとどまり続けることができなかったこと、あるいは成功したかのように見せながら本当はそれができなかったことを指摘する。それは書くという運動が支えるもののないいわば架空の運動となるためであり、他方歴史も、一瞬その裸形を覗かせた次の瞬間には再び、さまざまの出来事で自らを蔽い隠してゆくためである。

「一致」への関心に戻ろう。第九節になると、先には一致が強調された他の人物や思考との間に不和の生じてくることが、明らかにされる。不和はサン＝ジュスト描くところの革命家像とサドの全的人間という理想像との喰い違いから始まり、革命家たちの理神論とサドの無神論という理念上の差異を経て、最終の第十節では、サドが革命政府によって逮捕投獄され、処刑寸前に釈放されながらも、最後はナポレオンによってその死まで獄中に置かれるようになることが追跡されている。サドは、不断の蜂起状態としての共和政を夢みながらも、それが不能化し、圧殺され、自身もこの理想と現実自体から締め出されてゆくのを経験しなければならなかった。これは歴史からの避け難い疎外である。ではこの後、サドは歴史との絆を失って、元の閉鎖的で個人的な生活および文学に戻るほかなくなってしまうのだろうか？

そうではない、とブランショは考えたように思われる。そしてここに実践的にはもっとも重要な歴史意識が姿をあらわす。

サドの本当のデモンは、淫蕩ではなくて書くという運動のうちにある、とブランショは言う。歴史の展開と交渉しながら、書くという運動が発見される時、架空のものであるためにそれだけ強烈なこの運動は、汲めども尽きぬ終わりのなさというその本性の印象を、発見者の記憶のうちに深く残してゆく。獄中のサドが以前にもはるかに増して書くことに没頭したことはよく知られている。それはまず、記憶へのこの刻印の強さを示す。すると今度は、書くことの執拗な実践の中で求められたものを、次のように想像することができる。つまり幽閉されて現実の自由を奪われたサドのうちに、書き続けることを通して文学の側から、もろもろの出来事に蔽い隠されてしまった歴史を再び切開し露呈させることができるという確信が存在していた、と。おそらくサドは歴史から拒絶されていることを十分知りながらも、拒絶を通して逆説的に歴史との交渉を可能にし、一致の瞬間を仮構しようとしたのである。そしてそれによって同時に、文学の本源的な力を汲みつつ、来たるべき革命を迎えるための準備を整えられる、と考えたに違いない。作家において変革への準備は、唯一書くという行為を持続させることによってのみなされる。同時に文学の極限を目ざすことでもあるこの試みが、ブランショがサドから引き出し、自らの文学に課した歴史的な役割である。

6 サドの効用

淫蕩のではなく、書くことのデモンにとらえられたサドという姿が見えてきたことは何を意味するだろう？　注意すべきは、サドをそのような作家と認めたのはブランショ一人ではない、という点である。多様な批評家がこの時期にこの作家を論じるが、ブランショとの関係で触れたいのは、彼の年長の友人であったバタイユの論である。バタイユはブルトンとの論争の中で「花言葉」（一九二九年）と「サドの使用価値」（三二年）を書いてサドへの共感を明らかにし、戦後になっても『文学と悪』（五七年）に収められる論考「サド」（初出は四七年）のほか、『エロティスム』（五七年）に収録される「サドの至高者」（初出は四九年）と「サドと正常人」（同五四年）の二つを書く。まず『文学と悪』のサド論でバタイユは、教会を嫌悪していたがジャコバンを恐怖し、政治的には穏健な立憲君主主義者だったこの作家について、〈革命の意味は、サドの思想の中で与えられることはないし、また彼の思想は、どう見ても革命に還元できるものではない〉[*4]ことを確認する。革命とは政治的な制度変更だけのことではないのだ。それを含めたもっと広範な動きのことだ。

他方『エロティスム』の「サドと正常人」では、〈サドの邪悪さという迂路を通って、暴力はついに意識の中に入る〉と述べられている。暴力とは過剰な力のことであり、意識とはこの場合言語のことであろう。この力が言語の中に入ってくることがあり得るとしたら、それは倒錯という邪悪な行為を語ることを通してなのだが、倒錯とはある種の屈折のことであって、サドにおいてこの力は、屈折を通してむしろ生理的であることを越え、より集約された力となって言語の中で作用し、その結果言語をより広範なものへと開く、ということだ。そしてブランショは、そのより広いものとは歴史にほかならない、というふうに踏み込んでいったのではあるまいか。

今度はブランショの「蜂起」の二年後になるが、六七年にバルトはのちに『サド、フーリエ、ロヨラ』[*5]（七一年）におさめられることになるサド論「犯罪の木」を書く。そこで彼は、サドに対するこれまでの批判を（ということは賞讃についても同じことだが）、リアリズムのシステムによるものにすぎないとして退け、〈サドのすべてを支えるのは決定的にエクリチュール（記述）である〉と断言する。バルトがこの主題について語るならば、私たちは当然『エクリチュールの零度』[*6]（五三年）にまで溯ることになる。そこで彼はラング（言語体）とスティル（文体）とは別の水準のところにエクリチュールの作用が想定されるとし、その上で〈それゆえ「自由」としてあるエクリチュールは一瞬のものにすぎない。けれどもこの一瞬は「歴史」が最も明白になる一瞬である〉と述べていた。つまりバルトもまた、出発の時からすでに、文学とはイデオロギーや知識やではなく、運動そのものとしてある書くという行為であることを、さらに、この行為のうちに歴史の問題が浮上してくることまでを察知していた。この認識を重ね合わせるならば私たちは、バルトがサドのうちにエクリチュールを取り出した時、そこに歴史が現れるのを見ていたと考えることができる。「犯罪の木」はサドと時代の問題をことさら扱ったものではないが、バルトがサドの記述の運動を追跡しながら最後に、〈サドは淫蕩にではなく《歴史》に属する言葉によって存在した〉と書くのはこのためだろう。

バタイユ、ブランショ、バルトを現代フランスのもっともすぐれた批評家とすることに異議は出まい。そのような彼らが、同じ頃、この奇怪な作家のうちに書くことの運動を見出し、その底に歴史が浮上するのを見ていた。とすれば、逆の方向から見た時、彼らをサドに接近させ、サドを淫蕩の作家ではなく記述の作家だと解釈させたのは歴史なのだ。しかし歴史とは通常は背景に深く沈んでいるものであって、この歴史に右のような働きをさせるには、それなりに必要な条件がある。つまり歴史はそれ自体の側から何らかの様態で現れていなければならなかったはずだ。

ここでもうひとつ憶測を逞しくする。六八年にフランスは五月革命を経験する。それはサドにとっての大革命と同じく、さまざまの制度やイデオロギーに蔽われていた歴史が露呈してくる時刻であった。六八年にこのような出来事が起きるならば、六七年あるいは六五年にはその蠕動が地底深くで——おそらくはアルジェリア戦争の余波の下で——準備されていたのではなかったか。その動きが磁力となって鋭敏な批評家をサドに向かわせたが、またサドを読んでいたればこそ、この磁力を感知し、書くという行為にすべてを収束させつつ歴史を予見することを可能にしたにちがいない。サドの効用はまだまだ失せてはいないのである。

＊1　ブランショの一九三〇—四〇年代の政治論文は長い間単行本化されなかったが、それらを集めたGramma誌が七六年に刊行された。この論考はそれに刺激を受けて書かれた。ブランショの政治論文はのちに、二〇〇三年の『政治論集 *Écrits politiques 1958-1993* 』を初めとして、数度にわたって編纂されている。この書は『ブランショ政治論集1958-1993』（安原伸一朗・西山雄二・郷原佳以訳、月曜社、二〇〇五年）の標題で邦訳刊行されている。

＊2　「サドに関するいくつかの覚え書」は、「クリティック」誌、三—四号、未訳。『ロートレアモンとサド』小浜俊郎訳（国文社、一九七三年）。『終わりなき対話Ⅰ—Ⅲ』湯浅博雄・岩野卓司・上田和彦・大森晋輔・郷原佳以・西山達也・西山雄二・安原伸一朗訳（筑摩書房、二〇一六—一七年）。以下引用の書物については既訳を参照させて戴いたが、文脈に応じて変更した箇所がある。訳者の方々には感謝したい。

＊3　『至高者』天沢退二郎訳（筑摩書房、一九七〇年）、三一一ページ。

＊4　『文学と悪』山本功訳（ちくま学芸文庫、一九九八年）。『エロティシズム』酒井健訳（ちくま学芸文庫、

二〇〇四年)。
＊5 『サド、フーリエ、ロヨラ』篠田浩一郎訳(みすず書房、一九七五年)。
＊6 『エクリチュールの零度』森本和夫・林好雄訳(ちくま学芸文庫、一九九八年)。バルトとその用語について は次のバルト論「歴史の挫折と夢」を参照していただきたい。

歴史の挫折と夢――バルト『エクリチュールの零度』と『ミシュレ』

1　小さな混乱とそこからの回復

ロラン・バルト（一九一五―八〇年）の文章には不思議なところがある。一見したところそれは透明で、言うべきことを言い終えたあと何の濁りも残さない類のもののようである。けれどもこの文章は、その明晰な流れのとある箇所で、不意に無重力状態のごときものを作り出すことがある。中断が突然起こる。空白が現れる。と、すぐに流れは回復される。混乱は瞬時に収拾され、常態が戻る。しかし、このような小事件はしばしば繰り返される。陥穽は至るところに仕掛けられている。すると、絶えずそれに躓きながら、私たちは次のように考えるよう促される。すなわち、彼の文章はこの空白との相互的な干渉の中で形成されており、今まで私たちが彼の文章と思っていたのは半面であるにすぎず、彼の本来の文章とはこの空白をも含んだより大きな全体に関与するところのものである、と。ついで私たちは、文章のこのような様態が、彼の探究の内実と相即していることに気づく。彼が試みるのは、安定し自然と見なされているものの上に不意の陥没あるいは亀裂を走らせ、もう一つの大きな世界があることを教えることではなかったろうか、彼の探究は右のような文章の経験から来ており、また逆に文章にそのような様態を促しているのではないだろうか、と。

たとえば彼の初期の書物である『神話作用』[*1]（五七年）である。この書で彼がおこなったのは、社会の中で確かであると見なされているもの――「神話」――の背後には形成の過程が隠されており、確かという判断も実は相対的であるのを明らかにすることだった。この分析はフランス一九五〇年代のプチ・ブルジョワ社会に対する批判としてなされている。しかしこの書は、特定の対象についての議論であることを越え、分析の鋭利さによって、今も私たちの関心を惹く。バルトの感覚は新鮮で柔軟であって、思いがけぬところに手がかりを見出だしては、不動と見えた事態を切開する。さらに彼は、単に自然を装うものを批判するだけでなく、それが実は、形成されまた解体される運動のうちにあることを明らかにする。彼の関心はたしかにこの運動にまで届いている。

もうひとつの例として、彼の生前最後の書物である『明るい部屋』[*2]（八〇年）を挙げよう。彼は写真を論じながら、分析のためにステュディウムとプンクトゥムというラテン語を使った対比を提起する（前者は英語でのstudy、後者はpointに相当する）。この対比は、今見たような彼の思考の二つの面をほぼ継承している。前者は〈一種の一般的な思い入れ、確かに熱意に満ちているが、格別な鋭さがあるわけではない関心〉であって、写真が被写体を明示し、見る人の関心をまずとらえるのは、これらの情報によってである。他方後者については、〈こんどは、私がそれを求めて行くわけではなく……それの方が写真の場面から矢のように発し、私を刺し貫きにやって来る〉。それは〈刺し傷、小さな穴、小さな汚れ、小さな亀裂〉となって現れ、〈この偶然が写真のうちで私を刺激する〉。そして、バルトは実際の写真を提示し、どのあたりに彼の言うプンクトゥムがあるのかを語りながら、写真を見る経験を語ってゆく。この小さな傷は被写体の様々の意味に対して空白のように作用し、それらを揺り動かし、やがては解きほぐし、無化してしまう。だがこの操作は、ステュディウムを一方的に排除してしまうことではない。二つはどこまでも共存し、相互に作用し合いながら、写真を固定した図柄の状態からある種の活動状態へと送りこんでしまう。

同様の変化はバルトの「理論」と言われるものについても該当する。「理論」的には彼は数々の変身をくぐりぬけている、とされる。彼はサルトルとブレヒトの影響のもとに出発し、構造主義者とみなされ、記号論の先導者であり、言語学を応用する方法の先駆者の一人だった、等々。著書に『記号学の原理』（六五年）、『モードの体系』（六七年）、『文学の記号学』（七八年）

がある。このように辿り得る彼の活動は、何を示しているだろうか？　かりに言語学の摂取という点に問題を絞ってみるとして、それがかなり不備なものであったことは否めない。言語学者の側からは理解の不十分さを指摘され、後には彼自身、自分は言語学についてはアマチュアにすぎなかったと釈明する。けれども、こうした欠陥や変容は、実はさしたる意味を持たない。彼の理論的著作とされるものを読む時、整序的な展開が次第に緊張の度合を高めてゆくその果てに、何か異質なものが不意に現れるような印象を受ける。そしてこの異質なものが翻って、それまで構築し蓄積してきたものを動揺させる。理論というステュディウムに対して、どこかでプンクトゥムが作用している。それは言語学者の目には一貫性の欠如と映るとしても、バルト自身にとっては、より切実な経験であったろう。彼は『彼自身によるロラン・バルト』[*3]（七五年）で〈科学を「ドラマ化」する〉、あるいは〈その内側に、混乱、震え、偏執、錯乱、屈曲を見出すことのできる学者を好む〉と言い、アナグラム研究へ傾斜していったソシュールに共感を寄せるが、それは彼の本来の性向を語っていたのだろう。

　ところでこの小さな亀裂は、疑問の余地ないと見えるものを揺り動かすだけで終わるのだろうか？　そうではない。この動揺は発端にすぎない。バルトは、ここから開始して、次第に問いの連鎖をたぐり寄せていったように見える。連鎖はどこへ彼を導いたろうか？　彼は亀裂の中をのぞきこみ、そこに何が現れるかを見ようとする。彼はまず、現れるものを、それが意味に対立するものであるために否定的な形容で考える。傷とか汚れとかの言い方がこのことを示している。けれども、見出されたものが単に否定的であるだけでないことは、すぐにわかってくる。なぜなら、それはブルジョワ社会であれ、写真であれ、固定され静止したものを動かしたが、それだけではなく、動かされたものに新しいあり方を示唆したのであり、そのような作用をするのは単なる否定的なものではあり得ないからだ。そこにはある種の力が作用している。バルトが小さな亀裂の中に見出したのは、何か溢れ出るような力、新たな肯定に向かうような力だった。

するとと次の問いが起こる。この力はいったい亀裂の中の何から来たのだろう? この溢れ出るような力は、なぜ発生することができたのだろう? 『彼自身によるロラン・バルト』の中に次のような一節がある。〈エッセイの言説の中をしばしば官能的な物体《オブジェ》が通過するのは、読者にとっていいことだ〉。先に私たちは彼の文章のもたらす経験を検討してみたが、それにこの一節を重ね合わせると、彼の文章の中で「空白」のように作用していたものが実は「物体」であることがわかる。つまり最初の見かけに反して、現実的な何かがそこで感知されている。同じ箇所で、彼はこの物体の通過のことを〈物質性《マチエール》が豪奢に出現し、歪みがもたらされ、知的なつぶやきの中に隔たりが突然刻印される〉と言っている。その例証として提示されるのは、この論考のもう一つの対象である書物の主人公、歴史家ミシュレである。既成のものに対する批判の底に現れてくるのが物質性であり、しかもその現れ方が官能的と表現されていることは注目すべきである。それは固着した意味作用を剝ぎ取られて物質そのものとなった事物が、かつてなく新鮮な姿で現れたことを示している。たとえば写真において小さな傷の中から姿を覗かせたのは、未知の意味というものではなく、意味を作り出してくる、物質性というほかない程に基本的となった被写体の生々しさである。溢れ出るような力とは、このように無垢な様態を取り戻した物質の不在性と実在性、否定性と肯定性を不断に交替させる矛盾した様態から放散されるエネルギーのことだったのではあるまいか?

バルトの以後の努力は、この物質性の現れをより拡大し、現れを可能にするのはどんな条件なのかを問うことに向けられる。見出だされたのは何だったろう? それは「歴史」であったと私には思われる。ひとつには、ここで発見された物質性は、いっそう拡大されてゆく時、現実の総体を形成し、それは歴史となると考えられるからである。さらにもうひとつには、いったん出来上がったものごとを抗い難く突き崩しては新たな局面へと展開してゆくあの力の作用は、歴史の持つ変化の作用と通底していると見えるからである。

見方を逆にしてみよう。歴史についての言及は、バルトの著作中に、濃淡の差は多少あれ、途切れることなく続いている。ことに先ほど触れた『神話作用』を含む彼の初期の書物の中に、歴史という語は頻繁に現れる。この頻度のためだけでも歴史という主題は注目に値するが、この主題は切り離してそれだけで取り出され得るものでなく、また五〇年代のフランス社会を扱ったということで説明されるのではなく、バルトのほとんど生理的で官能的な感覚と連続する歴史性としてとらえられなければならない。私たちは彼の不思議な感覚から出発したが、それはどこかで、表に現れる歴史という主題に通じるにちがいない。そしてこのようにバルトをとらえられたならば、そのことは、かりに彼の著作から歴史という語が消えることがあっても、「小さな傷」の経験がここかしこに存続している時、そこではつねに歴史の作用が考慮されていると考えるのを許すはずである。

2 水から始まって

彼の出発期に歴史についての言及が多いということは、彼が社会や文学に対処したそのはじめからつきまとったあの浮遊する感覚について、その根底にあるのは何かということをほとんど性急に問わねばならなかったことを示している。彼の最初の刊行書である五三年の『エクリチュールの零度』[*4]に関して言えば、ことさら歴史という問いを持ち出すのが恥ずかしいほどに歴史という語が頻出する。良く知られていることだが、バルトは〈選択なしの反映〉あるいは〈人々の不可分の財産〉であるラング（langue 言語体）と〈個人の閉ざされた歩み〉

であるところのスティル（style 文体）との間に、〈フォルム（forme 形態）上のもうひとつの現実性〉を産出する活動があると想定し、それをエクリチュール（écriture 記述）と名づけ、次のように言う。

ラングとスティルは盲目的な力だが、エクリチュールは歴史的な連帯の行為である。ラングとスティルは対象《オブジエ》となり得るが、エクリチュールは機能《フォンクション》である。即ち、エクリチュールは　創造と社会との間の関係であり、社会的な使命によって変形された文学的な言語活動である。それは人間的な意図のうちで捉えられ、かくして歴史の大きな危機に結ばれる形態なのだ。

ひろがりとしてのラングとそれに交差するスティルは、一方は作家が書く前から他者たちによって作られ蓄積されて存在するものであり、他方は経験によって規定されるものであって、つまりどちらも作家が作品を書く以前から存在するものであって、選択の対象ではあり得ない。しかし、これら二者を相互干渉させて書くという行為を実践する時、その中から一連の言語上のフォルムが形成される。これらのフォルムは、二者のいずれにも還元され得ない固有性をもって現れてくる。とすれば書くという行為の中に、ラングやスティル以外に、フォルムを形成する別の働きが存在すると考えなくてはならない。それをバルトはエクリチュールと名づける。

重要なのは、これまで考えられていなかった第三の位相と言うべきエクリチュールの作用を、言語的な活動の中に、中枢的機能として設定したことである。ついで、このエクリチュールの底に歴史が発見されるという点である。ラングもスティルも、人間によって作られ蓄積されてきたものに違いないが、既成のものとして与えられるために、〈自然に出来あがっている産物〉であるにすぎず、歴史性を自覚することができない。それに対してエクリチュールは、この言語的な自然の中の機能のようにして開始されながら、母胎を穿ち、亀裂を走らせ、相対化することによって、この装われた自然の歴史性を明らかにし、そのことを通して〈作家の個人的言語の規範的かつ個体的なフォルムを他者の広大な「歴史」に結びつける〉。言語の活用であるこの経験は、普通考えられるように共同性あるいは個体性に直結され解消されてしまうのではなく、いわばその中間の地点に、つまり決して融和することがなくそのゆえに自由である地点に集約され、別の次元を切り開く。その彼方に現れてくるのが歴史、ただし危機の中にある歴史である。エクリチュールとこのような歴史との関係は、もっとも簡明には次のように述べられる。

エクリチュールは「自由」としてあるが、一瞬のものにすぎない。けれどもその瞬間は「歴史」がもっとも明瞭になる瞬間のひとつである。というのも、歴史とは、常にそして何よりもまず、一つの選択であり、この選択の限界であるからだ。

右の引用は冒頭の第一章の最後に置かれているものであって、バルトの原理的な思考を示していると考えられるが、『エクリチュールの零度』は、この原理に依拠しつつ、エクリチュールを接点とした文学と歴史の関係の様々の様態、ことにブルジョワ社会の成立以降の様態——エクリチュール自体に関心を寄せるようになってゆく文学の様態——を分析している。だがフォルム形成の力、エクリチュールの底に生じる力は、なぜ歴史と結ばれ、歴史的でありつつ同時にその臨界でもあると見なされることになったのだろうか？　問いはこの書物では必ずしも十分に尽くされていないように思われる。ある点から言えば、この書において「歴史」という語はいくらか唐突に提出されている。それはしばしば言われるように、この頃バルトがサルトルの強い影響下にあったため、歴史という主題が最初から意識されていたからであるかもしれない。しかし『エクリチュールの零度』と同じ時期に、根本的な問題は歴史にあるという彼の考えをより周到に辿ろうとした試み、自分のどんな志向もついには歴史に触れるほかないということを確認しようとした試みがないわけではない。それは五四年の『ミシュレ』[5]である。

『ミシュレ』はかなり不当な扱いを受けてきた書物である。この書は自分にとってもっとも重要なもののひとつだ、とバルト自身がいくつかの場所で言明しているにもかかわらず、ふさわしい待遇を受けていない。だが私たちは、この書が歴史とは何かという問いにもっとも良く答えるものであることだけによってでも、その重要さを認めることができる。バルトが自分で言っているように、青年時代の結核療養期に一番熱心に読んだのがミシュレであり、それがサルトル読書に先行していたとすれば、ミシュレ論には歴史についての彼の思考のより原型的なものを見出すことができるだろう。あるいはバルトの歴史意識を知るために『ミシュレ』を取り上げるというのは、最初から結論が知れているという批判があるかもしれない。ミシュレとは歴史家だと見なされているからだ。バルトの『ミシュレ』もこの通念を受け継ぐかのように、第一章を「歴史を食べる人ミシュレ」と題し、歴史の存在をすでに前提として開始されているように見える。けれどもこの書物で、視野は本当はもう少し広く設定されている。バルトにとってミシュレとは、『フランス史』の著者であると同時に、『鳥』『虫』『海』等の著者であり、歴史学者である前に人間の精神についての博物学者なのだ。バルトがミシュレに見ようとしているのは、人間の営為が拡大されればされるほど歴史という様態を取るようになるという事態である。『ミシュレ』において「歴史」は、あたかも予期せぬ発見のように現れる。この書の冒頭から使用される歴史という語は、バルトの用語法がしばしばそうである以上に、不確定なまま使用されはじめるが、いわば自由なこのあり方が次第に決定的なあり方へと導かれてゆく。

従ってこの書の叙述は、歴史の概念をあらゆる可塑性に向かって開放しておきながら、その可塑性そのものを歴史として顕在化させることを求めて動いている。バルトの探求は、ミシュレの関心の博物学的なひろがりに応じて様々の姿をとるが、中心をなしていると見えるのは、「水」にはじまる変容の過程の追求である。彼は第二章「オランダの船」で、ミシュレの関心の主対象であるフランスという風土を例にとり、この歴史家が〈フランスとはまさに無際限で化学的な運動である〉とみなしていると考える。ついでこの運動する世界のエレメントを次のように取り出す。〈しかし、ミシュレにとって甘美なものであるこの物質の不安定さの中で、ひとつの実質が特権を与えられている。それは水である〉。

水は諸物質の中でもっとも普遍的であり、かつ変容を集約するところのものである。バルトはミシュレにおけるその変容を丹念に追跡している。水はまずあらゆる生成の出発点である生命の発生を導く。水は粘性をもち、ゼラチン質となる。そして〈水はあらゆる関係の原型であり、等質性は融解して生命を作り出す〉。生命を備えた水とは何か？　それは主に第四章「眠りとしての死・太陽としての死」で語られている「漿液」である。この言葉は古典的には四体液と呼ばれる血液、痰、黄胆汁、黒胆汁を意味するが、バルトの用法ではもっと広範に、有機化された水分、ことに動物の体液をさす。この漿液が変容してゆく次の段階は「血」である。漿液の中にすでに血が含まれていたとすれば、この変容はいっそうの集約によってなされたものである。血という主題は、第五章「血の華」と第六章「いとやんごとなき存在としての女」の中に、集中的に現れる。この変容の中で有機化はさらに高められ、血の第一所有者としての人間が見出され、前面化されてくる。

水からはじまって血に至る右のような推論を追ってゆくと、周囲に様々の形象が浮上してくるのがわかる。まず水が漿液へと変容する時、「身体」「声」「熱」といった形象がまわりに集まってくる。これらは有機性が形成されつつあることを示し、最初は副次的なものとして提示されながら、次第にその限定を越え、水にはじまる変容の過程を受け継いで前景に出てくる。漿液という段階の背後にあったのが、身体組織そのほかの半ばしか人間的でない諸形象であるとすれば、次の血の段階に呼応するのは、もっと直截に人間的な形象としての「女性」である。人間と血の関係は、女性によってもっとも良く表現される。なぜなら女性とは、男性とも子供とも違って、月毎に血を流す存在であるからだ。とはいえどんな女性でもよいというわけではない。バルトはミシュレの中で様々の女性を渉猟する。多血質の女性は充血や鬱血を引き起こし、血の循環を妨害するから適さない。貧血症は熱に欠けている。また処女も氷のように白く硬い血の持ち主である。これらに対して別の血がある。〈幸運な血、それは動くものであり、反復される〉。その所有者として、ミシュレのうちにバルトが見出だすのは、イギリス女でも、貴族の女性でもなく、民衆階級に属しつつ、〈すらりとまたほっそりとしながら、肌を赤らめることのできる〉成熟した女性である。

この女性は月毎に血を流す。ここに重要事が顕在化する。それは月毎という区切りを尺度として浮上する時間の意識であって、それこそが歴史のはじまりを告げる。『ミシュレ』という書物において、歴史がその一端をのぞかせるのは、実はようやくこの時に至ってである。女性の形象と共に現れるこの歴史はまだ遠望されるだけだが、バルトは定かならぬこの関係について、最初からはっきりと次のように述べる。〈血とは歴史の最重要の実質である〉と。ついで〈ミシュレは女性のうちに常に血を見ていた〉と述べられる。こうして血と歴史という遠くへだたったもの、人間のもっとも深い内部ともっとも広い外部がつながることが、女性を媒介として、言明されるのだ。以後バルトの記述は、この関連を明瞭にすることに向けられる。

血を歴史へと接続させようとする探求は、女性のところでひとつの結節点を作り、そこを起点として新しい推論を開始する。前方に見えてくるのは、脈動する血を備えた普遍的な人間である。まず女性という個別性が越えられる。第七章の「性を越えるもの《ウルトラ・セックス》」という題名は、この試みを明瞭に表している。女性とは男性に対立する存在ではない。それは女性的なエレメントのことであり、ために男性へも浸透する。この時人間は、両性を具有して理想的な人間となる。それがミシュレの「英雄」なのだ。〈ミシュレ的英雄とは……アンドロギュヌス的存在である〉とバルトは言う。ジャンヌ・ダルクはもちろん、ラブレーもルターも、二つの性を兼ね備えた存在であり、どちらか一方が欠けていたならば英雄たりえなかった。

だがこの過程は「英雄」のところでは終わらない。なぜなら英雄とは個体であり、個体である限り両性具有は完全なものとはなり得ないからだ。では両性の統合は何によって実現されるのか？　それは「民衆」によってである。〈性を越えるもの、それは決定的に「民衆」である〉とバルトは書いている。というのは、ミシュレの民衆とは、特定の社会階層のことではなく、性がそうであったようにエレメントであって、男女のいずれをも包含し、ブルジョワをも含み得るものであるからだ。こうして民衆を通すことによって、普遍性が遠望され始める。

普遍性は「民衆」というかたちをとって現れようとする。その時私たちは、それが同時に「歴史」の実現であるのを知る。たとえば革命とは歴史がもっともあらわになる時刻だが、その時動いているのは誰彼の指導者ではなく民衆であるからだ。「民衆」と「歴史」は同義語なのだ。バルトが〈「歴史」を書くのは歴史家ではない。民衆が彼に歴史を書き取らせる〉と述べる時、明らかに彼はミシュレのうちで達成されたこの合致を見ていた。

けれども民衆に対するこのような手離しに近い讃仰は、多分に一八四〇年代のプチ・ブルジョワのものである。その点についてバルトはミシュレを過大評価していないし、彼自身は民衆に対してこれほど楽観的ではあるまい。ならば「水」から「血」へ、そして「女性」から「民衆」へという ミシュレの過程にバルト自身は何を見たのだろうか？ 彼はただ、人間のもっとも内的なものと外的なもの、またもっとも微小なものともっとも広大なものが連続しているという思考を一貫させようとし、この試みは「歴史」を発見することではじめて可能になるのを見たのである。

3 さまざまな二重性

だが、次のことを見逃してはならない。「民衆」を媒介として「血」と「歴史」という二つの極が一体となってとらえられるが、この時、バルトの叙述の中で、この一体性に相反する運動が意識されるのである。運動におけるこの二重性が彼の批評の魅力をなすのだが、それが最初に姿を現すのは、「血」の原理が「女性」にまで達した時である。バルトはまず次のように言う。〈女性は時間というものの鍵を握っている〉。見てきたように、女性は月毎の出血によって時間の最初の単位を作り出す。この時間の意識は、「女性」が「英雄」をへて「民衆」へと転化してゆく中で、歴史的な時間へと生成してゆくのだが、だとすれば「女性」と「歴史」とは、水準こそ違え同質でなければならないはずだ。ところが必ずしもそうなっていない。右の引用と同じ箇所でバルトは〈女性なるもの、それは歴史の彼方にある〉と言い、少しあとのところでさらに〈「女性」は「歴史」の終わるところに始まる〉と言っている。二種類の叙述は矛盾しているだろう。少なくとも、私たちがこれまで連続的なものとみなしてきたあの生成の過程に、ある背理が隠されていることを示唆している。

私たちはこの矛盾をもっと明確に述べた文章を他に見出だすことができる。〈「女性」とは究極の始源である。女性は時間を停止させる。そしてより良いことにはそれを再開始させる〉とバルトは言う。おそらく時間には連続する時間としない時間があるのだ。前者の時間は「水」から「民衆」に至る転化と生成を導いたが、同時に背後にもうひとつの非連続的な時間が存在する。これら二者の接続と切断を露呈させるのが「女性」という地点なのだ。では現れたこの非連続的な時間はどのようなものなのだろう？　どのような作用を「歴史」という全体に及ぼすのだろう？

「女性」の血の律動を通じて形成される時間は、月毎に同じ流失を繰り返すことによって刻まれる〈循環する時間〉であるが、この時間は発生の場所である女性から外へ出る時、物理的な時間の中に吸収されてしまう。ところが「女性」は、時間を反復させるというその本来の能力によってこの物理的な時間と対立し、時間を再び循環の中へと引き入れる。ミシュレは歴史の重要な場所で、一見男性ばかりが行為しているように見えるところに女性的なものが作用していることを見出す、とバルトは考える。両性具有者としての英雄の活躍はその典型的な例である。英雄たちが集うところこそ歴史の焦点だが、そこでは女性的なものの作用によって、歴史が〈原因と影響のシステム〉であることから〈循環する時間〉であることへと投げ返され、最初の動的な力を取り戻すのが見られるのだ。

二重性と変換という出来事は、「女性」が「民衆」へと形成されると、いっそう拡大されて現れる。後者におけるこの作用を示しているのは、バルトが「孵化」と呼ぶ概念である。実はこの概念は「女性」に関しても使用されている。〈孵化を行うエレメント、すなわち女性的権能〉とバルトは言う。これはもちろん妊娠し分娩するという女性の能力のことをさすが、であれば、この「孵化」は今見た女性の月毎の出血と同義である。後者は前者の準備である。その能力は「民衆」へ受け渡される。〈民衆を見たまえ、それは社会の最下層にあって熱の全体、すべてが発生するところの広がりなのだ〉。

民衆とは、社会に遍在し、最底辺にあってすべての重さを引き受け、この重さを熱に変えて抱卵するところの温床である。あらゆるものはこの熱の層まで下ってきてはそこで力を回復し、再び思考と行動へと帰ってゆく。新たな思考あるいは行動が発生するとすれば、それはこの熱の中からでしかない。これが民衆による「孵化」である。またこの「孵化」が「発生」という問題をも含むとすれば、私たちはこの作用が「民衆」や「女性」のところだけでなく、さらに溯った段階、すなわちそもそもの出発点であった「水」のところでも同様に作用しているのを見出す。

バルトは、生成の過程を追うこの最初の段階で、「水」からの生命体の出現について、ミシュレがその自然発生をかたく信じていたと述べている。有機的生命の発生とは現代の科学をもってしても解明できない謎であって、無機物と有機物、物質と生命の間に不可解な矛盾があるが、この言明は、ミシュレとバルトがこのような矛盾の存在を肯ったということだ。「水」におけるこの矛盾は、「女性」また「民衆」にまで持続され反復される。これらの地点で確認された矛盾は諸段階で転倒を引き起こし、生成そのものを力づける。

矛盾は生成のあらゆる時点に一貫しており、そのためにそれぞれの時点での現れ方を連ねてゆくことで、この矛盾の様態を知ることができる。「水」において、矛盾は物質と生命の同一性という極度な様態を取る。次に「女性」においては、先に見た時間の二重性という出来事がより精密に探られる。「女性」とは空虚を本質とし、そこから発して「孵化」を可能にする存在だということが明らかにされる。女性たる徴であるあの生理的な出血は〈女性からひとつの空虚を作り出す〉からである。そしてこの空虚をもたらすものは出産の能力と根を同じくする。すなわち「女性」において空虚と生命的な充溢は同一であり、不断の交換のうちにある。このもっとも内部的な矛盾は持続され、少しずつ外側へ現れ出る。たとえば〈女性は人間的なもの全体の外にあるとみなされる〉とか〈女性とは絶対的な他者なのだ〉とバルトが言う時、女性から他なるものが生まれ、両性具有者へ、そして「民衆」へというかたちで形成されてくるということだ。人間的な出来事のいっさいを転倒しうる可能性が、「女性」のうちに空虚と生命的存在の同一性として隠されている。

この反転は、「民衆」を「歴史」へと読みかえたところにも延長される。最初の徴候は歴史と女性という斜めに渡された関係の中で現れる。すでに引用したが〈女性は歴史の彼方にある〉と言われる時、それは歴史が女性の所有するあの「空虚」によって攪乱される可能性を示している。この可能性は民衆と歴史という関係の中ではもっと明瞭に現れ、バルトは〈まさに「女性」がそうであるように、またほぼ同じ意味で「民衆」は「歴史」の彼方にある〉と述べる。「水」において物質と生命を媒介したあの矛盾は、「女性」から「民衆」を経て、「歴史」に至るまでをも貫き、この歴史を絶え間なく反転させ続ける。彼が歴史を〈循環する時間〉と〈原因と影響のシステム〉の二面でとらえ、両者を不断に交替させるところに歴史の総体性を見ようとするのは、この反転の経験を根底に見ているからである。

歴史の二つの様態が右のように明らかにされると、次にどんな問題が現れてくるだろうか？対立の極限はまた、交感と融合への転換点でもある。始まろうとする新たな過程に何か別のものが姿を現す。バルトは次のように書いている。〈十九世紀に……おいて、衰弱した「歴史」に交代するのを引き受けるのは「女性」である。大革命は取りかえしのつかないほどに歴史的時間を終わらせ、自然の時間が始まる。すなわち危機の神秘の中に見出された女性が到来し、統治する〉。彼は「歴史」を好んで「女性」との関係において語っている。この時「女性」とは女性的なものの本質のことだが、それを右の引用に該当させる時、何が見えてくるだろうか？　この本質は自然であり、それが一度は人間化されたが衰弱してしまった歴史を再生させるのだ。この動きの中で最初に理解されるのは、歴史の二つの様態、二つの時間の対立が極限に達し、その結果一瞬の融和へと転換するその時に革命が実現される、あるいは現実の革命の中にこの転換が見出だされるということである。ミシュレは革命について繰り返し語るが、革命とは歴史のあらゆる位相が重なり合いながら露呈してくる結節点なのだ。この凝縮の過程は、それまで支配的であった方の時間——因果関係の時間——が、もうひとつの時間によって転倒されようとすることであるために、衰弱という様相を取って現れる。引用の前半が述べているのはこのことであり、理性的時間としての歴史は循環する時間に侵入されて相対的なものとなり、ついには二者は拮抗しつつ革命へと流れこむ。

そこにはどんなことが起きているのだろう？　もうひとつの時間が発見され呼び起こされる。歴史的時間は終わり、自然的時間が始まる、とバルトは述べる。時間という初源の回路によって歴史が自然へと連続され、歴史が終わったところに自然が現れたということだ。歴史も、いかに広大なものに見えるとしても、それだけで存在することはできない。それは不可欠の分身として自然を持つ。自然は確かに、歴史のはじまりでの「水」における「生命」と「物質」の対立の中にあったものだ。けれどもそれは、歴史の中に組み入れられて充足するのではなく、生成の最後の段階に至って歴史による規定から逃れ、その固有の存在を主張しながら再び歴史を、つまり人間の営為の全体を相対化する。しかし他方で、「歴史」にとって、その限界を知ることであるこのような相対化は同時に、歴史と自然の全体を再び見渡すことでもある。

4　零度とは

「生命」が同時に「物質」であり、内部的なものが外部的なものと出会い、「歴史」が「自然」と交感しあうこと、多様な水準で異質なものの間に同一性があるのを確かめることは、『エクリチュールの零度』の試みに連続し集約される。前述のようにバルトはラングとスティルとの間にエクリチュールを想定したが、新しい概念であるエクリチュールは、ラングとスティルという両端から働く引力のような力によって、様々の様態をとる。バルトはエクリチュールが複数である可能性も認める。だが彼のもっとも基本的な目的は、このようなエクリチュールを二つの項が拮抗する中間的な地点、彼の言う「零度」の地点へ導くことにある。彼はこの過程を、第一部では政治的文書、小説、詩というように諸形式に従って検討し、第二部では大革命以降、彼の同時代に至るまでの史的な流れの中で追求する。こうした分析は様々の局面を明らかにしながら、拮抗の地点にまで導かれる。彼はこの地点を零度の地点と名付け、この地点で変化が起こるのを捉える。

この地点は、ラングとスティルの中間だが、エクリチュールがこの地点に定位されると、単なる中間点ではなくなってしまう。ラングとスティルはこの地点に向かって惹き寄せられ、抗い難い惹引力によって重合し、一瞬同化する。この同化によって形成される全体がランガージュ（langage 言語活動）であり、そのエッセンスが「文学」であるのだが、重要なのは、この集約によって、形成された全体が同時に相対化され、「文学」に対する「他なるもの」が呼び出されることである。何が呼び出されるのか？　それは前述のように「歴史」である。エクリチュールとは歴史がもっとも明白になる一瞬だということが可能になるためには、エクリチュールが言語の活動の中にありながら、その総体を捉え返し、相対化する作用を持つこと以外の理由を考えられない。エクリチュールは、言語の活動全体に対して陥没点のように作用し、その活動から逃走しつつそれを相対化する。と同時にこの作用を通じて歴史という異質なものを呼び起こし、自分のうちに誘い入れ、新しい力を醸成するのである。

だがエクリチュールの底に現れるこの異質なものは、なぜ「歴史」と呼ばれるべきなのか？そしてこの「歴史」はどんなものなのか？　この疑問に対して、『エクリチュールの零度』は興味深い解答を示している。序論部でバルトは、この小論の第一章で見たプンクトゥムの場合と同じく、エクリチュールを「不在」とか「否定」とかの概念と結びつけている。そのことは、エクリチュールがラングとスティルに対してそれらを転倒するものとして作用することからよく理解される。だがエクリチュールの提示するものがただ空虚であるかといえば、そうではないのだ。彼の同時代の文学に触れた「エクリチュールと沈黙」の章でバルトは、「零度」に達したエクリチュールのことを中性のとか白いとかの形容で言い、その到達をカミュの『異邦人』の中に見出して、次のように述べる。

中性のエクリチュールは、道具性という古典主義芸術の第一条件を、現実的に、ふたたび見出す。しかし、今度は、フォルム形成のこの道具は、もはや、勝ち誇るイデオロギーに奉仕することはない。それは作家の新しい状況の様態となり、沈黙の実存的な様式となる。

彼は零度が「道具性」を達成していると述べている。〈代数以上の厚みをもはや持たない純粋な方程式〉という表現も出てくるが、これら二つは同じことを指しているだろう。

最初に知るべきなのは、空虚として現れたものが実は現実的なものであって、この現実的なものに対するエクリチュールの関係はきわめて直接的なものだ、という点である。「道具性」とは、言語が現実に対して従属し、伝達・表現という二義的な役割しか持たないということではなく、言語が過剰な観念を現実に付加したり、逆に認識の不足を観念で補ったりすることなしに、確実な拮抗状態にあるということ、そしてこの拮抗のうちで、現実のどんな微細な変化も、あたかも単純な道具を使用しているかのように、正確に言語の変化として捉えられる、ということだ。「純粋な方程式」とは、この変換作用を指す。この変換の中でエクリチュールの持つ媒介の作用は、あたう限り恣意と作為から遠く離れる。これが零度のとか中性のとか、あるいは白い――あらゆる色彩を排除した色彩――とかの形容の意味であろう。この時エクリチュールは純粋なフォルム形成への力となる。

次いで知るべきなのは、エクリチュールの根底に感知されたこの現実的物質的な存在が、静止した個別の物体としてあるのではなく、それ自体運動するところのものとして現れてくることだ。溯って考えれば、エクリチュールを介して言語の中へ活力を送り込み、それをフォルムとして形成させるということがあり得るためには、この物質的なもの自体が活動力を持っていなければならない。この活動する物質こそ歴史のもうひとつの姿にほかならない。この「歴史」はまた、動的で人間的なと言い得る歴史から、歴史の最初の形態である物質性までをも含む振幅を持つ。バルトが「道具性」という言い方を取り出す『異邦人』のほとんど古典的と言えるほどの叙述は、人間に向けてだけでなく、太陽、砂漠、海といったものにも等しく向けられ、物質つまり「自然」が捉えられる。私たちはバルトの歴史追求が『ミシュレ』で歴史を相対化するところまで達し、自然をも呼び起こし繰り入れながら歴史の領域を拡大するのを見たが、『エクリチュールの零度』の歴史も、実は「自然」との複合状態にあるところの歴史であるのだ。

ここまでで歴史を求める理想は達成されたと言うことができる。だがバルトはこの達成のむこうをも覗き込む。エクリチュールの中心において、文学は歴史と一致する。しかし、この一致は、ラングとスティルという本来相反するところの二つのものを重ね合わせることから導き出された矛盾の産物であるから、同時に避けがたい乖離となって現れざるを得ない。ラングとスティル、文学と歴史という、位相を違えながら二重に組み合わされたこの一致は共に、たちまちのうちに分裂へと反転する。バルトは次のように認める。

不幸なことに白いエクリチュール以上に不実なものはない。

その通りなのだ。一致はすぐさま裏切られ、二者は対立へと追いこまれる。そこに現れるのは「両義性」と呼ばれる状態である。この状態は『エクリチュールの零度』では〈根本的な両義性〉と言われ、『ミシュレ』では〈至高の両義性〉と言われている。二つの言い方のさすところは等しく、一致そのものが複合したかたちをとるために、複合的なものとなって現れる。そして白いエクリチュールの不実さとは、基本的にはその内部でラングとスティルが一致し続けることができないことから発して、エクリチュールを媒介とする文学と歴史の関係が一致から不和へと反転することまでを含んでいる。

半面では同一性であるところの両義性とはいったいどんなものだろう？　バルトは〈文学のエクリチュールは歴史からの疎外と歴史への夢を同時に担う〉と言う。エクリチュールは歴史から疎外されつつ、その分だけ歴史への夢を孕む。疎外が深められるほど夢の強度を高め、歴史との交感を求めて、記憶をまさぐりながら現在のうちに新たな邂逅を目指すのである。

ところでバルトは〈エクリチュールは、国民的に構成されたラングが一種の否定性となる……時に始まる〉と述べて、そのはじまりが古典主義時代の終わりごろであり、〈十九世紀の中頃に至って……現代のもろもろのエクリチュールが生まれた〉と言っている。すると私たちは、近代が露わになってきた時期に属する人物であるところのミシュレについての著書の中に、同様の乖離を見出している部分があるのに気がつく。実質的な最終章である第八章のそのまた末尾の一節で、バルトはミシュレが単に歴史家であることを越えて、近代の作家たちと運命を同じくしたと言い、その〈最後の挫折〉について次のように語っている。ミシュレは、歴史とは民衆の動向であるというところまで推論を導き、民衆自身が語り出ようとする瞬間を眼のあたりにしながら、語られようとすることの受託者となるべき自分に、この役割にふさわしい言葉が欠如していることを発見する。

私は民衆の中に生まれた。私は民衆を心の中に抱いていた……だがその言語、民衆の言語はついに私を寄せつけなかった。民衆にその言語を語らせることがわたしにはできなかったのである。

最後にこのような嘆きの言葉が引用されていることは、興味深い。この不能は、まずは、彼がすでにプチ・ブルジョワであり、インテリゲンチャであるからだろう。だがより根本的には、彼が近代の作家たちと同じく、叙述を歴史と等価になるところまで導き、その底部に一瞬歴史が露呈するのを見ながら、同じ瞬間にこの一致が不和へと変容するのを認めなければならなかったからである。

けれども私たちは、〈至高の両義性〉が示唆されていたからには、この場合においても『エクリチュールの零度』の場合と同じく、一体を成す別の面があるのを忘れてはならない。両義性は疎外と夢という二つの姿を取って現れる。二つの面の一体性は、歴史から疎外されるほどに歴史への夢は強まる、という相関性を持っている。だとすれば、ミシュレの挫折の背後には、同時に、歴史を回復しようという意志が形成されている。バルトはそう考えていたに違いない。だから、プンクトゥムの追求に見られるような、不可解な力の生起に惹かれ、そのよってくるところを見究めようとする、以後の彼の試みは、力の源泉は様々の階梯と回路をくぐりながらも歴史以外からではありえず、この力を明らかにするには、どんな「挫折」にもかかわらず、逆にこの挫折を「夢」の糧としながら、書き続けるほかないという、彼の最初期の確認に支えられ促されていた、と考えることができる。

＊1 『神話作用』篠沢秀夫訳(現代思潮社、一九六七年)。以下に参照するバルトの著作は、現在は『ロラン・バルト著作集1—10』(みすず書房、二〇〇四年—一七年)に改訳・収録されている。引用は多くの場合既訳を借用させていただいたが、文脈に応じて変更がある。

＊2　『明るい部屋』花輪光訳（みすず書房、一九八五年）。四十八章からなり、この節の引用は第十章から。

＊3　バルト『彼自身によるロラン・バルト』佐藤信夫訳（みすず書房、一九七九年）。以下の引用は、「言説の中をさまざまな物体《オブジエ》が通過する」と「ドラマ化される科学」の二つの節から。

＊4　『エクリチュールの零度』森本和夫・林好雄訳（ちくま学芸文庫、一九九八年）。ほかに、『零度のエクリチュール』石川美子訳（みすず書房、二〇〇八年）。バルトの用語は独特であって、日本語に置き換えても意味が曖昧になるので、以下、いくつかの用語については原音を表記する。ただし場合により使い分ける。

＊5　『ミシュレ』藤本治訳（みすず書房、一九七四年）。ジュール・ミシュレ（一七九八―一八七四）は、フランス近代歴史学草創期の歴史家。王侯貴族ではなく、民衆を中心に置いて歴史を捉えた。主著に『フランス革命史』全十七巻（一八三三―六七年）があるが、『鳥』（五六年）など博物学的な著作、『魔女』（六二年）など民衆史の著作も多い。

テロルの回路――ナロードニキの回想録から

1 「土地と自由」まで

ヴェーラ・フィグネルの回想録は、年少の頃の私の愛読書のひとつであった。原題を『忘れえぬ事業』というこの書は当時筑摩書房から刊行されていた世界ノンフィクション全集に収められていたが、全体の三分の一ほどの抄訳であった。この不完全な書物の魅力は何だったろう？ ツァーリ暗殺という耳目をそばだてる事件、「人民の意志《ナロードナヤ・ヴォーリヤ》」党執行委員会最後の一人、しかも美貌の若い女性であること、そして二二年間にわたる獄中生活という事実にロマンティックな関心をかきたてられたのだったろうか？ たぶんそうだったろう。しかし今は、魅力はそれだけに尽きるものではなかったと思う。ようやく最近になってこの回想録は全訳されたが[*1]、改めてそれを読み直し、全体を眺めてみると、かつては十分理解できなかった魅惑の理由を確認することができる。この書の中には明確な論理がある。それは歴史が屈折点へ向かって収束してゆく過程と、そこに抗しがたく関与することになった一人の人間の物語——成功も失敗も含めて——である。それが気づかぬところで私を惹きつけたのだったし、現在に至ってもこの書を再読せしめたのである。

　ロシア・ナロードニキの運動は一般に、一八六一年の農奴解放令によって引き起こされた社会変動の中から始まり、八一年のアレクサンドルⅡ世の暗殺とそれに続く弾圧の中で「人民の意志」党が壊滅するまでの間とされる。その後長い反動期が来るが、再び革命運動が生じた時、それを導く理念はもはやナロード主義ではなく、社会民主主義か共産主義かであった。すなわちわずか二十年ばかりの間に、ナロード主義は生誕から消滅まで劇的と言って良い転変を経験する。

　この転変をどう把握すべきか？　いくつかの視点が考えられよう。もっとも総括的には、いまだに十分組織だてられていなかった学生とインテリゲンチャの啓蒙的サークルの活動から、「ナロードの中の遍歴」の時期を経て、テロルに至りつくまでというふうに捉えられるだろう。この過程はいくらか視点を違えて、さまざまに把握される。もし思想的な系譜を辿るとすれば、ゲルツェン、チェルヌイシェフスキー、ラヴロフの影響の強かった宣伝主義者《プロパガンディスト》の運動から、バクーニンの影響を受けた一揆主義者《ブンターリ》の運動、そしてテロリストたちという見方が可能である。また組織という点に関心を集めるならば、一八六一年の第一次「土地と自由」の結成、六九年の「チャイコフスキー・サークル」をはじめとする無数の小団体の活動、七五年の「全ロシア社会革命組織」、七六年の第二次「土地と自由」の結成、七九年の後者の「人民の意志」と「黒色再分割《チョールヌイ・ペレジエール》」への分裂、さらに八一年以降の両者の壊滅というように辿ることができるだろう。こうした見方はこれまですでに社会学的、歴史学的、あるいは思想史的に考究されており、それぞれ興味深い局面を明らかにしている。

フィグネルに関して言うならば、彼女は一八五二年に生まれ、一九四二年に死去する。彼女はロシア革命を経るが共産党に加盟することはない。社会的関心を持つのは二〇歳前後、実際に運動に加わるのは、七五年にスイス留学——当時ロシアでは女性には高等教育が認められていなかったのでスイスで薬学を学んでいた——から帰国して以後である。だが彼女の回想録は誕生時から始まって、スイスでの社会主義思想との接触についても語られているために、私たちはほぼ一八七〇年代初頭からのロシアの社会的また思想的な動きの全体を知ることができる。そして帰国以後には、彼女は運動の只中にいた。回想録の序文で彼女は次のように書いている。

いまも生存している「土地と自由」結社員たちや「人民の意志」党員たちの名前を思い

浮かべてみますと、この時期を全期間にわたって経験した人というのはひとりも見あたりません。どの人も片一方の環が欠けているか、あるいは片一方の環のなかの何年かが欠けているわけです。この点で私の位置は例外的なのです。一八七六年に私は、「土地と自由」秘密結社をつくって団結した革命勢力の活動の原則となった「ナロードニキ」綱領の作成に参加しましたし、他方において、私は「人民の意志」党執行委員会の最後のメンバーだったからです。

だから一八六〇年代の活動を補足しながら彼女の行動を辿ることで、私たちはナロードニキ運動がもっとも昂揚し、活動の帰趨を明らかにした時期を知ることができる。

しかし、彼女の回想録の意義は、一九世紀のロシアの革命運動の思想と行動の裏付けに終わるものではない。私はこの回想録をきっかけにして、先に名をあげたような多くのロシアの思想家に導かれることになった。けれども、割り切った言い方をするが、彼らの著作を読むことで、運動のひとつの部分、ひとつの期間を知ることはできても、全体を包括する視野が開けてくるということはなかった。図式的に言うと、たとえばゲルツェンを読むことで第一次「土地と自由」を知ることはできるが、名称は同じでももはや第二次「土地と自由」を理解することはできない。同様にバクーニンを読むことで南ロシアの一揆主義者を知ることはできるが、「人民の意志」を理解することはできない。彼らイデオローグは明瞭な理論を持っていたが、逆に運動がこの理論を逸脱し乗り越えてゆく——それは理論に対して常に起こることだ——時、有効性を失ってしまう。

あるいはもっと端的にその失効は、やむをえないことであったとはいえ、右に挙げた思想家たちがすべて亡命者であったことから来ているのかもしれない。もっとも重要な問いと答えは、やはり試みの場所で生まれるものだからだ。たとえば一八七三年に「ヴ・ナロード（人民の中へ）」の運動が昂揚してきた時、法相パーレンはそれを報告するに、原因がラヴロフとバクーニンにあるとしたが、当時ジェノバにいた活動家ラリは次のように反駁している。

サンクト・ペテルブルグやモスクワの青年をつくり、行動開始の時期を彼等に告げたのはラヴロフではない。かえってこの青年がラヴロフをつくり、彼を超自然的形而上学の世界からひき出して、もっと積極的で活動的な道に置いたのである。バクーニンがロシアの青年に及ぼした甚大な影響についてもまた、この報告は誇大に失している。われわれはバクーニンの強力な人格及び偉大な煽動家たる意義を軽視する者ではないが、しかし、ロシアの革命運動における彼の影響はつねに微弱だったことを指摘せねばならぬ。

同様のことをフィグネル自身も言っている。

西欧における社会問題の提起がロシアの革命運動にたいしておよぼした影響は一八七六年には全く消えてしまった。この時以来ロシアの革命運動は自立的なものとなり、完全に独自の形態と方向をとった。それとともにロシア人亡命者の意義は廃れてしまった。

では社会学的あるいは思想史的な視点を越えていった時、ナロードニキ運動と彼女の回想録には何が残るのか？　フィグネルは理論家というよりも実践家であった。この一点に私の関心は引き寄せられる。彼女が相手としたのは、どんな時にも、またどんな場合にも可変的な現実であり、彼女が有効な行為を打ち出そうとすれば、刻々と変化するこの現実に応じて、彼女自身ができる限り柔軟にかつすばやく変化せねばならなかった。そうしてとらえられたのは、つまり私たちが彼女の回想録に見ることができるのは、まず、この変容してやまぬ現実である。それは最初の感覚であり、どんな思想化にも先立つところのものだ。現実を捉えようとするこの動きを辿ることで、この時期のロシアのもっとも基本的な問題が浮かびあがる。彼女の記述の中には、こうした現実に応じる実践家の姿がありありと現れる。この問題の持つ性格は同時に、現実というものに応じようとする人間一般の問題でもある。その姿は、一

九世紀ロシアという限定を越えて、現在の私たちになお示唆を与えるものであるように思われる

2 「中心を撃て」

のちにフィグネルに流れ込むことになるナロードニキ運動は、ラヴロフ、ゲルツェン、チェルヌイシェフスキー、バクーニンらの言論活動を経て、農奴解放が行われたのと同じ一八六一年に結成された第一次「土地と自由」に集結して一時期を画することになった。この集まりの中で「ヴ・ナロード」の呼びかけに応じて、その準備と啓蒙活動が始まる。それは翌年のチェルヌイシェフスキーの逮捕等によって萌芽のうちに摘みとられ、沈黙を強いられるが、六〇年代の終わりに至って、チャイコフスキー・サークルを代表とする学生とインテリゲンチャの小集団によって広がりはじめる。これらの小集団は再び弾圧を受け衰退するが、その後、七四年に至って高揚する。宣伝と啓蒙がゆきわたっていたためもあるが、「狂った夏」と呼ばれることになったこの年の夏、自然発生的に無数の青年男女が学校と家庭を出て農村に赴く。それは一種の社会的十字軍の性格を帯びた。彼らは農民の間で社会主義思想を広め、読み書きを教え、都市およびインテリゲンチャとの間に交流を作り出そうとした。だがこの運動は

失敗に終わる。彼らの行為は農民の反抗を助長するとして、政府の側が介入してきたからである。逮捕投獄された者四千人、裁判に付された者七百人に達した。

しかし、この失敗の根本的な原因は、官憲の介入であるよりも、彼らが抱いた農民の理想像とその実際の姿の落差にあったと言わなければならない。当時の活動家たちを動かしていたのは、理論であるよりも、インテリゲンチャは民衆に負債があるという心情であり、それによって民衆――この場合は農民である――の像は崇高なまでに美化され、したがって観念的なものであった。民衆は本来的に社会主義への適性を備えており、わずかな刺激が与えられるなら、すぐさま変革に立ち上がるだろうと考えられていたのである。この幻想は打ち砕かれる。ある活動家が、集まった農民たちに、人民が土地を所有した時の社会生活のことを話していると、一人の男が「そいつは素晴しい。俺達は土地を分けよう。そして俺は労働者を二人傭おう。そうすれば俺もいい身分になれるぞ」と叫んだと言う。現実の農民の固陋と無知とエゴイズムは、ユートピアを可能にするようなものではなかった。

こうした運動への在外ロシア人の影響を排除するために帰国令が出されたが、それを無視してスイスに残留していたフィグネルが、博士号を取得するのに半年ほどを残して急遽帰国するのは一八七五年一二月のことである。同じくスイスにいた彼女の妹のリディアは先に帰国し、運動に参加して逮捕され、裁判中であって、彼女の帰国は、指導者をなくして壊滅状態にあった運動を再建するためであった。この目的のために、七七年に彼女は監視の目をくぐって農村に潜入する。彼女は助産婦の資格を取り、農村を巡回する。この時点までの彼女は、必ずしもナロードニキ運動の最前線にいたとは言えないだろう。当時すでに、活動の場を農村から都市へ移そうとする徴候は現れていたからである。彼女の活動は、「ヴ・ナロード」の試みの最後尾に位置していたが、そのために彼女は、その失敗の意味をより深く認知せざるを得なかった、と言うべきである。サマーラでの三ヶ月の活動の中で彼女が抱いた感懐は次のようなものである。

その時私を襲ってくるのは絶望だった。ほんとうにぞっとするようなこうしたどん底生活にはいったいどこに終りがあるのだろうか、こうした環境のなかにあってはこんな医薬品などすべて何という偽善だろう。こうした状態のもとでは抗議などということは考えることすら可能だろうか、肉体的な惨苦にすっかり圧しひしがれている人民に抵抗だとか闘争だとかについて話すことなど皮肉というものではないだろうか、こうした人民はすでに完全な退化期にあるのではないだろうか、いつ果てるともしれないこうした忍耐や無抵抗をなおも打ち破ることができるのは絶望だけではないだろうか。

はじめて直接に接した農民のありのままの姿に彼女は沈黙を余儀なくされる。宣伝のための口は開かなかった、と彼女は書いている。サマーラでの活動は、身辺に危険を及ぼす手紙を憲兵につかまれたために逃走することで終わりを告げる。彼女はいったんペテルブルグに出るが、七八年三月に再び農村に入る。彼女は農村に固執する。今回の活動の場はサラトフである。しかしこの回の活動も、先の場合と同様、実を結ぶことなしに終わる。今度こそ彼女は状況をはっきりと認知しなければならない。

人民のなかでの私たちの仕事が失敗に終ったことを、私たちはすでにはっきりと理解していた。

さらに彼女の知人であったソロヴィヨフによる七九年四月二日のツァーリ暗殺の試み――失敗に終わった――が、この認識とそれを通しての転換に拍車をかける。彼女はサラトフでの最後の集会で、〈今後もツァーリ暗殺を推進しようとする人たちを支持してゆくつもりだ〉と述べる。

フィグネル個人の活動歴は右の如くだが、私たちはその背後に、より大きく一般的な潮流を見ることができる。彼女は七七年に農村にはいったが、「ヴ・ナロード」の運動の最盛期は、めて、前述のように七〇年代の前半であって、後半においては失敗をふまえて活動の場は都市に求められることになる。七四年にモスクワで結成された「全ロシア社会革命組織」——チャイコフスキー・サークルの潰滅と第二次「土地と自由」出現の間のもっとも重要な団体とされる——は、農民と労働者を区別してはいなかったが、その活動はすでに事実上都市の労働者たちを対象としていたし、またフィグネル自身、サマーラを出てサラトフへ行く前の短いペテルブルグ滞在中に何人かの活動家に出会うが、その一人の消息を伝えるのに、〈私は百姓たちのところへ出発したわけだが、これに反して彼の方ではすでに完全に、都市で活動する方を選んでいた〉と述べている。農民に対する活動と労働者に対する活動は、農民と労働者がまだそれほどはっきりと分離していないこともあって、明瞭に区別はできないが、それでもこの時期、活動の対象が前者から後者へ移っていったことは大勢として指摘することができる。

この転換はより大きな転換を導き出す。つまりフィグネルの言葉に端的に示されているように、人民の中での活動は失敗したのだ。人民とは都市労働者をも含む。理由は農村の場合と同じである。彼女は主に農村にいて教化宣伝活動《プロパガンダ》をさほど経験していないが、それでも〈私たちが接触した労働者は堕落していて、恥知らずにも私たちの金を濫費した〉と述べている。またツルゲーネフは、『散文詩』の中で、労働者の間に革命を宣伝したために絞首刑に処せられた活動家の絞索を、幸運のまじないとして労働者が奪い合う話を書きとめている。しかしそれを民衆の因襲とエゴイズムに敗退したと言うのは十分正確ではあるまい。むしろ単にありのままの現実に敗退したのである。

この敗退が次の局面を作り出す。一八七九年のヴォロネジの大会で、「土地と自由」は、激しい論争の末、「黒色再分割」と「人民の意志」に分裂する。後世の一般的な見方によればそれは穏健派と過激派の分裂だが、そこにはもっと重要な認識上の違いがひそんでいる。フィグネルの言によれば、前者は「土地と自由」の綱領をほぼ受け継いで、人民の中での直接活動とブルジョワジーに対する闘争を重視したが、後者は〈国民生活のあらゆる制度に対して中央集権的な国家権力が持っている意義及び影響を重視した〉。簡単に言えば、後者はこれまでの経済性・社会性を中心に置いた活動を、政治に視点を置いた活動へと移す。この変化は、ごく日常的な改良運動にすら常に政治権力が介入してくるという経験をふまえてのことであったが、方針は全く新しい局面を開くものだった、と彼女は述べている。

しかし、このようにとらえられた転換は、本当はまだ現象にすぎず、もうひとつ下層により基本的な転換を見出だすことができる。それはとりあえず人民から国家への視野の転換というふうにとらえられる。フィグネルは次のように書いている。

……人民のなかでの以前の活動は私たちの目には霞んでゆくように見え、そうした活動への関心は弱まり、農村は遠くへ退いていった。「人民の意志」綱領のなかで農村活動について述べられている部分は、次第に純理論的な、言論上の問題にすぎないような性格を帯びていった。

この一節を含む章を彼女はいみじくも「人民のなかへ行かない」と名づけている。呼応して、彼女らは振り返って国家権力に対する闘争に全力を集中することになる。

基層における変化は、どの様な行動様式を採るかという問題の中にも反映する。すでにテロルは抵抗の手段として行われてはいた。だが人民から国家へという視野の転換、被支配者から支配者へという働きかける対象の転換に従って、実践は防御的なものから攻撃的なものに変わる。テロル自体がすでに攻撃的なものであるが、さらにその内部に圧縮された変化を見ることができる。最初テロルは、農民の土地所有者に対する、あるいは収税吏に対するものとして行われた。それは生活を守るためのものであった。この性格はナロードニキの活動家にも受け継がれる。彼らのテロルはスパイや挑発者に対するものとして始まった。だがやがて警察や政府の抑圧に対する反撃の手段となり、直接の行政者が対象とされる。有名になったものに七八年のザスリッチによる警視総監トレポフの狙撃がある。これは政治犯に対しては当時は行われなかった笞刑を加えたことに対する報復として実行されたものだ。

この動きは「人民の意志」の登場によってはっきりと加速される。テロルは、反抗とか報復とかの受動的なものでなく能動化され、国家組織に打撃を与え解体させるためという性格づけがなされる。この性格を認識したことは、対象と行動を集約する。中央集権国家に打撃を加えようとした時、組織の階梯を昇りつめた頂点たるツァーリに的が絞られるのは当然の成行であった。

ツァーリ暗殺の試みと言えば先例がないわけではない。前述の七九年のソロヴィヨフの事件があるし、さらに溯って六六年にはカラコーゾフの未遂事件がある。これら以外にも、計画と言えない程度で話題になることは随所であったらしい。けれどもこれらは、喩えてみれば早熟な個人による突出した行動であった。それに対して今回のツァーリに対する攻撃の試みは、いわば全体の総意を受けて組織によって行われる。フィグネルはテロルそれ自体が目的ではなかったと言うが、「人民の意志」は事実上この試みにすべてを集中することになる。「土地と自由」に大同団結した感のあるロシア革命勢力の分裂後、主流をなしたのは「人民の意志」の方である。だがそれは単に人目を引いたその行動のせいではなく、この党派が背後のより大きな全体的な思潮の変化を正確に反映していたためである。

変化の様相をもうひとつ見ておきたい。今少し前に触れた組織形成の問題である。「土地と自由」——第二次——は、フィグネルによれば、その入会資格を〈有用で誠実な人だということが証明されれば十分〉としていた。さらに溯ればチャイコフスキー・サークルは、その名の示すように、組織とも言えない親睦団体のごときものであった。これに対して「人民の意志」は、〈革命勢力の最も厳格な中央集権化〉を旨としていた。この性格は政治性と同様、当時の革命運動に大きな変革をもたらすものであった。入会のための検査は厳密なものであり、さらに重要なことは、組織の中の組織というべきものを執行委員会の名で作ったことである。後にテロルを実行することになるのはこの組織であるが、それは二七人の少数であり、しかもその活動は他の党員に対してさえ秘密にされた。職業革命家というものがはじめて認知されるのがこの時である。

革命組織とは何を意味しているのか。まず第一に同じ中央集権という形容を使っていることから容易に理解されるように、それは国家の側の中央集権制に対応している。整備された制度によって強化された国家権力に対抗するためには、革命運動の力を中央に集中して強化を図らねばならなかった。しかし、知らねばならぬのはそれだけではない。二つの側に同時に現れた中央集権という性格の意味を理解しなければならない。それは単なる政治制度の問題ではなく、現実認識の姿である。中央集権というかたちで位階制度を見出だした時、社会とか国家とかの言葉で漠然としか受けとめられてこなかったものがはっきりと焦点を結んで現れ出ようとする。革命家たちが自らを組織だて中央集権化したのは、この構造を認識したとの反対側での表現だった。

しかし、これら様々の相での変化はまだ表層上の指標にすぎない。背後にはもっと根本的な潮流を見ることができる。この抗い難い潮流は現実自体の結節と露呈、そしてそれがナロードニキたちにもたらした認識の変化として、総括的にとらえることができる。

単純化という批判を覚悟の上で考えてみる。最初彼らが「ヴ・ナロード」と言った時のナロードとは農民のことであった。当時のロシアの社会では、農民は人口のほとんどすべてを占めていたから、この時彼らは現実に対してその全振幅にわたって対応しようとしたと言うことができる。それは、あるがままの対象を具体的にとらえるという意味において、理想的な把握の方法であったろう。これに対して都市の労働者を対象とした時、それもナロードには違いないとしても、現実総体への対応という理想から見れば、振幅は著しく狭められたと言わなければならない。一九世紀半ばのロシアにおいて都市工業はまだまだ未発達であり、労働者人口は農民人口に較べて少なかったからである。農民から労働者へと働きかけの対象を変えること、このことは単なる置換であるように見える。けれども、活動家たちにとって、それは集約でなければならなかった。

全ロシアという広大な土地と人民の全体に直接関与することは、少数であるほかないインテリゲンチャには不可能である。この不可能を突破するために、全体という条件は保持しつつも、直接という条件は変容させられる。なぜ全体かといえば、全体こそインテリゲンチャの思想を否応なしに検証する力を持つ唯一のものであるからだが、それをすくいあげるために、彼らは彼らの把握をどこか一部分に集約し、集約を通すことによって、直接的ではないとしても全体を透視するという方法をとらねばならなかった。そして見出だされたのが、農民に対するところの都市労働者だったのである。当時労働者は主に農村出身者で構成されており、かつ農繁期には帰村する習慣があったため、宣伝の農村への浸透を期待できた。また労働者とは民衆の中の意識的部分であり、組織化の効率も上がったからである。これが理由だったが、その基底には集中させることによって効果を高めようとする試みを見ることができる。しかし都市プロレタリアートを対象とするこの試みは、前述のように民衆に共通する固陋さと、次第に明らかになってきた都市と農村の分離によって失敗する。

ツァーリ暗殺への志向も右の推論の延長上で了解される。働きかけが失敗すれば、集約の度合を高めることによってその失敗を取り返さなくてはならない。そしてツァーリとは現実集約の試みにおける最後の段階なのだ。農民、労働者、役人、ツァーリという階梯は大まかなものだ。必要ならばその過程上に、収税吏、土地管理人、地方行政官、憲兵組織、また中央官僚等の階梯をさぐることができる。しかしどれほど詳細化したとしても、この推論はいずれツァーリに行きつくほかなかった。なぜならツァーリとは唯一の人、それ以上どんな置換も還元も許さない存在であったからだ。

　先に見た数々の変化の様相は、ある意味ではこの本質をなす推論に付随した結果にすぎない。たとえば活動家たちの行動が受動的なものから能動的なものに、心理がいわば好意（農民への）から敵意（支配階級への）へと変化したということも、一見ありそうに見える倫理的な意味は持たない。それはむしろ集約に伴う緊張の激化を表す。そしてこの緊張の現れ方が、宣伝でもなく教化でもなくテロルであったのもまた、十分あり得べき結果だった。中央集権の意味については触れたとおりで、文字通り集約のもっとも顕著な例である。だから、国家と革命家という二つの力は相即して生成している。前者は反抗者たちに対して、自らの存在を明らかにしながら対峙を明らかにし、後者は前者の内部構造を辿りながら集権の中心を見出だし、自らをも集約していった。

　フィグネルの回想録はこの点において確かにある種の魅力を持っていた。実践家としての彼女とその友人たちは、試行錯誤を重ねながらも、刻々と変容する現実に可能なかぎり柔軟に対応し、自らを変化させ、かつ現実がその変化を露わにし、さらに変化を進めるよう促す。この結果、一八七九年に至ってロシアの社会はひとつの結節点に達し、その構造と矛盾をかつてなく明らかにする。危機に達したのだと言ってよい。秩序の集約者としてのツァーリとその批判者たる「人民の意志」は、互いに突出して触れ合おうとする。革命家の側にすれば、全体の秩序を動かすためには、それが全体に拡がることを期待しつつ中心を衝くほかない。「人民の意志」の最も重要な指導者であったアレクサンドル・ミハイロフは、八〇年一一月にわずかな不注意によって逮捕されるが、裁判直前に秘密裡に手紙を出し、その中で次のように言うのだ。〈これを行うにはたったひとつしか方法はない。中心を撃て〉。

3　成功と失敗

ユリウス暦一八八一年三月一日、ソフィア・ペロフスカヤの指揮の下、投ぜられた爆弾は、エカテリーナ運河沿いの雪の街路上でアレクサンドルII世を倒す。六回にわたる失敗と二十数人の処刑者を出した上でのことであった。それは力の頂点で実行されたと言うよりは、度重なる逮捕によって解体寸前まで追いつめられた組織の最後の一撃と言うべき行為であった。この時、二年間にわたって対峙し、緊張の極にあったツァーリと革命家たちは一瞬交錯した。

重要なのはこの事件が二つの側面を持っていたという点である。ひとつは言うまでもなく「成功」の側面である。「人民の意志」はツァーリ暗殺のため組織され存在したからである。ロシアを抑圧から解放するためにツァーリを倒す、というのが党員たちの全力を傾注した目的であった。知らせを聞いた時のことをフィグネルは次のように書いている。〈私たちの眼前で、十年間にもわたって若いロシアを圧迫してきた重苦しい悪夢が断たれたのだった〉。だから成功という側面は、何はともあれ強調しておかなくてはならない。

しかし、成功の瞬間とは、そこに至る思想と行動が隈なく白日の下にさらされ、試練を受ける時刻でもある。同時に、その後に到来するものごとがはっきりと予見される。結果は明らかに「失敗」に属するものであった。これがもうひとつの側面である。失敗はさまざまの層を重ねて現れる。まずはるかに増強された官憲によって実行者たちは短時日のうちに逮捕され、裏切りに追い込まれた一人も含めて、五人がわずか一月後の四月三日に処刑される。逮捕と言えば、党員であると否とを問わず、事件直後に首都で八百人、全国では四千人が投獄され、八一年末には、創立時の「人民の意志」執行委員会はほぼ壊滅させられる。失敗の第二の層は、この事件が実は、ロシアの〈重苦しい悪夢〉に何の変化ももたらさなかったことである。「人民の意志」はツァーリ暗殺に力を注いだが、それは為政者に政策変更をせまる手段であると考えていた。事件後執行委員会は新しいツァーリ――アレクサンドルⅢ世が事件の二週間後に即位している――に宛てて自由化を求める公開状を出すが、それは簡単に黙殺され、より強力な弾圧政策が始まる。以後ロシアは一九〇五年までもっとも厳しい反動期を経験することになる。

だが活動家たちの最大の誤算――失敗の第三の層――は、三月一日の事件が社会に対して大きな衝撃を与えたにもかかわらず、蜂起のきざしがどこにも現れなかったことである。ツァーリ暗殺は政策変更を促すためであると同時に、人民大衆に対する〈広範な煽動手段〉であるはずだった。しかし若干の動揺はあったものの、それらはとうてい反乱には到りえない体のものであった。フィグネルは次のように書いている。

……三月一日事件はツァーリを打倒することによって、自分たちの経済状態に不満な人民大衆の活力を解放し、こうして彼らは動き出し、それと同時に社会はこの好機を利用して自己の政治的要求を表明するだろうと期待していたのだ。ところが三月一日のあと人民は口を噤み、社会もまた沈黙をまもった。

この失敗については当初から批判が存在した。第二次「土地と自由」の一員で「黒色再分割」に属し、のちにロシア最初のマルクシストとなるプレハーノフは、分裂時にすでに、「人民の意志」には大衆を組織することへの努力が不足しているという批判を行っている。またソヴィエト・ロシア成立後は、急進的インテリゲンチャ運動としての限界を指摘される。これらの批判は正当だろう。だが「人民の意志」自身もそれを知らなかったわけではない。フィグネルは自分たちの孤立を認めて、次のように理由を分析している。いわく、ロシアの経済発展の水準が低かったために、農民階級における文明的発達が欠如していたこと、八〇年代には西ヨーロッパ的意味での産業プロレタリアートが存在していなかったこと、専制的警察国家では文書によると口頭によるとを問わず、言論をもって大衆に訴える可能性はなかったこと……。だがいずれにせよ、失敗は成功を埋め尽してなお余りあったのである。

けれどもこうした分析と批判をすべて受けいれたあとにも、彼女の回想録の中には、まだ残るものがある。むしろこの残余の方が読む者の関心をかきたてる。自分たちの誤算と失敗を告白した文章は、今引用した一箇所だけでなく繰り返し現れるが、それらはすべて不信とも懐疑ともつかぬ声調を帯びている。それは単に失敗を頭では理解できても心では納得できぬという、ありふれた事情を示すのだろうか？　いやそれだけではあるまい。事件からほぼ三十年を経て書かれた回想の中で、未だにこのような姿を見せていることには何か痛ましいものさえある。そして社会学的な因果分析に還元されないこの書の魅力——少なくとも私にとって存在したもの——が明らかになるのはここからである。彼女の不信と懐疑を解くためには、客観的な批判だけでは十分でない。この問題はいわば内在的に解いてみるほかない類のものだ。なぜなら三月一日の事件は、見てきたように、固有の思想と行動を行った者の論理によって実行された一面を持っているからだ。

この一面については、あからさまに書かれているわけではない。しかし三月一日に至るまでの経緯を、活動家たちの意図とはいくらか視座を違えながらも、現実把握と集約の試みとして読んできたのだから、その過程の上で結末も見届けておく必要はある。事件において彼女とその仲間が経験したのは、現実というもの、しかも総体として現象してきたゆえにはじめて具体的となった現実であった。彼らはこの現実と、テロルという様態が示しているように一瞬の閃光となって交錯したのである。ではなぜこの交錯、すなわち把握は十分に成功しえなかったのか?

理由は原理的には明瞭である。すなわち、総体としてある現実は歴史であるほかなく、だが歴史とは動いてやまぬものであって、どんな把握をもつねに逃れ、乗り越えてしまうところのものであるからだ。批判される所があるとすれば、それはこの点である。歴史、すなわち真の意味では唯一有効な現実をとらえてそれを変化させるには、かりに中心においてであるにせよ、それと衝突するだけでは十分でないのだ。この中心を撃ち続けること、それによって亀裂を生じさせ、全体を崩壊にまで至らせなくてはならない。この持続を可能にすることが彼ら「人民の意志」の活動家たちにはできなかったのだ。

この不能はもっとも根底的にはたぶん、彼らが全現実と考えたものが本当はそうではなかったということによる。現実の全振幅を農民で代表させ、ついで都市労働者で代表させ、最後にツァーリで代表させるという推論の過程において、現実はいよいよ密度を高めてゆくはずだが、それが単なる置換に終わらないためには、集約され、越えられ、具体物としては排除されたものを、いわば想像的なものとして背後に蓄積し、透視することができなければならなかった。その結果中心は、具体的なものと想像的なものの複合体として現れるべきものである。だがこのような想像と蓄積の方法が彼らには欠けていた。この欠如は、彼らが中心を撃つことを、爆薬によるテロルとして実行しようとした時に一挙に露呈した。中心はアレクサンドルⅡ世という個人の存在、あるいはもっと端的に言って、彼の生理的身体の存在ではなかった。身体としてのツァーリは、どれほどでも補充可能であった。アレクサンドルⅡ世の不在はアレクサンドルⅢ世によってすみやかに埋められる。こうした交代を阻止するためには、中心の背後に潜在する現実の構造を衝き、それを解体せねばならなかったはずだ。すなわち、全現実をヴィジョンとして保持し解放することが不可欠だった。というのは現実と歴史を動かすのは、個人の意志であるよりも、いっそう強く何か不可視のメカニズムであるからだ。付加すれば、このことは現代に至ってますます真実であろう。今日においては、誰か特定の人間がこのようなメカニズムを自由に動かすということはあり得ない。そのようなものを解体させるには、以前にも増して背後の全体を透視する強い想像力が必要なのだ。

けれども、三月一日の事件は、一瞬ではあるとしても、たしかに現実を集約する一点を突きはしたのである。この事実は、当事者たちに不可避の運命となって襲いかかり、つきまとう。

実行に参加した者たちが短時日のうちに逮捕され、処刑されるというのも、その一例である。残った者は蹴散らされ、国外に亡命することを余儀なくされる。その中で、この運命をもっともよく引き受け得たのは、フィグネルであった。彼女は亡命の勧めが数々あったにもかかわらず、国内にとどまる。そればかりでなく、彼女の活動は、むしろ事件以降に最盛期を迎えたようにさえ見える。彼女はオデッサ、モスクワ、ハリコフに赴き、崩れかかった組織を再建し、パンフレットを印刷し、あまつさえ軍隊内に「人民の意志」に協力するグループを作り出す。〈オシャーニナとチホミーロフが国外へ去ったあと、執行委員会の代表として、ロシアに残ったのは私だけだった〉と彼女は書いている。当時のロシアの革命運動は、彼女一人の動静と同一視されるほどだったらしい。彼女はほぼ二年後の八三年二月一〇日、オデッサで密告によって逮捕されるが、その時アレクサンドルⅢ世は「やれやれこれであの恐ろしい女もつかまったか」と叫び、他方ひとりの若い女性が、絶望のあまり鉄道自殺を遂げたほどだったという。

これらのことは何を示すのだろう。歴史と人間の接触が一瞬の交錯で終わるとしても、その後二者は無関係に戻るのだろうか。そうではあるまい。三月一日の成功は、逆にもっと大きな敗北を明らかにしたが、その時、かりに人間の方が歴史を忘れようとしても、歴史の方は人間を忘れはしないということも明らかにしたのである。もし彼女らが全体を透視することに成功していたら、彼女らは歴史を動かすものになったことであろう。だが失敗した時、彼女らは歴史に動かされるもの、しかももっとも苛酷に動かされるものとなる。いったん露呈された歴史は磁力を帯びて、関与した人間を引き寄せ、追いつめる。フィグネルがロシアを去ろうとしなかったのは、ロシア全土が磁場と化していて、彼女がそれをよく知っていたからである。そして歴史は、敗北した人間には背負うことは不可能だと知りながら、その上にのしかかる。彼女は確かに、革命運動全体とその時代を象徴していたに違いないのである。

印象的な出来事が、もっと後になって明らかにされる。回想録の第二部で彼女は、二二年間に及ぶ獄中生活を振り返っているが、その中に次のようなエピソードが記されている。シュリッセルブルグ要塞監獄での政治犯への陰に陽に加えられる抑圧に抗議して、彼女と数人の仲間がハンガー・ストライキを企てる。一番最後まで実行した彼女は瀕死状態に陥るが、介護を受ける時の半ば無意識の状態の中で、友人たちが彼女について話すのをふと聞いてしまう。一人が次のように言う。

ヴェーラは親友たちだけのものではない。
—彼女はロシアのものだ……。

〈これらの言葉は、考えることもできないほどの高み、そこに立っているのは恐ろしいほどの高みに持ちあげるものだった。この高みは息づまるほどで、力に余る義務を負わせるものだった〉と彼女は書いている。裁判で死刑判決を受け、後突然無期徒刑に変えられて下獄した時、彼女はもう自分の社会的役割は終わったのだから、以後は単なる一人の人間として生きまた死のう、と考える。しかし右の友人の言葉を聞いて、〈いったん社会の舞台に立った以上は、たんなる人間ではありえないということ、人間以上でもあり以下でもあるということ、そして社会的任務はまだ終っていないということ〉に気がつく。社会的任務というが、この時すでに「人民の意志」を含めてすべて革命運動は壊滅状態にあり、反動は厳しく、しかも彼女は自分の失敗を自覚して獄中にある。私たちを打つのは、このように幾重もの柵によって現実を奪われながら、その現実を獄舎の中から仮構しようとする強さである。それは多分に、フィグネルという人物の精神の強靭さによるものであろう。しかし、この仮構のためには、個人的な力量だけでは如何ともしがたい要因もあったはずだ。この仮構には全現実に拮抗するに足る論理の構築が不可欠だが、この構築のための視点は、見てきたように、三月一日の事件のような共同の歴史的な経験の中でしか獲得され得ないところのものだったからだ。彼女のこの視点は十分有効なものではなかったが、歴史はいったんそれを獲得した者に、忘却することを許さなかったのである。

さらに見ておきたいことがある。それは歴史が彼女に及ぼした作用は、社会的任務云々よりもっと基底的な部分にまで達していたことである。前述のように、逮捕後彼女は自分の公的な役割は終わったと考え、死刑を無期刑に変えられても、当時は避けがたいことが明瞭であった獄中の緩慢な死よりも、絞首台上のすみやかな死の方がましだと考える。彼女は獄舎においても激しい反抗に出るが、それは勇気と言うよりは、死を受けいれてしかるべきものと考えていたからである。けれども、おまえはロシアのものだ、という囁きを聞いた時、この死への願望は生の方へ転回される。〈死に打ち克て〉と彼女は自分に言いきかせる。そして狂気と衰弱を乗り越えて、ロシアのバスチーユで二二年間を生き延びる。これは社会的任務を全うするためというかたちで行われているが、本当はもっと基本的で直接的な歴史の力の作用だったのではないだろうか。この力は人間を追いつめ、かつ存在させる。それは、魔的であるが同時に倫理的でもある力であって、現代の私たちが執拗に探し求めているのも、この力であるように思われる。

＊1　ヴェーラ・フィグネルの回想録の原著は、ロシア革命を挾む一九一〇―二二年の間に書かれた。日本への最初の紹介は「ロシアの夜」の題名で、一九六八年、金子幸彦・和田春樹訳で、筑摩書房から刊行された。

全訳は『遥かなる革命——ロシア・ナロードニキの回想』田坂昂訳（批評社、一九八〇年）である。ほかに荒畑寒村『ロシア革命前史』（筑摩叢書、一九六七年）、Franco Venturi, *Roots of revolution; a history of the populist and socialist movements in nineteenth century Russia*, Weidenfeld and Nicolson, 1960を参照した。引用はこれらの書物からである。

歴史の裂け目から——ワイダ『灰とダイヤモンド』

松明《たいまつ》のごと、なれの身より火花の飛び散るとき
なれ知らずや、わが身をこがしつつ自由の身となれるを
持てるものは失わるべきさだめにあるを
残るはただ灰と嵐のごと深淵に落ち行く混迷のみなるを
永遠の勝利のあかつきに、灰の底ふかく
燦然たるダイヤモンドの残らんことを…

ツィプリアン・カミル・ノルヴィド（一八二一—八三）「舞台裏にて」から[*1]

1　小さなスクリーンから

アンジェイ・ワイダの作品『灰とダイヤモンド』（一九五八年）を初めて見たのは、一九八〇年代の初め頃で、当時住んでいた埼玉県で、東上線にも文化の光を（だったと思う）、という吹き出しそうになる宣伝文句で行われたポーランド映画上映会でのことだった。その上映会は、志木駅近くにある塾の小さな教室で行われ、満員になることもなかったが、『尼僧ヨアンナ』（イェジー・カヴァレロヴィチ監督、六一年）や『パサジェルカ』（アンジェイ・ムンク監督、六三年）など、通常の映画館では見ることの出来ない、そして当時はまだビデオが発達していなくて、名前だけしか知ることのなかった映画を見ることができた。『灰とダイヤモンド』という映画があることは、地方の高校生であったときから知っていた。家の蔵書中に戦後文化叢書のようなものがあり、その一冊の中にこの名前が出ていて、上映会に出かけたのは、たぶんそれが記憶にあったためである。宣伝文句はともかく、あのような機会をもたらしてくれた企画者に、今でも感謝したい。

ポーランドという自分の知らない国、遠いとばかり思い込んでいた国にこんな映画があるのかと驚いたが、とりわけ『灰とダイヤモンド』の印象は鮮烈だった。この映画を見たとき、背景になっているこの国の歴史的状況については、皆目無知だったが、そのような無知を越えて、映画そのものの美しさに打たれた。主人公マチェクを演じるチブルスキの弾むような体の動き、死んだ戦友の名を挙げながらグラスに入ったウォッカに次々に火を点けていく場面、逆さまにぶら下がる十字架、ポロネーズに合わせての沈黙のダンス、そしてとりわけ最後のゴミ捨て場の中でのマチェクの死の場面は、強い印象を残した。

その後、この映画作家のことを知ろうとして、機会があれば映画館に出かけた。『地下水道』(五七年)を見たし、『すべて売り物』(六八年)、『戦いの後の風景』(七〇年)、『大理石の男』(七六年)、『ヴィルコの娘たち』(七九年)、『鉄の男』(八一年)、『ダントン』(八二年)、『ドイツの恋』(八三年)、『聖週間』(九五年)、『パン・タデウシュ物語』(九九年)、『カチンの森』(二〇〇七年)を、映画館で見た。『菖蒲』(〇九年)もそうだ。『灰とダイヤモンド』については、その後レーザーディスク版が発売されたので購入し、繰り返し見た。ほかのディスクをほとんど買っていないから、結構高価だったそのプレイヤーは、『灰とダイヤモンド』を見るためだけだったみたいなものである。そのほかVHSやDVDが出回るようになってから、いくつかを見ている。すべての作品を見たというわけではないが、私にとっては、ワイダはもっとも多くを見た映画作家であり、『灰とダイヤモンド』は、友人と映画の話になると、もっとも強い印象を受けた作品として名前を挙げる作品である。

2　戦争の後のポーランド

なぜこんなに『灰とダイヤモンド』に魅了されたのだろうか？　この作品には映像そのものの力というべきものがあるが、その力は次第に、その拠って来る源を明らかにすることを求めてくるし、その理由を説明しようとすれば、相即して自分の中の関心も明らかになってくる。私がこの映画に惹かれたのは、歴史の裂け目の中からある力が現れ、それが人を抗いがたく突き動かし、不可避的に悲劇——死——へと押しやってゆく、そんな動きがあることを提示されたためだったような気がする。遅ればせながら、その時の魅惑を検討してみたい。

『灰とダイヤモンド』の出来事が展開するのは、一九四五年の春のポーランドの一地方都市においてである。この時期ドイツ軍は撤退し、ソ連軍と人民軍は町に入ってきているが、のちのような共産党の支配はまだ確立していない。その不安定な状況の中で物語は始まる。背景を少し遡ってみよう。三九年九月一日ドイツ軍がポーランドに侵入し、三日にイギリスとフランスがドイツに宣戦布告して第二次大戦が始まる。他方九月一七日には東方からソ連軍がポーランドに侵攻し、ポーランドを東西に分割支配する。その背後に八月二三日に結ばれた独ソ不可侵条約のあったことは周知の通りである。ワルシャワは九月二七日にドイツ軍の手に落ち、当時の政治的指導者たちはパリに亡命し、上院議長であったヴワディスワフ・ラチュキェヴィチが大統領となって、九月三〇日に亡命政府を樹立する。この政府は、翌四〇年六月一四日のフランスの対ドイツ降伏にともなって、ロンドンに本拠を移し、そこで亡命した兵士たちを組織して連合軍の一員としてアフリカまたヨーロッパ西部で戦う。作品中のホテルでのコンサートで唱われる、イタリア戦線でのモンテ・カシーノの戦いには、亡命ポーランド人部隊が参加し、大きな損害を出している。ポーランド国内では「国内軍」と呼ぶ軍事組織を作ってドイツ軍に対する抵抗運動が開始される。他方で左翼系の活動家たちは多くソ連に亡命し、ソ連の援助を受けて国内では「人民軍」の名でやはり抵抗運動を組織する。独ソ戦が始まるのは四一年六月二二日のことで、亡命政府と「国内軍」は、ドイツと戦うために「人民軍」およびソ連と一時協力するが、四三年に発覚する「カチンの森」事件をナチス・ドイツの犯行と見なすことを拒否し、対ソ批判を強める。

スターリングラードの攻防戦で四三年二月にドイツ軍が降伏し、その春からソ連軍の反攻が始まる。ソ連軍は西進し、四四年になるとポーランド解放が現実味を帯びてくる。その頃になるとスターリンは、ポーランド亡命政府と協力関係を結ぶことに利益を見出ださなくなって見切りを付ける。ソ連に亡命したポーランドの左翼活動家たちのうち、幹部の多くは粛清され、残った者たちは四二年にポーランド労働者党を結成する。さらにスターリンは彼らを糾合して七月二二日に、「ポーランド国民解放委員会」――それが置かれた町の名を取って、ルブリン委員会と呼ばれる――を結成させ、正当なポーランド政府であると宣言させた。このようにポーランド勢力内部で対立が深まる中で、亡命政府と国内軍は、戦後の主導権を取るために、なおドイツ軍の占領下にあった首都ワルシャワを自分たちの手で解放しようと蜂起する。この戦いは、四四年八月から一〇月初めまで続く凄惨な戦いとなり、国内軍は追い詰められる。しかし、ワルシャワ近郊まで進出していたソ連軍がこの蜂起を援助しなかったことから、両者の対立は決定的となる。『灰とダイヤモンド』の前年の『地下水道』が主題にしているのは、この戦いである。

ワルシャワ蜂起は、二十万の死者と全市の破壊をもたらして鎮圧される。亡命政府は、国内軍が人民軍に吸収されるのを恐れて、四五年一月に解散を命じる。しかし、末端の活動家たちはそれを受け入れず、地方の森を拠点として、ソ連やポーランド労働者党に対するパルチザン的抵抗活動を開始し、この内戦状態は四八年春まで続く。映画では直接には語られないものの、一八世紀末の三度にわたる分割に、プロシア、オーストリアと共に加担したロシアへの不信があることを知っておかねばならない。ポーランドが独立を回復するのは一九一八年になってのことだが、この独立はわずか二十年後に再び東西から踏みにじられ、第二次大戦後はソ連の下で従属がさらに続くように予想されていた。

ソ連軍について言えば、四五年はじめにはドイツ領に入り、四月二五日にエルベ河畔でアメリカ軍と出会ったのち、ベルリンを包囲して陥落させる。三〇日のヒトラーの自殺を受けて、ドイツ軍は五月七日に北フランスで連合軍に、八日にベルリンでソ連軍と連合軍に降伏する。『灰とダイヤモンド』で、最初に町の風景が映ったとき、街頭放送が「本日五月八日ドイツ軍最高司令部はベルリンで無条件降伏に署名した」と告げる場面があって、それはまさに、ドイツの敗戦が確定するこの日のことである。町では「解放記念式典」が催されようとしている。占領の悪夢は終わったが、誰も新しい夜明けを確信できていない。物語はこの日の午後始まり、翌日の朝方に終わる。

町外れでは、国内軍に属する二人の男アンジェイとマチェクが、要人暗殺の指令を受けて待機している。彼らが狙うのは、ソ連から戻って県の幹部の地位に就く予定の労働者党書記シチューカであって、彼を乗せたジープが来るのを待っている。やがて一台の車が来て、彼らは乗っていた二人の男を殺害する。彼らは逃走のためにいったん町に戻り、ホテルにはいるが、そこで到着するシチューカの姿を見る。彼らは、自分たちが相手を取り違えたことを悟る。彼らの属する組織は、シチューカの殺害計画を続行するよう指示する。

ホテルでは、解放を祝って、市長が主催する宴会が開かれようとしている。市長はワルシャワへの栄転が決まっていて、宴会には新任のシチューカやソ連の軍人も招かれている。ほかのレストランやホールでも、多くの市民が解放を祝おうとして集まっている。マチェクは任務続行のため、シチューカのとなりの部屋を確保する。同時にバーで働いている若い女に惹かれ、誘い、思いがけない情事を持つ。彼女の名前はクリスティナという。

シチューカは、この町に残した自分の息子が国内軍の残党組織にいるらしいという情報を持っていて、息子を探すつもりでいる。彼は、その息子が逮捕されて尋問を受けているという知らせを、真夜中のホテルの部屋で聞き、迎えを待ちきれずに一人で夜の町に出る。マチェクはその後をつけて、舗道の上でシチューカを射殺する。任務を果たした彼は、できるだけ早くこの町を去らねばならない。クリスティナに短く別れを告げ、彼はホテルを出て、アンジェイと合流しようとする。だが巡回する兵士たちにぶつかり、走って逃れるものの背中に銃弾を受け、ゴミ捨て場に迷い込み、倒れ、ひとしきりもがいたあとで絶命するのである。

3 画面の美しさ

ワイダの映画の魅惑は、まず映像そのものの美しさから来るだろう。彼はしばしばバロック的だと言われ、それは画面の効果に耽りすぎるという批判らしいが、情景のあらゆる意味合いを取り去っても、そのいくつかのシーンは十分な映像的価値をもつだろう。『灰とダイヤモンド』はモノクローム映画だが、光と影の対比が見せるコントラストは、私が知っている映画の中では、もっとも美しいものの一つである。冒頭に触れたもののほかに、情事の後でマチェクとクリスティナの顔が上下を反対にして浮かび上がる場面。シチューカが銃弾を受ける時の銃声に破裂音を重ねて背後の夜空に花火が上がる場面。宴会が果てた朝方マチェクがクリスティナに別れを告げるためにやって来て、窓から朝日が差し込み、斜めの逆光となって椅子やテーブルの散らかる室内を照らし出す場面。もちろんながら、兵士たちから銃弾を受けたマチェクが白いシーツの後ろに隠れ、そのシーツから黒い血のしみが浮かび上がってくる場面。……

だがこれらの場面は、美的な効果だけを狙ったわけではないし、また効果を狙っただけで実現できるものでもない。この映像は美的であると同じほどに思想的なものだ。だから、観客は、この美しさを可能にするもっと実践的な理由があると考えないわけにはいかない。それは何だろうか?

この映画には主人公の言動を辿るだけでは、捉えることのできない多様な力が作用している。そのいくつかを追ってみる。マチェクとの対比の上で一番重要なのは、彼に殺害されるシチューカだろう。だがこれもソ連から派遣された官僚的人物というわけではない。シチューカは古参の活動家で、スペイン戦争で義勇兵として共和派に加わり、ソ連での困難な亡命生活を送って帰国したばかりである。故国に残した妻は死に、その姉である貴族の家に預けられた息子マレクは愛国者に育てられ、ワルシャワ蜂起に参加したまま行方が分からなくなっている。彼は翌日から始まる政治体制の代表者として新たな社会の建設に従事するはずであるのに、すでに疲れを深く滲ませた初老の男として登場する。マチェクの表すのが滅んでいくポーランドであるとしたら、シチューカの表すのはこれからのポーランドであるはずで、それが若者と初老の男という逆転した対比で語られていることは、二人の関係が単純な善と悪ではないことを示している。

マチェクが一夜を共にするクリスティナもまた、戦争に翻弄された世代の一人である。彼女は彼の部屋に現れて、父親を収容所で、母親をワルシャワ蜂起で失い、一人でホテルのバーで働いていると語る。そして、あなたなら後腐れがなくていいと思ったの、と言う。だが二人の間で何かが通じ合う。〈ねえ俺たちは二、三時間前に会ったばかりだぜ。……それなのに、まるで前から知り合っているような気がする。……何百年も前からみたいに〉というのがマチェクの思いである。それに応じて今度はクリスティナがマチェクの来歴を露呈させる。どうしていつも黒めがねをかけているのか、という問いに、彼は〈祖国への報われぬ愛の記念さ……いやそうじゃない、つまりこういうことなんだ、俺はワルシャワ蜂起のときに地下水道に長いこと潜っていたもんだからさ、それだけさ〉と答える。彼は、ワルシャワ蜂起を生き延びた国内軍の兵士なのだ。だが、彼女との出会いをきっかけとして、彼の中には、大学に戻り、普通の人間として生きたい、という願いが芽生える。二人はホテルを出て、夜の街をさまよう。破壊された教会の逆さまにぶら下がったキリスト像の下で、彼はノルヴィドの詩篇を見つけ、声に出して低く読み、クリスティナに向かって、自分は灰だが君はダイヤモンドだと告げる。彼は教会の地下で自分が殺害した男の遺骸が置かれているのを見出だし、自分が兵士であることを再認する。クリスティナとの関わりも一瞬交錯した後、また引き裂かれていく。

マチェクと組んで活動するアンジェイは、前者にとって信頼する友人であると同時に、上官でもあって、規律を重んじる兵士である。彼は、誤殺の後、再度シチューカ暗殺を命じられて、一瞬躊躇する。彼の中にも揺れるものがある。同時に彼はパルチザン部隊の死んだリーダーの代わりになることを命じられ、マチェクは一人で暗殺を実行せねばならない。後者は逡巡の末それを受け入れるのだが、その時アンジェイに「大義というのは何だ?」と問いかける。彼らの道もまた分離して行こうとする。

アンジェイに命令を与えるワーガ少佐は、ポーランド旧体制の軍人であって、シチューカの義姉の嫁ぎ先である貴族の家に匿われている。だが、彼らの運命が先のないものであることは、目に見えていて、すでに国外への脱出が取り沙汰されている。捕縛されたシチューカの息子は、若さの勢いにまかせて保安隊に毒づくが、彼の運命もおそらく長いものではないだろう。もうひとり目に付く人物は、町長の秘書ドレフノスキで、彼はアンジェイとマチェクの最初の襲撃の案内人であって、さらに町長がワルシャワに呼ばれて出世の道を歩みそうだということを聞きつけると、随いていって自分もそのおこぼれに与ろうとする姑息な人物だが、祝賀パーティで泥酔して醜態をさらし、失敗する。今度は寝返ってアンジェイに一緒に連れて行ってもらおうとするが、蹴り倒される。ホテルで開かれた酒宴の果てようとする時、楽団は調子外れのショパンのポロネーズを演奏し、貴族、官吏、市民たちは、明け方の光の中で、声もなく操り人形のように踊り続ける。

4 マチェク／チブルスキ

半日ばかりの出来事を描くこの二時間足らずの映画の中で、かつての規範が崩れ、まだ新しい規範ができていない状況に促されるようにして、登場人物たちはその本性を露呈させ、交錯する。その映画の作り方は見事だが、効果は、彼らの言動がうまく組み合わされているということによるだけではない。問いかけをもう一歩進めさせるのは、主人公マチェクの動きである。彼はワルシャワ蜂起に加わり、地下水道をさまよって逃れ、さらに引き返すことのできない袋小路へと入っていこうとする若者である。だがそのような説明の尽きるところで、観客はこの映画が開く不思議な運動に出会うだろう。たとえば彼は、ウォッカに火を点ける場面で「いい時代だった、いい仲間たちだった、人生を謳歌していたんだ」とアンジェイに語りかける。同じ建物の上階で同じ頃、シチューカとその友人もまた、スペイン戦争の頃を思い出して「いい時代だった」と言う。この作品にノスタルジーやナルシシスムがなくはないけれども、そのように来歴を説明されたとしても、画面のうえで主人公が放つ魅惑を説明できない。対立を含めて作品の全体がある共鳴の中に在る。

マチェクについてもっとも印象的なのは、彼の身体の動きである。彼の体は、苛立っているかのように、絶え間なく小刻みに動いている。周囲の空気に過敏に反応するかのようだ。それは教会で自分が殺害した二人の遺体を見たときの体をすくめる動きを思い浮かべよう。それは周囲の動きを一瞬にして別の次元へと切り替えてしまうような動きだ。この動きは、バーのカウンターでウォッカのグラスを滑らせる場面のあたりからいっそう露わになってくるように見える。チブルスキのこの演技は、アメリカ映画とりわけ西部劇の影響であって、ガン・トーチング・パンク――やたらとピストルを撃ちたがる若者たち――と批判されたらしいが、そんなものではなしに、もっと遠いところから来る動きとの共振であるように思える。この動きは、一つの支配体制が終わり、否応なしにもう一つの支配体制が到来する、その変わり目のわずかな隙間に溢れ出る力を受けて引き起こされる。そのような力が現れる機会はいくつも転がっているものではない。『灰とダイヤモンド』が見せているのは、確かにそのような力の現れである。それはナチス・ドイツの占領体制が引き潮のごとく引いてゆき、代わりにコミュニスムの支配体制が全体を覆い尽くすまでの間のことであり、とりわけ、この間隙が閉じてしまう直前の一日足らずの時刻に露わになる。その場所に居合わせ、その動きにもっともよく、そしていやおうなしに反応したのが、マチェクという人物だったろう。

しかし、この動きは、ただ『灰とダイヤモンド』という映画作品で設定された物語の中のみで作用したものではなかった。この作品は一九五七年の末に撮影されたが、戦後も十年以上の年月が経っていて、そのことを勘案すると、戦後のある時期に起こり得た経験の復元でしかない作品だということになる。けれども、『灰とダイヤモンド』という作品には、それが何かの単なる写し絵ではない、と思わせる確かさがある。この印象を肯わせるように私に見えるのは、ワイダの次のような後年の証言である。マチェクを演じることになっていたのはズビグニエフ・チブルスキだが、撮影の開始に合わせてやってきたこの主演俳優について、ワイダは八一年に次のような思い出を語っている。

最初から、『灰とダイヤモンド』のセットに入ってきたときから、チブルスキは私たちが知らないことを知っているのが明らかでした。思い出すのですが、最初の場面は浴室の中でした。チブルスキは入ってきて、立ち止まり、扉に寄りかかり、体をゆすりながら「アンジェイ」と呼びかけてきました。「なんだか知らないが、気分がいいよ」――そのとき突然、主人公の性格づけができたと思いました。それは二十数年の私の映画人生の中で、最初で最後のことでしたね。[*2]

ワイダらが知らず、チブルスキだけが知っていたこととは何だったのだろうか？　その秘密はもちろん、これから撮影されようとしていた『灰とダイヤモンド』という作品から由来している。この作品の中で捉えようとされたのは、歴史が変化しようしてぎりぎりまで撓んだとき、そこに走った裂け目からやって来る磁力に身を晒すという経験だったが、この磁力は、あらかじめ主演俳優に及んでいたのではあるまいか？　それはほとんど非現実的な経験だったに違いない。体を揺すりながら、とワイダは書いている。この揺れは力の作用の徴である。揺れは、作品の構想の中からきたとすれば、強められて作品の中にまで返されなくてはならない。なぜなら、作品の中こそがその磁力の最良の実現の場であるのだから。揺れは作品の中でマチェックの振舞いの上に増幅され、彼が保安隊の銃撃を受け、傷つきながら追跡を逃れ、煉瓦の壁を伝ってゴミ捨て場に辿り着く、あの最後のシークェンスへつながる。

それにしても、通常ゴミ捨て場だとされるあの光景の広さは何だろう？　地方都市のゴミ捨て場としては、どう見ても広すぎる。それは場面がすでに幻想の中に入っていたということだろうか?

マチェクの姿はよろめき歩くというよりは、一種の舞踏であるように見える。何度見ても、と言うよりも、見るたびごとによりいっそう、その印象は強まる。この舞踏は、マチェク＝チブルスキが最初に受けたあの磁力が最大限に増幅されたその動きだった。この力は狭間から現れ、少数の者を捉え、突き動かし、最後にそれを担った者をボロ屑のように捨て去ったうえで、やがて自分を閉ざしていく。チブルスキは十年後の一九六七年に列車事故で死ぬのだが、それもその遠い帰結だったかもしれない、という気すらする。

力のこのような現れを捉えるのは何よりも芸術の仕事だということを、『灰とダイヤモンド』という作品は教えてくれる。同時にこの作品は、動きは作品の内部にとどまるものでもない、ということも教えてくれる。この力は作品の手前で俳優を前もって使嗾し、画面の中で荒々しくも優美な動きを演出し、さらに画面のこちら側にまで透過して来て観客にも触れようとする。芸術作品の力とはそんなふうに作用するものであるのだろう。

＊1　ワイダの『灰とダイヤモンド』は、アンジェイエフスキーの長編小説『灰とダイヤモンド』(原著一九四八年、川上洸訳、岩波文庫、一九九八年)の一挿話から出発している。ノルヴィドの詩もそこでの引用である。

＊2　ボレスワフ・ミハウェック著『静かなる炎の男　アンジェイ・ワイダの映画』今泉幸子・新藤照光訳（フィルムアート社、一九八四年）での引用による。五〇ページ。

あとがき

ここに収められた論考の対象の散らばりかたについては、エピグラフでいくらかの懸念をもって表明した通りだが、加えて、初出の日付があまりに広がっているのを見て、不審に思われる方があるかもしれないので、事情を簡単に説明しておきたい。

実は、ここに収録した文章のうち、樋口一葉、石川啄木、武田泰淳、堀川正美、リルケ、ブランショ、バルト、フィグネルについての論考は、一九八八年に、同じ『詩的行為論』の題名で刊行したことがある。まだ世田谷区梅丘にあった頃の七月堂の出版で、亡くなった木村栄治氏が、詩集のような箱入りの瀟洒な本を作ってくれた。ただこの刊本は私家版であって、読んでもらえる範囲は限られていた。だが以後も同じ関心から幾人かの作家について書くことがあり、今回はそれらを増補して公的な場に提出しようと考えたのである。

これもエピグラフ（実はこれは最初の版のあとがきである）にあるように、私の問いは、一人の人間のうちでもっとも個人的な部分ともっとも共同的な部分が触れ合うことがあるが、この接触はどのように起きるか、というものだった。読んでくださった方々には一目瞭然だろうが、それは七

○年前後という時代がもたらしてくれた問いである。詩を書いている友人たちの集まりで、何になりたいか、という話になって、いつもは口数の少ない女子学生がぽつりと「ザスリッチふうテロリスト」と言ったことを思い出す。時代の動きが不意に訪れて人を衝き動かすことがある。そんな予感が共有されていたように思う。そうした動きを捉えようとしていくつかの論考を書き、そしてその動き方が変化して問いがかつてのようではなくなりかけているように感じたとき、けじめをつけようとして最初の論集をまとめた。

しかし、時代が変わるとしても、人間はそう容易に変わることができない。問いは奥深くに浸透し、時に浮上して、私にまとわり憑いた。それを受けとめるために、気に掛かりながら、触れることのできなかった幾人かの作家・幾つかの作品を追加して取り上げねばならなかった。それが北村透谷、秋山駿、ワイダ、それに友人であった築山登美夫についての論考である（これで尽きたかどうかはわからない）。できるだけ異質な時代の作家たちと言ったが、明治の作家が三人いる。社会が大きく変化した明治という時代は、時代との角逐がより明らかに露呈する時代だったようだ。

リルケ論は、必ずしも右のようにしてなり立ったわけではない。私がこの詩人に出会ったのはハイティーンの頃で、白紙状態で『マルテの手記』に出会い、結果として彼は私にとって最初の詩人となった。彼については書くのが遅れたが、この小さな文庫本が示してくれたものの中には、時代との関わりというのちの私の問題につながるものがあることが分かってきたので、最初の論集に収録した。今回もそれを踏襲する。

時代との関わりが集約的に現れるということができなくなり、平準化されつつも不安定に揺れ動く社会が現れた、というのが、現在の現実であるだろう。であれば、そちらの方に関心を向けねばならないというのは確かで、私にもそのような促しに応じようとする側面はある。けれども、前者のような経験あるいは記憶が、なお人を動かす作用を持っていることも感じ続ける。そうであるなら、後者を確かなものにするためにも、前者をより強化して改めて確認したかった。それが今回の増補版の理由である。三部に構成し直し、題名をつけてみたが、それによってある程度主題が浮かび上がってきたように思う。

このように、私的にも異質なものが並び、公平に見ても主題を絞りにくいこの論集を刊行することを引き受けてくださった、書肆山田に深く感謝する。

吉田裕

*

なお、初出は以下のとおりである。

詩人の行方――北村透谷／「LEIDEN」10号、二〇一六年一一月、のち改稿して「比較文学年誌」53号、二〇一七年三月

出奔する狂女たち――樋口一葉／「文学」、一九八八年七月号

詩の源泉を求めて――石川啄木／「文学」、一九八六年九・一〇月号
歴史はいかに現れるか――武田泰淳『司馬遷―史記の世界』と「蝮のすえ」／「早稲田文学」、一九八三年五月号
歩行は何処へ行ったか――秋山駿についての遅ればせの試論／「LEIDEN」6号、二〇一四年七月
詩と歴史――堀川正美詩集『太平洋』／「散」3号、一九八三年
万華鏡の世界――築山登美夫の二つの詩集
同意と拒否――『異教徒の書』／「coto」13号、二〇〇七年
詩の傍らから――『悪い神』／「交野が原」、67号、二〇〇九年
言葉から詩へ――リルケ『マルテの手記』／「散」1号、一九八一年
歴史の中の記述――ブランショの三つのサド論／「人文論集」22号、一九八四年三月
歴史の挫折と夢――バルト『エクリチュールの零度』と『ミシュレ』／「早稲田文学」、一九八五年四月号
テロルの回路――ナロードニキの回想録から／「早稲田文学」、一九八三年九月号
歴史の裂け目から――ワイダ『灰とダイヤモンド』／「LEIDEN」4号、二〇一三年八月

詩的行為論＊著者吉田裕＊二〇一八年五月三〇日初版第一刷発行＊
発行者鈴木一民発行所書肆山田東京都豊島区南池袋二―八―五―三
〇一電話〇三―三九八八―七四六七＊印刷精密印刷ターゲット石塚
印刷製本日進堂製本＊ＩＳＢＮ九七八―四―八七九九五―九六八―三

りぶるどるしおる　*les livres de luciole*　☆印＝近刊

1　うまやはし日記　吉岡実
2　伴侶　サミュエル・ベケット／宇野邦一
3　方位なき方位　底なき井戸　豊崎光一／ヴィクトール・セガレン
4　見ちがい言いちがい　サミュエル・ベケット／宇野邦一
5　航海日誌　ハンス・アルプ／高橋順子
6　慈悲心鳥がバサバサと骨の羽を拡げてくる　土方巽／吉増剛造
7　私は、エマ・Sを殺した　エマ・サントス／岡本澄子
8　死の舟　吉増剛造
9　時間のない時間　芒克／是永駿
10　闘いの変奏曲　アメーリア・ロッセッリ／和田忠彦
11　日付のない断片から　宇野邦一
12　小津安二郎の家――持続と浸透　前田英樹
13　聖女たち――バタイユの遺稿から　ジョルジュ・バタイユ／吉田裕
14　廊下で座っているおとこ　マルグリット・デュラス／小沼純一
15　オイディプスの旅　アンリ・ボーショー／宮原庸太郎
16　波動　北島／是永駿
17　言語の闇をぬけて　前田英樹
18　小冊子を腕に抱く異邦人　エドモン・ジャベス／鈴村和成
☆19　映像の詩・詩の映像　ピエロ・パオロ・パゾリーニ／和田忠彦
20　去勢されない女　エマ・サントス／岡本澄子
21　星界からの報告　池澤夏樹
22　セメニシュケイの牧歌　ジョナス・メカス／村田郁夫